新坐标会计系列精品教材

高级财务管理学

（第2版）

汤谷良　王珮　主编

清华大学出版社
北京

内 容 简 介

本书的内容框架主要基于互联网、大数据、全球化时代企业财务管理从内容体系到职能方式的诸多变化，围绕企业财务的企业估值与价值管理、财务战略与管理、公司财务治理、财务预警与风险管理、资本运营、企业集团财务管理等进行写作，在内容上充分彰显企业财务理论发展和实际创新的最新成果。本书首次单独用一章阐述挂牌新三板的企业财务问题，以此探究我国中小企业财务管理问题。这次修订更新了各章节后的所有教学案例，且都是中国企业新近财务案例。

本书写作与修订的宗旨是使读者尤其同学们在学习财务管理基本原理的基础上，深度钻研财务管理在实践中重要难点与疑点问题，以此提升财务管理的专业理念、执业技能、变革创新的能力。

本书适合作为普通高校财务管理、会计学、企业管理、金融学等专业本科生高年级学生和研究生，以及 MBA、MPACC 和 EMBA 学员的教材，还可作为有志于钻研、学习企业财务管理专题知识与问题的读者的自学参考书。

本书封面贴有清华大学出版社防伪标签，无标签者不得销售。

版权所有，侵权必究。举报：010-62782989，beiqinquan@tup.tsinghua.edu.cn。

图书在版编目（CIP）数据

高级财务管理学/汤谷良，王珮主编. —2 版. —北京：清华大学出版社，2017（2023.1重印）
（新坐标会计系列精品教材）
ISBN 978-7-302-46259-0

Ⅰ．①高… Ⅱ．①汤… ②王… Ⅲ．①财务管理—高等学校—教材 Ⅳ．①F275

中国版本图书馆 CIP 数据核字(2017)第 013151 号

责任编辑：刘志彬
封面设计：汉风唐韵
责任校对：王荣静
责任印制：朱雨萌

出版发行：清华大学出版社
网　　址：http://www.tup.com.cn，http://www.wqbook.com
地　　址：北京清华大学学研大厦 A 座　　邮　编：100084
社 总 机：010-83470000　　邮　购：010-62786544
投稿与读者服务：010-62776969，c-service@tup.tsinghua.edu.cn
质 量 反 馈：010-62772015，zhiliang@tup.tsinghua.edu.cn
课 件 下 载：http://www.tup.com.cn，010-62770175-4506

印 装 者：北京鑫海金澳胶印有限公司
经　　销：全国新华书店
开　　本：185mm×260mm　　印　张：13.25　插页：1　字　数：318 千字
版　　次：2010 年 9 月第 1 版　2017 年 3 月第 2 版　　印　次：2023 年 1 月第 8 次印刷
定　　价：39.00 元

产品编号：073675-01

第 2 版前言

距离我们作者团队撰写的由清华大学出版社出版的《高级财务管理学》已经六七年了！这些年中国企业经营环境持续变化、互联网大数据方兴未艾、企业盈利模式不断转型创新、新三板市场备受关注等挑战着企业财务各种理念与管理技术，这些因素促成我们修改并再版本书。

这次修改再版，我们一如既往地坚持高级财务管理就是要就管理来论财务，体现财务管理的社会过程，立足于组织结构和治理环境，从实现企业战略目标，提高其核心竞争能力的角度诠释财务管理功能。高级财务管理中的"高级"是一个相对的概念，体现为关注的焦点从企业股东价值到整体价值，从保障型财务到战略型财务，从财务独立型到财务整合型管理，从结果导向型到过程控制型财务管理，从资金管理到价值管理，从资产运营到资本运营，从单一的财务主体到复杂的财务主体的转变。

这次修改，本书的框架结构与主体内容没有重大变化。具体变化与完善包括：（1）写作文风上，服从教学需要，更便于教师在课堂上依循教科书，同时也提升了教师在教学中"自主发挥"的空间；（2）不少内容吸收了财务管理理论与实践的最新成果，尤其是作者近年来最新的研究成果，体现了财务理论发展和实际创新的最新成果；（3）删去了"预算管理"章节，因为全面预算等更应该属于是管理会计而非公司财务管理的内容。当然作为落实战略的工具，我们把预算嵌入财务战略管理的内容当中；（4）首次安排单独章节阐述"挂牌新三板的企业财务问题"，以此探究中小企业财务管理问题；（5）更新了各章节后的所有教学案例，它们都是中国企业的新近案例，以"接地气"探究新近的中国企业相关财务案例是最佳学习方式；（6）每章后面在归纳各章小结的基础上，提出了"本章思考题"，旨在进一步明确本章的关键知识点和同学们应该思考的重要问题。

总而言之，我们期望本书的改编修订，使读者尤其同学们在财务管理基本原理和方法基础上，进一步学习、理解企业财务管理在实践中一些深层次的、特殊性和较为纠结的难点问题，不断提升财务管理的专业意识、执业判断、专业创新的能力。

本书的完成是作者们长时间钻研与努力合作的结果。其中对外经济贸易大学汤谷良教授执笔第一、第三章，韩慧博副教授执笔第四、第六、第八章，北京理工大学佟岩教授执笔第五章，中国石油大学（北京）王珮副教授执笔第二、第七章。最后由汤谷良和王珮审定全书。

本书的内容设计、结构安排、观点阐述等都极具争议性，我们坚信本书的出版将有助于读者对该学科形成一个全方位的认识，激发读者产生更深入的理性思考，更高水准地服务于财务管理的人才培训、实践创新与管理提升。

编者
2016 年 10 月

目 录

第 1 章 高级财务管理概论 1
  1.1 公司财务管理学的主要议题 1
  1.2 传统财务基本理论的缺陷 2
  1.3 高级财务管理的理论结构 7

第 2 章 企业估值与价值管理 13
  2.1 企业价值的属性与形式 13
  2.2 企业估值 15
  2.3 基于价值的财务管理 30
  2.4 市值管理 35
  本章案例：索菱巨资加码车联网　标的公司首季营业收入 3 万元 38

第 3 章 财务战略与管理 41
  3.1 财务战略概述 41
  3.2 财务战略决策分析 45
  3.3 盈利模式与投资战略 50
  3.4 营运资本战略 59
  3.5 企业再投资能力 64
  3.6 企业战略、预算与绩效目标 69
  本章案例：万达"轻资产"转型缓慢 77

第 4 章 公司财务治理 79
  4.1 公司治理与财务治理 79
  4.2 公司财务分层治理结构 87
  4.3 公司财务治理机制 94
  4.4 经营者激励 103
  本章案例：华帝控制权聚变 108

第 5 章 财务预警与风险管理 111
  5.1 风险与财务风险 111
  5.2 企业财务预警方法 113
  5.3 财务风险管理 124
  本章案例：煤炭央企子公司首现债务违约 132

第6章 资本运营 134

6.1 资本运营概述 134

6.2 IPO 与再融资 135

6.3 私募股权基金 147

6.4 并购中的财务决策 151

6.5 资产重组 155

本章案例：中信股份中国香港整体上市 159

第7章 企业集团财务管理 162

7.1 企业集团财务管理概述 162

7.2 企业集团管控模式 166

7.3 集团管理扁平化、自组织与共享服务中心 175

7.4 集团内部资本市场 180

本章案例：中国石油大司库项目启动 188

第8章 挂牌新三板的企业财务问题 192

8.1 我国新三板市场概述 192

8.2 挂牌新三板企业的股票转让与融资 194

8.3 挂牌新三板企业的并购与资产重组 198

本章案例："凯乐科技"收购"长信畅中"：上市公司收购新三板企业案例 200

参考文献 202

第1章 高级财务管理概论

1.1 公司财务管理学的主要议题

关于公司财务学,中、英文都有多种表述,如公司理财(Corporate Finance)、公司财务管理(Corporate Financial Management)等。从内容上讲"公司理财"更多地涉及财务经济学(Financial Economics)的问题,如金融市场、资产定价理论、金融中介、融投资工具及其创新、上市发债、公司并购等。有人提议把概念定位于"公司财务管理",理由是这门学科应该立足于非金融企业如何利用财务理论和金融工具实现财务资源的组织、配置对企业价值的影响,包括财务决策、计划、控制、分析等,只有这样才能使"公司财务管理"名副其实。这一界定成为本书写作的概念前提。

当然,无论是"公司理财",还是"公司财务管理",从学科内容上看,基本是一致的,主要包括资本预算、融资与资本结构、股利政策和并购。公司财务管理涵盖的核心原理应该包括净现值、资本资产定价、马科维茨的资产组合、以 MM 理论为代表的资本结构以及布莱克和斯科斯尔的期权定价模型等。这些财务学核心内容的理论基础尽管比较丰富,但主要还是集中在代理理论(完全合约理论)、理性经济人、有效市场假说、对称信息等理论框架内。可以说没有这些基本理论就没有如今公司的财务管理学科体系。

财务管理学究竟是研究什么问题的?此问题的表述各异。1994 年被《商业周刊》评为全美商学院 12 个顶级教授之一的 Aswath Damodaran(2001),在其《公司财务:理论与实务》一书中前后一贯的表述是:公司财务的研究对象是公司所制定的具有财务意义的所有决策。这些决策可分为三大部分:与资源分配有关的决策(投资决策)、与项目筹资有关的决策(资本结构决策);与制定再投资或退出经营现金额度有关的决策(股利决策)。Brigham 和 Ehrhardt(2005)在《财务管理:理论与实践》一书中提出,大部分财务管理知识围绕三个问题展开:(1)一个特定公司的股票价值通过什么因素产生;(2)管理者如何选择增加公司价值的决策;(3)管理者如何保证公司在执行这些计划的时候不出现资匮乏。Ross(2002)等人在《公司理财基础》一书中认为,财务经理必须关注三类基本问题:第一个问题着眼于企业的长期投资(资本预算);第二个问题着眼于企业对支持其长期投资需要的长期筹资的获取和管理方式(资本结构);第三个问题着眼于对客户收款和向供应商付款等日常财务活动的管理(营运资本管理)。

财务的六大奠基理论包括资本结构理论(Capital Structure)、现代资产组合理论与资本资产定价模型(CAPM)、有效市场假说(Efficient Markets Hypothesis,EMH)、代理理论

（Agency Theory）、信息不对称理论（Asymmetric Information）、期权定价理论（Option Pricing Model）都是建构在一系列的严格的假设基础上的，Damodaran 教授曾将建构财务管理学的基础性假设归纳为四组，即经理与股东目标函数一致性假设、债权人利益得到完全保护假设、市场有效性假设和社会成本为零假设。当然，现实的公司财务管理实践是远离上述的严格假设。

比如，充分有效市场理论是根据经济学中完美市场的假设推导出的财务学的经典理论。如果将"充分有效"视为没有摩擦力的话，则可将财务经典理论视为物理学中没有摩擦力的理论，它是所有理论的基础和标杆。众所周知，充分有效市场理论在财务学、资产定价理论中的运用很广，例如，资本资产定价模型和布莱克和斯科尔斯的期权定价模型都是在完美市场的条件下推导出来的。还有在充分有效市场的情况下，公司的融资策略、资本结构、股利策略和收购兼并都与公司市场价值无关，都不互相影响，这就是著名的莫迪格里安尼米勒定理。但是公司财务学并非绝对没有考虑各种"摩擦力"的存在，而是在不同程度上和从不同角度考虑了市场的"半强"或"弱势"有效性。现行财务学考虑的"摩擦力"主要有税收、信息不对称、代理问题、法律以及非理性的行为。这些内容已成为财务学理论向纵深发展的标志性成果，但是我们并不能由此否定"有效市场假设"在财务理论构建中的奠基作用。

另外，代理理论的理论基础是契约理论，而信息不对称理论则是以博弈论为基础。契约理论和博弈论都是经济学中比较艰深的理论，多用数学理论推导加以逻辑证明，理论基础比较严谨。同时也都必须是建立在经济活动的参与者是理性的这一假设之上，所以它们不可能解释所有的财务问题和市场现象。何况被实证模型主导的财务金融理论"已取得了真正的科学突破，非常严谨，比如一般均衡理论、博弈理论、资产组合最优化模型和衍生品定价模型。但任何优点被运用到了极致，都会变成缺点。主流财务经济学习惯披上数学和物理学的外衣，但这两个学科的严谨，可能会给业外人士——尤其是商业领袖、监管者、政策制定者——留下一种错误的印象：我们模型得出的结论精确无误（Andrew, 2009）"。

1.2 传统财务基本理论的缺陷

1.2.1 什么因素驱动了公司价值的变化：是盈利？现金流？收入规模？还是其他因素？

企业财务管理的根本目标是实现企业价值最大化。但在财务管理理论实践运用中，很多财务学者几乎将"公司价值"的概念等同于"公司股价"来理解，或者说公司市值（股价）是公司价值最直观的表达。由于这一"等同"概念的混淆，"市价"成为财务决策与评价理论与实践的主要甚至唯一的标准。现有财务原理认为企业的内涵价值对于企业所有者、债权人、管理者等来说，多是由企业利润、现金流、净资产等价值所决定。所以财务上认为市盈率 P/E、市净率 P/B、市销率 P/S 或者现金流折现 DCF 等方法作为公司估值的基本方法，强调未来的盈利、自由现金流和股利分红等能力是公司价值的本源。

2016 年 7 月 20 日全球同步的《财富》世界 500 强排行榜出炉。沃尔玛连续三年排名第一位，营业收入达 4 821 亿美元，同比微降 0.7%。国家电网排名跃升至第二位，中石油和中石化紧随其后，分列第三位和第四位。中国上榜公司数量继续增长，2016 年达到了 110 家。然而，当今中外资本市场的股价表现，不仅越来越游离于传统财务报表数据，也挑战着现行财务理论的价值主张。如一直排列在世界 500 强前五名的中石化、中石油的盈利水平不强，尤其它们的股市价格持续走低。但是并未进入世界 500 强的腾讯控股，2015 年总收入为 158.41 亿美元，年度盈利为 44.83 亿美元，其市值不断走高，2016 年 9 月 5 日腾讯股价达 208.60 港元，市值已达 19 746.73 亿港元，首超中国移动，成为亚洲市值最高的公司。

由此可见，在当今时代，投资者对公司价值的认知与判断，已经不再局限于企业现在或未来的利润、现金流、财务分红、营业收入等这些财务信息，更多的是基于企业的商业模式、核心竞争能力和企业持续创新能力，这些能力的强弱也非由股东财务投入或企业拥有的财务资源规模所决定的。故此，这些资源可以是点击率、用户群、信息平台等，甚至可以是数据本身。根据预测，大数据挖掘和应用可以创造出超万亿美元的价值，数据将成为企业的利润之源和战略资产。拥有数据的规模、结构，以及收集、运用数据的能力将决定企业的核心竞争力。

对当今企业成功与否的评判标准，也不再仅仅依靠最终财务指标上的成功，而主要是依靠在商业市场中客户获取的成功。但是传统财务理论很少关注企业商业模式问题，似乎这与商业模式无关。即使有相关财务理论提及"商业模式"这个概念，也都只是轻描淡写，因此这的确是财务理论在战略导向上的严重缺陷。尽管在现实中，企业价值在很大程度上需要通过金融市场来反映，但是从根本上来看，企业价值在最大化的目标还是要通过企业在商品市场、商业经营的过程中赢得有利可图的客户并形成独到的商业模式来实现。

其实，财务理论上强调的运用 DCF 进行估值的技术主要适合进行债券、优先股和其他固定收益的证券估值或者用于定期、定额分配股利的股票估值。不适合为具有明显增长机会和巨额无形资产的公司估值，更不适合研发投入较大的高科技公司和新经济企业。

根据最近两年资本市场的股价表现，企业的商业模式必须创新、必须"触网（互联网）"，这是大数据环境对企业商业模式的基本要求。当今企业只有通过"触网"，才能充分利用大数据环境、进行精细化的数据挖掘，实时把握、预警差异化的客户需求，根据用户不同的兴趣和需求推出不同的产品或服务，持续改进用户体验。这种"触网"下的商业模式也不是以财务资本投入为关键驱动因素，而是依靠技术创新、系统建设、品牌运作、服务提升、流程再造等"无形资本"的能力。

1.2.2 财务决策的信息内涵越来越不"财务"，财务信息的外延越来越无边界

财务管理从管理的内容上分析，已经大大超越传统财务资金管理、成本控制的范围，或者说这种财务管理的制度设计已经把财务管理、成本控制、预算体系、业务经营、项目管理等融为一体，并且在大数据的环境下将所有管理内容数据化、模块化。从财务决策与分析的信息类别来看，除了财务会计信息外，更多依赖行业发展信息、资本市场与货币市

场信息、深度的客户与供应商的信息、企业内部的战略规划、业务经营、成本质量技术研发、人力资本和业务单位的各种信息。

互联网时代、大数据经营环境使得企业获得决策信息的成本更低、速度更快、针对性更强，尤其是彻底打破了一批企业，尤其是大型集团企业内部的各级子公司和分公司、各个部门和业务单元的因长期独立运作而形成一个个"信息孤岛"，实现了财务与业务信息的一体化。实现企业财务与业务的融合，打破传统财务信息边界是传统财务管理变革的必然方向。

1.2.3　企业如何做资本预算？投资决策标准如何变革？

现行财务理论认为一个投资决策是否可行的标准是是否能提高财务资本回报率或股东财务收益，当然货币时间价值是必须考虑的因素，所以财务上较为成熟的投资项目的评估方法，如净现值 NPV、内部收益率 IRR 等，其技术应用特别广泛，基本原理是基于对投资项目预计现金流折现的判断。而在大数据时代，这些评估技术的弊端已日益显现：一是表现对预计现金流的估计上，如果对预计现金流的估计不能准确，则可能会直接导致错误的投资项目决策。二是这些评估方法已经不适合对现金流较少或者未来现金流不明显、不明确的投资项目的评价，或者这些评价技术只适应于传统的重资产经营模式。

财务决策缺乏对企业战略的深度考虑和盈利模式的基本考虑是特别突出的问题，所以我们不能再认为评估投资项目的可行与否是完全基于其未来盈利能力或现金流水平的，投资盈利是一个特别结果的指标，因为这并不是对当今投资项目的成功与否、有效性大小的驱动因素的深度、全方位挖掘。当然，这种挖掘在非大数据、互联网时代特别困难。而如今，大数据时代就意味着企业可以得到更海量、更多样、更准确的信息，比如客户、供应商的身份信息、相关交易数据、外界环境变化、行业前景等，这些多样、准确的信息正是企业进行正确投资判断的重要前提。对投资相关的数据进行关联分析可以为投资判断提供好的依据，但对看似不相关的数据进行关联性分析，或许正是发现新的投资机会的便捷途径之一。最为人所熟知的沃尔玛啤酒与婴儿纸尿布的关联销售正是对利用大数据发现新的投资机会的最佳说明。

大数据的利用还可以很好地解决以上提出的两个弊端：首先，大数据本身具备了数据的规模性、多样性、高速性和真实性的特征，这将为现金流较多的投资项目的准确估计提供保障。其次，对于现金流较少的战略性投资项目，大数据的利用不仅可以从传统财务角度进行考察，更多的能从企业获得的资源（顾客、产业链等）与前景（市场份额、行业地位等）等方面全面评估项目。除此之外，在对投资结果的验证与反馈方面，大数据技术的运用可以对项目投资中和投资后形成的新数据进行实时、准确、全面的收集并评价，进而将项目实施后的实时数据与投资前评估项目的预期进行对比，并将前后差异形成项目动态反馈。这种动态反馈在监控投资项目进行的同时，也可以帮助企业累积评估经验，提高企业未来项目投资成功率。

1.2.4　公司治理机制与财务管控制度必须进行"大数据"变革与创新

公司治理与企业内部财务管控系统是财务管理理论与实践中特别重要的两个议题。在以委托代理理论为中心的现行财务理论的基础上，强调两权分离的公司治理、股东主义、降低代理成本、防范经营者的偷懒与内部人控制一直都是财务学热议的问题。随着信息频繁流动以及网络新生代的成长，传统企业要想再通过强大的体制控制力，或者信息不对称的优势地位进行较为封闭的公司治理与财务管理的模式，已经越来越显陈旧过时了。

当今社会中现实"触网"的企业基本上都是以合伙人制度取代了公司治理中的雇用制度。在互联网经营时代，公司成功"最重要的是团队，其次才是产品，有了好的团队才可能做出好的产品"；"小米没有 KPI，不意味着我们公司没有目标。小米对于这个目标是如何分解呢？我们不是把 KPI 压给员工，我们是合伙人在负责 KPI 的。我们确定 KPI，其实更多的是判断一个公司增长的阶梯，我到底到了哪个阶梯，因为我们需要把这个信息测算清楚，以后好分配调度资源。相比结果，小米更关注过程。员工只要把过程做好了，结果是自然的。"（雷军语）

企业必须尽力减少内部管理层级，尤其是压缩中层，并鼓励打破层级的交流，增强组织共享与服务协调。组织结构扁平、机制灵活，构建内部信任，奖励自主学习和尝试创新的文化；特别重视内部信息流，知识和技能分享，鼓励内部学习和创造，让学习和创造成为企业习惯。除此之外，随着企业对大数据价值分析与挖掘的逐步深入，财务决策机制应从业务驱动型向数据驱动型转变，鼓励企业一线员工运用大数据分析，而非完全依靠高层管理者的直觉、经验进行决策，形成企业基于大数据决策的学习型企业文化与制度。

在大数据、移动网络支持下的个性化的时代，知识和创新已经成为企业发展的最大动力；人力资本和信息取代了财务资本，已经成为企业的生命之源和价值之根。企业员工广泛参与决策制度也必然影响企业决策组织结构与决策文化。由于动态外部环境、分散的知识分布等特点，分散式决策是大数据下决策的主要形式。企业必须尽力减少内部管理层级，尤其是中层管理者、鼓励打破层级的交流，增强组织共享、服务协调。组织机制分散、思想和文化紧密、奖励自主学习和尝试创新的文化、鼓励内部小范围的知识群体的民主；关注内部信息流，知识和技能，更胜于关心管理架构或决策体系。鼓励"学习和创造"，让学习和创造成为习惯，成为企业和企业里每个人共同的资产。除此之外，随着企业对大数据价值分析与挖掘的逐步深入，财务决策机制应从业务驱动型向数据驱动型转变。企业员工运用一线大数据分析结果印证或者推翻高层管理者的直觉、经验判断，形成基于数据决策的学习型企业文化与制度。

1.2.5 企业财务风险管理必须位移，风险管理创新技术必须再度改进企业风险预警系统

对风险的识别与防控无疑是企业财务管理的核心与灵魂。财务理论中有关风险的核心观点与内容应该包括：（1）财务理论中所指的"风险"主要来源于数理分析中的"确定性""风险性"和"不确定性"事件。虽然有时候财务理论也强调"风险性"和"不确定性"之间的差异，但是在"主观概率"的引导下，几乎把"风险性"与"不确定性"两者的概念等同起来看待；（2）财务理论大多关注于如何"减低"企业流动性风险（偿付能力）等具体的风险；（3）在风险防范的对策方面，财务理论所提供的解决方法，一个是对资本结

构进行适当与动态的调整；另一个就是结合证券投资理念中的投资组合思想。巴菲特很早就认为学术界对风险的定义有本质错误，基于贝塔值的风险衡量模型精确却不正确，而且无法衡量企业之间差异很大的内在经营风险，所以根本不可靠。巴菲特认为风险是损失可能性而不是贝塔值衡量的价格波动性。风险的定义应该是指"损失或损害的可能性"（The Possibility of Loss or Injury）；另外，用贝塔值衡量风险精确却不正确；尤其是贝塔值无法衡量企业之间内在经营风险的巨大差异。

故此财务管理理论在风险与风险管理的理念、内容和技术方面均存在重大缺陷，仅从数理角度去表达、计算以及探索风险防范的理论范式本身就存在极大的风险。因此，在大数据时代，财务风险理论需要多方重构。

第一，"风险"概念重构。财务风险是一个多视角、多元、多层次的综合性概念。一个现实的、理性的财务风险研究理论范式一定是在对风险要素、风险成因、风险现象等不同财务风险层次的理解和研究的基础上形成的。

第二，风险防控对策方面，要特别关注各类风险的组合和匹配。如有学者指出，当经济处于低迷时期时，企业需要在投资导致的财务危机风险与不投资带来的竞争地位损失之间进行权衡。而当经济处于萧条时期时，如果企业过度强调投资带来的财务风险，那这将是以承受不投资导致竞争地位下降的风险为代价。投资带来的财务风险仅是未能在投资项目上获得合理的投资收益，而不投资带来的竞争风险则是因投资不足，导致企业在维持现有竞争地位方面的失败。因此，企业需要根据对经济环境的判断，平衡投资财务风险和投资竞争风险。相对于流动性风险，企业认为对低盈利能力项目的过度投资和错失高盈利项目机会更可怕。

第三，财务管理实践必须降低企业对防范风险的金融工具的依赖。大数据背景下的财务管理理论应以实用主义为原则，围绕如何建立更加有效的评估企业经营、风险状况的预警系统进行深入探讨。企业具有良好的风险预测能力是防范风险的利器。

1.2.6 大数据背景下企业融资方式与资本结构的再思考

随着互联网经营的深入，所有企业的财务资源配置都倾向于"轻资产模式"。轻资产模式的主要特征有大幅度减少固定资产和存货方面的财务投资、以内源融资或OPM（占用别人即供应商的资金经营获利）为主很少依赖银行贷款等间接融资、奉行无股利或低股利分红、时常保持较充裕的现金储备。

首先，轻资产模式把企业的财务融资逐步实现"去杠杆化生存"，越来越摆脱在融资方面商业银行总是基于"重资产"的财务报表与抵押资产的信贷审核方法。在互联网经营的时代，由于企业经营透明度的不断提高的现实，传统财务理论强调适当提高财务杠杆，增加股东价值的财务思维越来越不合时宜。

其次，传统财务管理是割裂了企业内部融资、投资、业务经营等各项活动，或者说企业融资仅仅是满足企业投资与业务经营的需要，控制财务风险也完全局限于资本结构本身。互联网时代使企业的融资与业务经营实现了全面融合，业务经营本身就附有财务融资活动。

1.2.7 现行财务理论的研究对象：紧盯企业的资本运作还是顾及商业运营

现行财务理论特别关注证券市场和资本运作。"实际上，Corporate Finance 主要关注的是企业的融资、投资、上市和兼并等决策及其对企业市场价值的影响，在中国惯称为企业的资本运作"（张春，2008）。这样的话，现行公司财务学就是以上市公司为主体、以资本运作为对象的财务学。当然，我们并非认为以资本市场为背景的财务学就缺乏学科价值，但是这种财务理论有明显缺陷：一是因为以上市公司为对象的财务理论对非上市公司而言，其适用性是比较差的，而上市公司的数量相对于非上市公司，不是一个数量层级的，很显然现行财务理论只是关注了重点的少数。二是现行财务理论将关注的重点集中在资本市场中的投融资决策和股利分配问题上，忽视了现实企业内部财务运作、管控能力和内部绩效效益问题。

财务学很需要关注和研究盈利模式，因为"现代公司财务生存的主宰是在资本市场，但是生存的方式、获利的途径则是由其在商品经营业绩和产品市场上的表现所决定的，所以公司价值必然与公司经营战略和盈利模式相联系"（斯坦伯格，1994）。反过来亦然，商业战略理论研究上同样需要用财务理论、理念和工具来夯实对盈利模式问题的研究。因为财务业绩是经营战略的最终标准，提高财务业绩和公司价值的主要手段是能在竞争性商业市场上获得成功。今天的成功取决于过去某一段时间采取的战略，所以创造价值最基本的方法就是识别、评估和采纳那些创造收益超过资本成本的战略，并且在尽可能长的时间里创造并保持竞争中的优势地位。而衡量战略成功与否的最终标准就是价值是否增值。总之，企业的基本目标也就是经营战略的基本目标，即增强所有者的长期价值。

尽管公司的价值在很大程度上通过金融市场来反映，但是实现企业价值最大化目标还是要看企业能否在商品市场、商业经营上赢得有利可图的客户和产生持续的营业收入，这是实现价值目标的根本问题，也是由公司内涵价值概念决定的。可见，企业生存的主宰是在金融市场，但是生存的方式、获利的途径则是由商品市场上的表现所决定的，所以财务管理理论必须和公司商品经营战略相联系。

现行财务理论与实践的诸多问题或种种局限成为高级财务管理产生的理论背景与实践基础。

1.3 高级财务管理的理论结构

大数据时代背景即将成为企业财务管理的基本环境。财务管理理论，尤其是财务管理实践，需要在充分考虑大数据时代背景的基础上，做出应有的思考、修正和完善。

1.3.1 高级财务管理的界定

构建高级财务管理理论框架，首先面临的一个问题就是对高级财务管理学本身的界定问题，即何为高级财务管理，它与现行的一般或"中级"财务管理理论有何区别？目前的企业财务管理理论的主要特点就财务论财务，即忽略组织背景来研究财务资源的有效配置问题，其决策变量完全局限于成本、收益和风险。由于不太重视企业组织所面对的内外部环境，面对动荡市场的计划和决策，相机的控制和评价问题也就被忽视，企业财务管理将管理过程集中几乎到了控制这一个环节上。

实际上，管理是一个社会过程[①]，它不仅包含为完成目标而进行的一系列行动，即组织、计划、控制、评价等，而且这些行动主要涉及人和人之间的关系，具有鲜明的社会性。财务管理作为一项以价值为轴心，价值最大化为目标，具有综合性的职能管理自然也应体现其社会过程的性质。因此，高级财务管理理论就是要就管理来论财务，体现财务管理的社会过程，立足于组织结构和治理环境，从实现企业战略目标，提高其核心竞争能力的角度来诠释财务管理功能。

1.3.2 高级财务管理的基本特征

高级财务管理中的"高级"是一个相对的概念，它是相对于传统或者说"中级"财务管理而言的，其所蕴含的具体内容是随着管理科学的发展，更新更复杂的管理过程及其财务事项的出现而不断变化的，总体而言，高级财务管理的基本特征表现如下。

（1）从企业的股东价值到整体价值。财务目标是确定财务管理主体行为的目标和准则，在以往的多种财务目标取向中，企业着重于财务利润等财务价值目标，现在企业价值最大化目标成为现代企业财务目标的最好表达。企业价值不仅仅是股东财富的价值，而是考虑了股东在内的企业所有的利益相关者。一个企业的利益相关者包括股东、债权人、员工、管理者、客户、供应商、社区、政府甚至整个社会，而且企业整体价值的概念强调的不仅仅是财务的价值，而是在组织结构、财务、采购、生产、技术、市场营销、人力资源、产权运作等各方面整合的结果。

（2）从保障型到战略型财务管理。从目前的财务管理教材所阐述问题的逻辑思维分析，主要定位在特定企业发展阶段和特定组织结构模式下的财务投融资、财务控制与分析问题，其讨论的财务管理似乎跟战略较远，可以说是一种战略保障型财务管理。现代财务在企业战略管理中应该发挥更为广阔、深远的作用，应该侧重于企业的长期发展和规划，现代财务管理的又一特征是全面的战略管理，实现价值最大化必须突出战略管理与财务管理的结合，战略的目标不再仅仅是获取竞争优势，而是获得企业整体价值不断提高的新目标。

（3）从财务独立型到财务整合型管理。传统的企业管理与财务分析的思想无法满足企业整体价值最大化和战略管理的要求。传统的管理思维是把公司划分为不同的部门，例如，采购、生产、质量、市场营销、财务、会计、人事部门，突出职能分工和部门利益。然而，企业管理的实践已经充分表明比单一职能部门、单项管理顺利运作更为重要的是把不同职能部门的功能、职责有效地整合起来。也就是说，不同的职能管理单项有效但并不能保证公司整体功能的效率最大化。需要运用系统的财务思想整合企业管理，实现"财务管理是企业管理的中心"的基本命题。高级财务管理带来管理理念和方法的全面提升，它提供了一种与现代企业制度下法人治理结构相匹配的管理制度，整合企业实物流程、资金周转和信息传递的科学方法，建立确保战略实施、整合全方位、全过程、全员的管理体系。

[①] W.H. 纽曼. 管理过程——概念、行为和实践. 北京：中国社会科学出版社，1995.

（4）从结果导向型到过程控制型财务管理。在现代财务管理的研究中，主要研究探究财务管理如何获得成功？结果应该如何？如何反映结果？但是如何面对逆境，防止企业免遭损失和风险是不够重视的。实践证明，由于理财环境的动荡性和人们对未来认识能力的局限性，企业可能的风险与损失是难免的，财务管理必须居安思危，防患于未然，把握企业财务失败的原因及预防措施，必须实现变结果控制向过程控制延伸的管理导向，必须在管理过程中，充分重视人的行为因素，须重视控制的全方位，针对企业不断面临的危机或机遇，及时反馈，加强沟通，制定对策，实施政策，引导行为，以规避风险或走出困境。

（5）从资金管理到价值型管理。传统的财务管理关注股东价值最大化，以净利润或者股票价格的最大化来表现企业的成长和壮大，财务部门强调资金运营、资金筹措和资金投放以及资金的分配，财务管理工作呈现典型的资金管理特点。高级财务管理从企业价值最大化目标为出发点，以现金收益和风险的平衡发展为基本财务管理理念，强调财务分析技术和决策模型的量化财务管理方法，全方位对接发展战略，以落实财务战略为基础，改造组织体系，分析企业价值增长的驱动因素，将战略落实为具体的预算目标，并通过预算管理、报告体系和预警机制为监控手段，通过资产组合和风险控制，保障企业的可持续增长，最后以相关的评价机制和激励机制来激励管理者和全体员工不断追求价值的最大化。

（6）从资产运营到资本运营。财务理论的发展除了受到财务学科本身特质、相关学科的相互关联外，越来越受到理财环境和企业经营模式、战略的复杂影响，当今世界经济一体化的趋势，跨国战略、购并浪潮、抵御区域性风险已经成为理财环境和企业关注的热点。随着资本运营活动在经济中的扩展与深入，与此相关的一系列属于基础性的困惑和问题逐渐暴露，如资本为何要交易？谁在交易中起决定作用？资本交易的依据又是什么？运营后的效益如何评价？这些问题必须由以资本、资产配置为内容、以企业价值最大化为行为准则的财务理论来描述和规范。现行财务理论体系关注资产管理、资金管理、关于资本运营的理论也较为零散和随机。而当今现实已表明资本运营是企业更高层次的资源重组配置方式，对它的研究和长期主动的关注、把握是企业价值增长的有效手段之一。

（7）从单一财务主体到复杂的财务主体。不同企业组织形式是决定财务管理特征的主要因素。市场经济的发展与企业组织形态的多样化，要求财务管理必须关注不同规模与不同组织结构企业的财务管理行为。既要关注公司制企业的财务运作问题，也要研究非公司制企业的财务管理问题；既要研究大型企业的一般财务问题，又要关注中小企业的特殊财务情况；既要分析单一组织结构的财务管理问题，又要特别研究多层组织结构（集团制）的集权与分权问题。

1.3.3　高级财务管理理论的基本框架

高级财务管理理论研究的起点是企业组织，不同的企业组织形式决定着财务目标和财务主体。财务目标为财务管理过程提供了技术标准和方向，而财务治理结构下的分层财务主体则为处于管理过程核心的人提供了行为导向和规范，或曰"游戏规则"。这是财务管理过程展开的两个必要前提，即既要知道目标也要知道规则。依据财务目标，在财务治理的框架内确定能够有效实现目标的财务战略，然后用财务预算将财务战略与日常经营管理连接起来。在预算实施的过程中，运用财务控制手段对过程进行相应的风险预警和效率控制。

财务决策还必须超越商品经营的限制，实施促进或加速战略目标实现的重组计划，进而进入新一轮的更具竞争优势的商品经营管理，具体内容包括如下所述。

（1）企业价值理论。财务目标是能确定财务管理主体的行为目标和准则，在多种财务目标取向中，我们认为企业整体价值最大化目标是现代企业财务目标的最好表达。由此提出的有关企业整体价值的基本命题：①企业价值不仅仅是股东财富的价值，而是考虑了股东在内的企业所有的利益相关者，包括股东、债权人、员工、管理者、客户、供应商、社区、政府甚至整个社会。一个企业的价值增加不应该仅仅使股东受益，而且应该使所有的利益相关者获利。只有当所有的利益相关者的权益得到保证并不断增长时，企业经营才是有效率的和成功的。所以有人说："作为一种责任和利润分担机制，公司财务管理既要投资者确保不被排除在企业利害关系人之外，又不至于损害其他利害关系人的利益。对于投资者和其他外部人士来说，财务责任乃是关键之所在"。[①]②企业整体价值的概念强调的不仅仅是财务的价值，而是在组织结构、财务、采购、生产、技术、市场营销、人力资源、产权运作等各方面整合的结果。③企业整体价值的概念，不是基于已经获得的市场份额和利润数据，而是基于与适度风险相匹配的已经获得和可能获得的现金流量。④企业整体价值有多种表现形式，但是市场价值是最主要的形式，所以现代企业财务必须密切关注资本市场或产权市场，企业只有从内部和外部两个方面下手才能提高企业整体价值。包括关注不断变化的市价而引发的市值管理。这一部分内容在本书的第2章。

（2）财务战略理论。高级财务在这个方面关注的问题主要包括什么是财务战略，它与公司经营战略的关系如何？如何制定筹资战略和投资战略？如何在财务决策、控制与分析中注入战略思考？等等。市场的竞争与风险直接导致了对公司战略的需求。财务战略的基本作用表现为对公司战略的全面支持，它可以根据企业的经营战略目标而制定，如更大的市场份额、更低的产品成本等，也包括从财务的角度对涉及经营的所有财务事项提出自己的目标，如高速增长的收入、较大毛利率、强劲的信用等级、恰当的融资结构、可观的自由现金流量、不断上涨的股票价格、在行业处于衰退期的收益稳定程度等。

（3）财务治理理论。高级财务管理理论所要研究的问题不能脱离现代企业制度及其法人治理结构。依据现代财务治理理论，财务管理因多层委托代理关系、治理结构差异应分为出资者财务、经营者财务和财务经理财务。中级财务理论主要以财务经理的立场研究财务管理问题，或者说在一个封闭的产权结构条件下，探讨财务管理的具体问题或者说财务部门如何履行其职责问题。高级财务管理理论以企业效率为出发点，以激励与约束对称为标准探讨各个层次财务管理的权责利是什么？而财务治理理论着重讨论如何在财务管理过程的各个环节中体现分层财务管理思想？如何通过决策机制的构建，理顺出资人和经营者财务决策、约束、激励与协同关系等。这一部分内容在本书的第3章。

现代财务与战略管理的相互影响和渗透主要体现在三个方面：第一，在财务决策中必须注入战略思考，尤其是涉及企业的长期财务决策。以投资决策为例，在高级财务管理中，投资决策的首要任务不是选择备选项目而是确定诸如多元化或是单一化的投资战略，这是搜寻和决策项目的前提。"在战略领域内，财务总裁（CFO）办公室需要进行战略性分析，

---

① 路易斯·洛温斯. 公司财务的理性与非理性. 上海：上海远东出版社，1999.

并且对企业决策的合理性和承担风险的'合适度',进行不断的反省。财务总裁办公室就是将企业放在如下两个背景中展开:企业内部的价值链分析和企业在社会整体价值链中的位置分析"。①第二,在使用财务评价方法时,要注入战略元素。如广泛使用的评价方法是现金流量折现法(DCF),当企业更加关注资本支出的战略性时,就要对此方法加以补充。因为现金流量本身无法涵盖项目带来的战略收益,如采用一项新的生产技术,它的战略收益可能包括更优的产品质量以及为企业未来发展提供更多的灵活性和选择等,这些是很难用财务指标量化的,现金流量方法只衡量该技术成本节约的数额及财务收益,并将财务收益作为项目取舍的主要依据。第三,预算管理是落实战略、强调财务资源配置的战略思考。本书强调即使营运资本也隐含浓厚战略色彩,另外探索性分析了多元化企业的财务资源配置原理问题分析评价中注入的战略元素。高级财务管理针对企业环境特点,强调对预算管理制度本身的研究。因此高级财务管理理论对预算管理的研究主要集中于预算的战略规划问题,这部分内容在本书第4章中说明介绍。

(4)风险管理与财务预警分析理论。财务控制是财务管理过程的核心职能,是财务预算完成的保障。一个全方位的财务控制体系包含多元的财务监控措施和设立顺序递进的多道财务保安防线,在企业中广义的财务控制体系包括财务组织控制、集权分权体制,以及一系列的授权控制、流程图控制、风险控制、责任控制、预算控制、实物控制和网络化财务体系,包括使这些控制手段相互配合并融合的平台,而较为狭义的财务控制就是立足于财务风险的防范,着力进行财务风险管理,设置财务预警分析系统或者手段等。这一部分内容在本书的第5章中会有介绍。

(5)资本运营理论。而今的市场环境使出资者意识到仅仅依靠公司的经营者是不够的,自己也要以经营的观念、资本"经营者"的身份来参与到产业的调整、市场的变动中,这样才能得到一个与所拥有的资本稀缺性相配比的收益。资本运营理论需要研究与资本运营活动相关的一系列基础问题,如资本为何要交易?谁在交易中起决定作用?资本交易的依据又是什么?资本交易的实现方式(资本扩张、资本重整和资本收缩)如何更加有效运用?资本交易价格如何形成等。现实已表明以战略重组为导向的财务资本运营是更高层次的资源配置方式,无论从经营目标、经营主体、经营内容和方式等诸多方面都有别于商品经营,高级财务管理理论必须给予更多的关注。这部分内容在本书的第6章会有介绍。

(6)集团财务管理理论。高级财务管理理论摆脱股份公司这一单一财务主体,同时关注多层组织结构(集团制)的财务控制、体制构造、总部功能设计与内部资本市场等问题。本书特别分析集团管理扁平化的背景与具体路径,强调集团内部组织管理扁平化的基础是内部股权结构的扁平化;随着市场竞争格局变化、信息流程的变革,集团内部应该在业务经营上越来越分权的"自组织"体系;集团管理应该尽量推进具有管理规模效益的共享服务中心SCC模式,尤其是财务共享服务中心,推进集团内部管理体系专业化与半市场化。第7章重点介绍了企业集团内部资本市场的内涵和功能,具体阐述了资金结算中心与财务公司、现金池与大司库制度。特别是应该通过集团内资金业务的一体化运作,实现结算集中、信息集中和资金集中,优化产融结合模式,统筹金融资源配置,风险管控,确保集团

---

① 托马斯·沃尔瑟. 从财务管理到战略管理:再造财务(金融)总裁. 上海:商务印书馆,2000:15.

的资金运转安全、规范和高效。

（7）中小企业财务管理的特殊问题。中小企业财务决策与管理存在许多区别于大型企业财务的议题与特征。本书以挂牌新三板企业财务为主旨分析，我国新三板的最主要功能是帮助中小微企业提供更多元化的融资渠道。我国境内符合条件的股份公司均可通过主办券商申请在全国股份转让系统挂牌，公开转让股份，进行股权融资、债权融资、资产重组等。公司的股票在新三板挂牌以后，股票就可以在投资者之间进行转让交易。股票可以采取做市转让方式或者协议转让方式进行转让，而挂牌企业主要可以采用发现普通股票包括优先股等融资方式。另外，挂牌企业的并购交易数量也呈现上升趋势，使得中小企业也加入并购行列。在本书第8章会详细分析相关问题。

适应企业经营环境变化，尤其是资本市场、互联网与大数据的新环境，企业财务管理理念和方法必须变革，高级财务管理的相关命题与内容也必须创新，顺应当今现实。高级财务管理理论就是要就管理来论财务，体现财务管理的社会过程，立足于组织结构和治理环境，从实现企业战略目标，提高其核心竞争能力的角度诠释财务管理功能。它以企业价值最大化目标为出发点，以现金收益和风险的平衡发展为基本财务管理理念，强调财务分析技术和决策模型的量化财务管理方法，全方位对接发展战略，以落实财务战略为基础，改造组织体系，分析企业价值增长的驱动因素，将战略落实为具体的预算目标，并通过财务预警机制为监控手段，保障企业的风险防控和企业可持续增长，并通过资本运营和集团管控体系重构，不断追求价值的最大化，是高级财务管理的基本特征和内容框架。

1. 你认为互联网、大数据环境对企业财务管理提出了哪些新挑战？
2. 你如何理解高级财务管理必须从保障型财务转型为战略型财务？
3. 企业财务决策应该如何顺应大数据环境？

第 2 章　企业估值与价值管理

2.1　企业价值的属性与形式

2.1.1　企业价值的属性

企业通常被定义为具有能力生产产品或提供服务并能获取利润的实体。一方面，投资者通过出资实现对企业的资产及其未来获利的控制，并能实现预期盈利回报，这种对资源的利用与获利能力既是企业存在的基础，也是企业价值的首要基础。另一方面，在市场经济环境下在产权市场中，企业也可以作为商品，作为交易对象通过上市、并购等多种方式进行买卖，企业也具有交换价值，此时企业价值表现为企业在市场上应该值多少钱或者能卖多少钱。

投资者是投资企业的未来，并非企业的过去，也就不太关注企业过去的业绩，所以企业价值的归依是企业未来的持续获利能力。

决定企业价值大小的因素，包括生产能力、行业特征、企业盈利模式、新技术开发、管理组织能力、企业文化、客户关系、并购重组、资本市场的成熟程度与波动状况等，每一个因素的变动都会对企业价值大小造成影响，所以企业价值具有很大的波动性和不确定性。

企业持续的获利能力是由股东、债权人、经营者、员工、顾客等众多利益相关者共同作用的结果，所以企业价值是股东价值、债权价值、顾客价值、员工价值的集合。当然财务管理上对企业价值主要定位在股东价值上。财务上主要关注股东价值，而且认为股东价值是包括公司债权人、顾客等其他利益相关者价值的基础。财务上股权价值的估值技术同样适用债权价值的估计。

2.1.2　企业价值的主要形式

从财务管理角度，企业价值具有多种不同的表现形式，但主要是账面价值、内涵价值、市场价值等。客观地讲，每一种价值形式都有其表现的独立性、合理性与适用性。

1. 账面价值

账面价值是指以会计的历史成本原则为计量依据确认企业价值。其中资产负债表能集中反映公司在某一特定时点的价值状况，揭示企业所掌握的资源、所负担的负债及所有者在企业中的权益，资产负债表上各项目的净值，即为公司的账面价值。比如每股净资产数据就是账面价值的直接反映。

账面价值指标可以直接根据企业的报表资料取得,具有客观性强、计算简单、资料易得等特点。但由于各企业间、同一个企业不同会计期间所采用的会计政策的不同,账面价值较易被企业管理当局所操纵,从而使不同企业之间、同一企业不同时期的账面价值缺乏可比性。比如采用加速折旧法会比采用直线折旧法有较短折旧年限,会更快地减少固定资产价值账面;在通货膨胀时期,运用后进先出法存货计价的结果会使得当期费用高于采用先进先出法的情况,长期使用后进先出法将使存货的价值低于采用先进先出法的企业;因此,在运用账面价值时必须密切关注企业会计政策选择的差异。另外,来自财务报表的净值数据代表的是一种历史成本,它与企业创造未来收益的能力之间的相关性很小或者根本不相关,这与企业价值的内涵不相符合,而且企业存续的时间越长,市场技术进步越快,这种不相关性就越突出。

2. 内涵价值

内涵价值又称内在价值、投资价值等,一般是指企业预期未来现金流收益以适当的内涵价值折现率折现的现值。现金流贴现模型是用自由现金流量的资本化方法来确定公司的内含价值的。现金流量贴现模型的基本思想是企业未来产生的自由现金流量就是企业最真实的收益。一般投资者在对企业债券、股票等进行投资时,使用内涵价值作为决策依据。

按照现金流量定价模式,企业的价值等于企业未来现金流量折现值:

$$内涵价值 = \sum_{t=1}^{n} \frac{CF_t}{(1+WACC)^t}$$

上式中:CF_t 为第 t 期的现金流量;$WACC$ 为企业加权平均资本成本或贴现率。

从上述计算公式可以发现,在现金基础计量方式下,企业的净收益在企业估价中没有什么意义,因为只要已知未来现金流量,经过折现后即可提供全部的企业资产负债价值信息。也就是说,企业价值事实上决定于投资者预期获得的现金流量。这是因为:①企业现金及其流量是满足所有投资者索偿权要求的必要条件;②折现现金流量估价法侧重于企业经营的未来预期,符合经济决策信息相关性的基本要求;③现金流量模型的分子现金流量,考察的是企业未来收益能力,而分母贴现率则考虑的是风险因素。因此现金流量折现模型测算的内含价值综合考虑了企业未来收益能力与风险水平。

3. 市场价值

市场价值或称市场价格,是指当企业在市场上出售时所能够取得的价格。市场价值通常不等于账面价值,其价值大小受制于市场的供需状况,并通过投资者对企业未来获利能力的预期,形成的市场评价,所以从本质上看,市场价值亦是由内涵价值所决定,是内涵价值的表现形式,企业的市场价格围绕其内涵价值上下波动,完美的状况是市场价格等于内涵价值。但由于人们的主观判断或市场信息不完全等诸多因素的影响,企业的市场价值会偏离其内涵价值,这种偏离程度在不成熟市场上往往会非常之大。正是由于企业价值被低估或高估的情形存在,才有了通过资本运作等手段来获取企业内涵价值与市场价格之间的价差空间,使得如何准确判断企业内涵价值便成为问题的关键。

以上三种价值概念的关系如图 2-1 表示。

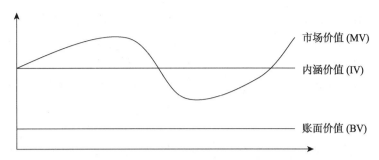

图 2-1　账面价值、内涵价值与市场价值的关系

图示表明：①一般情况下，公司内涵价值会高于账面价值，因为内涵价值既包含历史成本会计信息验证部分，也包含企业未来获利能力与新增投资收益的折现价值部分；②内涵价值是理论预期概念，是对未来现金收益的贴现，投资者对企业未来盈利与风险信息的预期形成了内涵价值，不仅主观判断色彩浓厚，而且其价值水平一旦确定就具有一定的稳定性；③市场价值或者市值是现实资本市场或产权市场上企业股权（资产）的价格，它是真实的在交易的价格，代表了这一具体时点的企业财富，它由市场状态与投资者态度所决定，理论上市值应该围绕其内涵价值上下波动。

2.2　企业估值

2.2.1　企业估值的含义与意义

价值最大化是企业财务的终极目标，企业估值是企业各项财务管理活动的基础。企业估值是指通过对企业的未来财务状况及资源利用、获利能力作出价值上的判断分析，换言之也是对持续经营的企业的价值进行估算和计量。企业估值实际上也是一个综合考虑企业内部因素、外部环境因素以及投资者的主观预期等多方面条件，对企业持续发展潜力和投资价值的认识和评判过程。所以，企业估值是财务理论体系和实践业务的重要组成部分。

企业估值的意义十分广泛：①由于估值需要对企业的财务状况及资源利用、获利能力作出判断分析，这个过程必然成为发现企业经营优势、寻找经营劣势及确定管理漏洞的过程，进而为企业实现价值目标提供建设性意见；②企业财务投融资决策中的价值估计。由于企业财务管理的目标是企业价值最大化，使企业财务决策、企业战略和企业价值之间存在密切的联系，而企业价值是与企业各项重大决策——企业新的投资项目、融资策略和红利政策等密切相关的；③企业并购分析中的价值评估。企业估值在企业兼并收购分析中具有核心作用。购买方在报出收购价之前，必须估计出目标企业的内在价值，而被收购企业必须定出自身合理的价值，以决定接受还是拒绝收购要约。

2.2.2　企业估值的基本程序

为了获得客观、公认的估值结果，应该实施严格的估价程序。企业估值的流程应该包括以下步骤。

1. 展开估值分析的基础工作

对企业进行评估首先必须先了解该企业所处的宏观经济环境和市场、监管及竞争环境以及其在行业中所处的地位,据此判断企业的生存能力和发展前景,这为其以后采取的评价方法打下了基础。这种基础工作包括以下五个方面:①了解目标公司所处的宏观经济环境和市场、监管及竞争环境。在繁荣的经济和金融环境中,企业价值往往会随市场看涨的影响而有所提高,这并不是企业自身努力的结果,同样,当经济不景气、金融困难重重时,投资者往往会削减其在股票上的投资,企业价值随之下跌;②了解目标公司的特征及行业特征;③了解企业在行业中的竞争能力;决定被估价企业在行业中竞争能力的内容包括:企业的市场份额、企业的竞争优势、企业的增长策略、分支机构的地理布局、营销渠道和方法、潜在的机会、目前在行业中的排名和对未来排名的预测;④了解目标公司的技术革新能力;⑤把握公司的市场定位,研究公司治理结构与控制权。这对于预计公司未来的发展前景,从而进行绩效预测是必要和有益的。企业高管人事的变动对企业的持续经营会带来明显的冲击,投资者会因为不了解新管理者的能力、政策、信用情况,而谨慎选择该企业股票或对该企业进行投资和发放贷款,这些都有可能导致企业价值的波动。

2. 实施绩效预测

企业价值是对企业持续发展潜力的认识和评价,所以对企业进行绩效预测,是明确企业关键的价值驱动因素——增长率与投资资本回报率,必不可少的步骤。应该对未来现金流量构成要素值和现金流量值分布概率进行估计,或结合预测期限和通货膨胀影响,预测企业的资产负债表和损益表的具体项目,并将这些项目综合起来,用以预测现金流量、投资资本回报率及其他关键的企业价值驱动因素以及估价所用的贴现率。

在进行企业绩效预测时,首先应利用已搜集的资料,结合企业所在行业特点和自身的竞争优势、劣势,评估企业的战略地位;然后为企业制定绩效环境和情景(如经济的繁荣和萧条、企业经营行为的延续和改善、新产品开发的成败等),定性说明影响企业绩效的主要事件,以及企业绩效将如何发展;在此基础上,对未来现金流量构成要素值和现金流量值分布概率进行估计,或结合预测期限和通货膨胀影响,预测企业的资产负债表和损益表的具体项目,并将这些项目综合起来,用以预测现金流量、投资资本回报率及其他关键的企业价值驱动因素。

3. 选择财务估价模型

对企业价值的评估模型因其评估目的不同、被评估企业的特点不同而不同,对于同一企业,不同的评估模型可以得出相差很远的评估结果。企业的不同特点也影响着评估方法的选择,比如一个投资规模很小的服务性企业,为避免不合理地低估其企业价值,通常选择收益法而非账面资产价值。在实践当中,企业环境中许多主客观且非财经因素对企业估值不可避免地产生复杂影响,因此企业价值的选择和确定往往要综合考虑多种方法所得的结果。

4. 结果检验与解释

企业估值的最后阶段包括检验企业的价值和根据有关决策对评估结果做出解释。企业估值结果出现后,应检验结果的合理性,这一检验过程通常是通过将企业价值与其价值驱动因素、关键的营业假定(如资本支出计划、毛利率假定、新产品研制计划等)进行对照完成的。通过对企业不同情景下的价值及对应关系的全面考察，可以有效保证企业估值结果的准确性，帮助相关信息使用者做出正确决策。比如，应该进行估值结果的敏感性分析，因为估值结果是在一系列不同的假设基础上完成的。应该在每一项敏感性测试中，只有相关的假设会发生变化，其他假设保持不变，这时可以了解这些测试的结果如何变化。以全面掌握在不同情景下的估值结果，保证估值的质量和适用条件。

估值分析的基本架构如图 2-2 所示。

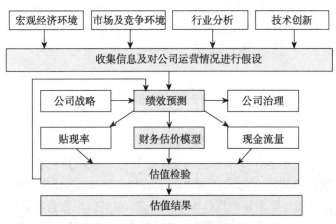

图 2-2　估值分析的基本架构

2.2.3　企业估值技术（模型）

在理论上企业估值有多种方法，并各有利弊和适应条件。在估值实践中既可单独使用，也可将各种方法交叉使用。下面说明主要的 10 种估值方法及其基本原理。

1. 市盈率法

在财务分析中，市盈率（P/E）作为企业的盈利倍数水平反映了投资者对每股收益所愿支付的价格，反过来可以利用市盈率来估计企业价值，即确定了公司市盈率以及运用此倍数的特定盈利水平，就可以算出企业价值大小，公式如下：

$$企业的价值 = 估值收益指标 \times 标准市盈率$$

市盈率也称为收益倍数，其数值等于每股市价/每股盈利，或股票市值/净利润。

市盈率一般有静态市盈率和动态市盈率之分。静态市盈率是股价与上期每股收益的比值。动态市盈率是当前股价与预测的当期（未来）每股收益的比值。市盈率对单个企业、行业类股及大盘都是很重要的参考指标。任何股票若市盈率大大超出同类股票或是大盘，都需要有充分的理由支持，而这往往离不开该公司未来盈利将快速增长这一重点。一家公司享有非常高的市盈率，说明投资者普遍相信该公司未来盈利将快速成长。一旦盈利增长不尽理想，支撑高市盈率的力量无以为继，股价往往会大幅回落。

市盈率数值低，代表投资者能够以较低价格购入股票。即使是非上市公司，也可以使用市盈率模型估值，虽然企业自身没有其市盈率数据，但在评估时可借助与公司具有可比性的上市公司的市盈率或公司所属行业的平均市盈率，再根据平均市盈率以及公司的盈利能力对公司定价,所以应用包括市盈率法的直接比较法的关键是公司间的可比性。

采用市盈率法估算企业价值,以投资为出发点,着眼于未来经营收益,具有如下优点:①市盈率法比较直观,它将股票价格与当前公司盈利状况相互联系;②市盈率作为一个统计比率,易于计算并且容易得到;③市盈率能够作为公司风险性、成长性、资产盈利水平等特征的代表。因而市盈率在各类财务业务中广泛使用,尤其适用于通过股票发行与公司并购的情况。但它也存在如下问题:①对于亏损企业,市盈率根本没有意义;②在评估周期性的公司时常常出现较大的偏差;③在剧烈波动的新兴市场上,运用传统的市盈率定价法并不能准确反映新股公司的内在价值;④互联网等新型产业的兴起带来了新的盈利模式且具有很大的风险性,传统的市盈率法在企业估值时难以使用。

2. 市净率法

市净率法(P/B)一般以公司的净资产账面价值为基础,利用目标或同行业的市净率进行调整后,确定其价值和价格:

$$公司价值 = 公司的账面净资产 \times 市净率(P/B)$$

市净率是每股净资产能在资本市场的交易价格,一般以倍数表示。估值使用的账面净资产价值是指资产负债表上总资产减去负债的剩余部分,也即账面净值。而市净率既可以直接根据公司或同行业企业的现行市净率确定,也可以根据公司的行业特点、成长性、获利能力、股权交易双方讨价还价等因素确定。一般认为,市价高于账面价值时企业资产的质量较好,有发展潜力;反之则质量较差,没有发展前景。市净率侧重于对未来创值的期望。

采用市净率估值强调以会计的历史成本原则为计量依据确认企业价值,不大关注考虑资产的收益状况。本方法的优点是可以直接根据企业的报表资料取得,具有客观性强、计算简单、资料易得等特点。但其缺陷也是明显的,包括:①由于各企业间、同一个企业不同会计期间所采用的会计政策的不同,账面价值较易被企业管理当局所操纵,从而使不同企业之间、同一企业不同时期的净资产缺乏可比性;②来自财务报表的净值数据代表的是一种历史成本,它与企业创造未来收益的能力之间的相关性很小或者根本不相关,而且企业存续的时间越长,市场技术进步越快,这种不相关性就越突出;③忽视了企业内在的一些价值驱动因素。比如一家软件公司账上的资产虽然不多,但其员工的技能对未来的盈利状况影响很大,该方法就难以准确考虑这些因素。所以从理论上说,该估值方法不太适合:①账面价值的重置成本变动较快公司;②固定资产较少的,商誉或知识资本较多的服务行业或企业。

3. EV/EBITDA 倍数法

与市盈率法在使用的方法和原则上相近,只是选取的指标口径有所不同的估值方法是EV/EBITDA 倍数法。从指标的计算上来看,EV/EBITDA 倍数使用企业价值(EV),即投入企业的所有资本的市场价值代替市盈率法中的股价,使用息税前盈利加折旧(EBITDA)代替其中的每股净利润。计算公式为

$$EBITDA = 净利润 + 所得税 + 利息 + 折旧 + 摊销$$

或

$$EBITDA = EBIT + 折旧 + 摊销$$

企业所有投资人的资本投入既包括股东权益也包括债权人的投入,而 EBITDA 则反映了上述所有投资人所获得的税前收益水平。

随着杠杆收购的浪潮,EBITDA 在 20 世纪 80 年代首次被资本市场上的估值广泛使用。EBITDA 开始被实业界广泛接受,因为它非常适合用来评价一些前期资本支出巨大,而且需要在一个很长的期间内对前期投入进行摊销的行业,比如核电行业、酒店业、物业出租业等。如今,越来越多的上市公司、分析师和市场评论家们推荐投资者使用 EBITDA 进行分析。现在也被视为一个评价公司偿债能力的指标。EBITDA 也经常被拿来与企业现金流进行比较,因为它对净利润加入了两个对现金没有任何影响的主要费用科目——折旧和摊销,然而由于并没有考虑补充营运资金以及重置设备的现金需求,并不能就此简单地将 EBITDA 与经营现金流对等。

EV/EBITDA 从包括债权人的全体投资人的立场,反映出企业整体市场价值和经营收益指标间的比例关系,但是它从全体投资人的角度出发。在 EV/EBITDA 方法下,要最终得到对股票市值的估计,还必须减去债权的价值。EV/EBITDA 和市盈率等相对估值法指标的用法一样,其倍数相对于行业平均水平或历史水平较高通常说明高估了,较低则说明低估了,不同行业或板块有不同的估值(倍数)水平。但 EV/EBITDA 较市盈率有明显优势,因为相比于将所有因素都综合在一起的净利润指标,EBITDA 剔除了诸如财务杠杆使用状况、折旧政策变化、长期投资水平等非营运因素的影响,更为单纯明了,更清晰地展现了企业真正的运营绩效,非常有利于投资者排除各种干扰,更为准确地把握企业核心业务的经营状况。所以 EV/EBITDA 特别适用于:① 充分竞争行业的公司;② 没有巨额商誉的公司;③ 净利润亏损,但毛利、营业利益并不亏损的公司。

4. PEG 指标法

PEG 指标(市盈率相对盈利增长比率)指用公司的市盈率除以公司的盈利增长速度。PEG 指标是彼得·林奇发明的一个股票估值指标,是在市盈率(P/E)估值的基础上发展起来的,它弥补了 P/E 对企业动态成长性估计的不足,其计算公式为

$$PEG = P/E /企业年盈利增长率$$

用 PEG 指标估值的好处就是将市盈率和公司业绩成长性对比起来看,其中的关键是要对公司的业绩作出准确的预期。PEG 是用公司的市盈率(P/E)除以公司未来 3 年或 5 年的每股收益复合增长率。比如一只股票当前的市盈率为 20 倍,其未来 5 年的预期每股收益复合增长率为 20%,那么这只股票的 PEG 就是 1。有如下几种情况:①当 PEG 等于 1 时,表明市场赋予这只股票的估值可以充分反映其未来业绩的成长性;②如果 PEG 大于 1,则这只股票的价值就可能被高估,或市场认为这家公司的业绩成长性会高于市场的预期。通常,那些成长型股票的 PEG 都会高于 1,甚至在 2 以上,投资者愿意给予其高估值,表明这家公司未来很有可能会保持业绩的快速增长;③当 PEG 小于 1 时,要么是市场低估了这只股票的价值,要么是市场认为其业绩成长性可能比预期的要差。通常价值型股票的 PEG 都会小于 1,以反映低业绩增长的预期。

5. 股利贴现模式

股利贴现模型（DDM）是以企业未来特定时期内的派发股息为基础，按一定折现比率计算现值，借以评估企业价值的方法。这是一种收入资本化的估价思路，按照这种思想，任何资产的内在价值是由拥有这种资产的投资者在未来时期中所接受的现金流决定的。对于股票来说，这种预期的现金流即在未来时期预期支付的股利。企业利润代表了企业新增加的价值，如果企业将全部利润分配给企业股东，则企业的净利即为每股股票的收入，价值的增长反映为股利的多少；如果企业只将净利中的一部分分配给股东，另一部分作为积累留在企业内部，则积累的部分最终也体现为递延的股利发放。因此，股利贴现模型的公式为

$$P = \sum_{t=1}^{n} \frac{D_t}{(1+K)^t} + \frac{F}{(1+K)^n}$$

式中：D_t 为在时间 t 内以现金形式表示的每股股利；K 为在一定风险程度下的贴现率；F 是待 N 期股票出售时的预期价格；P 为每股股票的内在价值。

在这种情况下，投资者投资于股票，不仅希望得到股利收入，还希望在未来出售股票时从股票价格的上涨中获得资本利得。企业的价值就取决于未来的盈利能力（预期股利水平）和贴现率的选择。

公式中的预期股利 D_t，可以分为零增长股票价值模型、固定比例增长股票价值模型、非固定增长股票价值模型等几种情况，从而引出多种企业估值基本公式。该模型虽简单，但经过变更后却能适应企业成长各种不同形态的需要，如：

当 $n \to \infty$，F 的现值接近于零。则上式变为

$$P = \sum_{t=1}^{n} \frac{D_t}{(1+K)^t}$$

上述现金流量折现模式，可以分为下列几种具体情况。

（1）零增长股票模型。如果公司每年均发放固定的股利给股东，即假定预期股利增长率等于零，这种股票称为零增长股票。也就是说，针对

$$P = \sum_{t=1}^{n} \frac{D_t}{(1+K)^t}$$

模型来说，每年股利 D_t 均为一个固定常数，其股票价值可按永续年金现值公式计算：

$$P = D/K$$

例如，假定某公司在未来无限时期支付的每股股利为 8 元，其公司的必要收益率为 10%。则股票的价值为 8÷0.10 = 80 元。

（2）固定增长股票模型。如果某种股票的股利永远以一个固定的增长率 g 增长，那么未来第 t 期的预期股利为：$D_t = D_1(1+g)t$。这种企业处于生命周期中的上升阶段，盈利能力逐年增长，它的计算模型称固定增长股票模型，又称戈登模型，它是由戈登（M.J.Gordon）于 1962 年提出的，公式如下：

$$P = \frac{D_1}{K-g}$$

其中，D_1 为企业第一年发放的股利，g 为股利的年固定增长率。该模型有一个重要的

假设，即投资者要求的收益率 K 大于 g。

例如：XYZ 公司第一年每股发放的股利为 2 元，假设该企业的股利年增长率为 2%，市场利率为 10%，则该企业价值为 V=2/（10%–2%）=2/8%=25（元）

（3）非固定增长股利模型。在现实生活中，有些企业的盈利能力取决于各种复杂因素，其规律不稳定，是非固定增长的，有时可能连续几年保持固定不变，有时又连续几年保持固定比率增长，甚至有时没有规律，对于这种企业的股票价值估算主要通过非固定增长模型。这一模型仍然属于股票内在价值的贴现现金流模型。只是假设股利的变动在一段时间内并没有特定的模式可以预测，当在此段时间以后，股利按固定增长模型进行变动。因此，股利流可以分为两个部分：第一部分包括在股利无规则变化时期的所有预期股利的现值。第二部分包括从时点 t 来看的股利不变增长率变动时期的所有预期股利的现值。因此，该种股票在时间点的价值可通过不变增长模型的方程求出。这也称为威廉斯公式。威廉斯公式为

$$P_t = \frac{D_{t+1}}{(1+i)} + \frac{D_{t+2}}{(1+i)^2} + \cdots + \frac{D_{t+n+1}}{(1+i)^{n+1}} + \cdots$$

式中，P_t 为 t 时企业价值；D_{t+1} 为 $t+1$ 期所得股利；D_{t+2} 为 $t+2$ 期所得股利，以此类推；i 为选择的贴现率。在实际运用中，往往可以通过分段计算，对评估公式加以简化。假设公司在 k 年内超常增长，股利增长水平为 g_1，其后的正常增长水平为 g_2，按照威廉斯模型，简化后的价值评估公式为

$$P_0 = \sum_{t=1}^{k} \frac{D_0(1+g_1)}{(1+i)^t} + \frac{D_{k+1}}{i-g_2} \times \frac{1}{(1+i)^k}$$

例如：企业 W 预期未来 3 年股利将高速增长，每年成长率为 5%，之后转为正常增长，每年的股利支付成长率为 2%，假设企业第一年每股支付的股利 D_1 为 2 元，市场利率为 10%，则该企业价值为：

$$\left[\frac{D_1}{(1+10\%)} + \frac{D_2}{(1+10\%)^2} + \frac{D_3}{(1+10\%)^3}\right] + \frac{D_4}{(10\%-2\%)} \times \frac{1}{(1+10\%)^3} =$$

$$\frac{2}{1.1} + \frac{2\times(1+5\%)}{1.21} + \frac{2\times(1+5\%)^2}{1.331} + \frac{2\times(1+5\%)^3}{8\%} \times 0.7513 = 26.95（元）$$

股利贴现估价模型隐含如下一系列观点：①股利可界定为公司与股东之间各类现金流动，包括股票回购；②本模型只是在考虑未来股利支付的基础上简单地反映公司股票投资价值，它并没有表达预计股利不分配而对公司进行再投资问题；③股利折现模型只反映持有股票的价值，而不是公司的总体价值。公司总体价值还应包括债权价值；④该模型隐含着公司在其全部经营期间里可以有一个或多个时期不能支付股利，但是必须预期公司能在未来某个或某些时期能够支付股利。

6. 自由现金流贴现模型

自由现金流贴现模型也称巴波特模型（Rappaport Model），是通过自由现金流量的资本化方法来确定公司的内涵价值的。该模型的基本思想是企业未来产生的自由现金流量就是企业最真实的收益。从本质上来说，估值就是估计公司获取而并非投资者获得股利的自由现金流的现值合计。

依据企业现金流量的估值公式为

$$TV_a = \sum \frac{FCF_t}{(1+WACC)^t} + \frac{V_t}{(1+WACC)^t}$$

式中：TV_a 为企业价值；FCF_t 为在 t 时期内企业的自由现金流量；V_t 为 t 时刻企业的终值；$WACC$ 为加权平均资本成本或贴现率。

该模型的特点：①这种分析技术通常运用五年或十年"自由现金流量"模型，以考察资产的投资价值或内在价值；②自由现金流量贴现法通常只单独考虑公司本身情况而不对比可比公司；③贴现价值可能对贴现率及资产的期末价值的假设高度敏感。这种估值模型较适用于稳定现金流量的公司，或是早期发展阶段的公司。尽管早期亏损，但可确保公司日后的高速增长机会可以被体现出来。

7. 投资现金流量报酬率（CFROI）估价模型

投资的现金流量回报率是一种期间业绩计量方法，它以未来长期的现金流量为基础，为了便于跨行业和跨国之间长期的直接比较，CFROI 包括了所有的会计的、通货膨胀和经济的调整。其模型是利用现金流信息来估算公司的内涵报酬率。它以米勒和莫迪格里尼（1961）方法为指导，将公司价值分为两个部分：一部分是现有资产；另一部分由投资产生。原则上，这种分离现有资产和未来资产的方法具有其独特的优点：能够给予已有业务经营及未来业务的经营业绩一个清楚的说明。

CFROI 同样属于 DCF 方法，为了更清楚地说明 CFROI 模型与其他模型的区别，本书以表 2-1 为例：(表 2-1 原始资料见附表①)

表 2-1 现存资产和未来投资的独立价值   单位：元

		\multicolumn{7}{c}{年度}						
		4	5	6	7	8	9	10
DCF 定价								
净现金流		25.9	30.5	32.9	34.3	204	148.9	91.7
现值		23.5	25.2	24.7	23.4	126.7	84.1	47.1
股东价值	354.7							
现存资产价值								
经营现金流		139	97	50.8				
流动资金回收		20	22	24.2				
总净现金流		159	119	75				
现值		144.5	98.3	56.3				
现存资产的总现值	299.2							
未来投资价值								
投资现金流		−133.1	−144.4	−155.2	−164.5	0	0	0
经营现金流			55.9	113	172.2	175.1	117.9	58.8
流动资本回收					26.6	28.9	31	32.9
总净现金流量		−133.1	−88.5	−42.1	34.3	204	148.9	91.7
现值		−12.1	−73.1	−31.6	23.4	126.7	84.1	47.1
未来投资的净现值	55.4							
现存价值+未来价值	354.7							

① 数据来源：理查德·巴克尔. 价值决定——估价模型与财务信息披露. 北京：经济管理出版社，2013：272-277.

实际上，CFROI 就是对未来任何一个时期的已有资产 IRR 的预期。如果 CFROI 计算期跨过很多年，原则上将能够确定经营业务的未来趋势。推崇 CFROI 的人认为 CFROI 是比较好的方法，提供了精确计算业务价值的基础。用此方法的关键理由是每个可得到的指标量，最准确地反映了通过股票市场判断公司业绩的方法。CFROI 的一个主要优点是它不像 EVA，它避免了通货和减值的不良影响。另外，它还具有以下优点：第一，它考察了具体经营资产的经营业绩；第二，它是从内部管理的角度对财务报表的相关资料进行运用；第三，它建立在内涵报酬率和现金流量的基本框架内，与定价理论是一致的，并且通过计算所产生的资料能够进行跨期、跨行业、跨地点比较。同时，在这些优点背后是这种方法所存在的假定，特别是这样一种假定，即账面价值的应计制和折旧率不仅提供了一个合理的基础，而且还假定现金流量是可持续的。

然而在使用 CFROI 上也有一些实际的困难。对数据的处理纷繁复杂，这种计算既耗时成本又高。例如，应用于固定资产的通货膨胀调整需要估计资产的平均可使用年限和适当的通货膨胀因素；而且资产的正常使用寿命代表了 CFROI 计算期间，这一点很重要。目前的现金流在这一阶段是稳定的假设也存在问题。另外，资本成本和"递减"的假设也是很主观的。

8. 股东增加值（SVA）模型

股东增加值（SVA）是预测期内股东价值的变动，它是在企业预测出自由现金流量现值和残值现值的基础上确定的。股东价值增加值就等于每年自由现金流累计现值和残值之和的变动值。同样，我们可以用另一种方法计算 SVA，即税后净营业利润增加值每年资本化并折成现值，再减去投资增加额的现值。用公式表示为

股东增加值（SVA）的现值=税后净营业利润增长值/$k(1+k)^{t-1}$-追加投资的现值/$(1+k)^t$

其中，k 为企业的资本成本。

如果公司的清算价值或破产价值大于其贴现现金流价值，那么分析中应当采用清算价值。在这种情况下某种战略的增加价值可以计算为：

股东增加值=自由现金流的累计现值+预测期末清算价值的现值−当期清算价值

运用股东增加值模型将现金流增长目标与追加投资水平联系起来，构成一个重要的组织优势：它促使管理层制定一个无偏见的业务发展规划，并且在规划过程中避免因绩效与薪酬问题进行徒劳无益的争论。可利用股东增加值方法既减少了预算过程中的"博弈"成分，又给予管理者很强的利益激励，使他们只能对能够创造价值的活动进行投资。

例如，假设某公司可预测期为 5 年，销售收入（最近的历史记录）10 000 万元，销售增长率 10.5%，营业毛利率 8.0%，固定资产投资增长率 24.0%，营运资本投资增长率 18.9%，所得税税率 35.0%。资本成本 10.0%。

为了简化起见，假定价值驱动因素在未来 5 年预测期内保持不变。则计算第一年的现金流为：

第一年的现金流=上年销售收入×（1+销售增长率）×营业毛利率×（1−现金所得税税率）−上年销售收入×销售增长率×固定资产及营运资本投资增长率=10 000×（1+10.5%）×8.0%×（1−35%）−10 000×10.5%×(24.0%+18.9%)=124.15 万元。用永续价值法计算每年年末的残值。即第一年为 5 746/100%=5 746 万元，其现值为 5 746/（1+10%）=5 224 万元，同样

以后各年也同样计算得出。如表 2-2 所示。

表 2-2　股东增加值测算表 1　　　　　　　　　　　　单位：百万元

年份	现金流	现值	累计现值	残值现值	累计现值+残值	股东增加值
1	1.24	1.13	1.13	52.24	53.37	1.37
2	1.37	1.13	2.26	52.47	54.74	1.37
3	1.52	1.14	3.4	52.71	56.11	1.38
4	1.68	1.14	4.55	52.95	57.5	1.38
5	1.85	1.15	5.69	53.19	58.89	1.39

根据累计现值+残值各年的差额计算得出 SVA，如第二年为：54.74–53.37=1.37，以此类推。

另一种计算方法能够得出同样的结果。如表 2-3 所示。

表 2-3　股东增加值测算表 2

年份	历史	1	2	3	4	5
NOPAT	5.2	5.75	6.35	7.02	7.76	8.57
NOPAT 变化		0.55	0.6	0.67	0.74	0.81
NOPAT 变化/$k(1+k)^{t-1}$		5.46	5.48	5.51	5.53	5.56
投资增加额		4.5	4.98	5.5	6.08	6.72
投资增加额现值		4.1	4.11	4.13	4.15	4.17
股东增加值		1.37	1.37	1.38	1.38	1.39

其中：NOPAT=上年销售收入×（1+销售增长率）×营业毛利率×（1–现金所得税税率）
投资增加额=上年销售收入×销售增长率×固定资产及营运资本投资增长率

表中 K 为资本成本。正如以上看到的，SVA 可被用做业务评价。通过比较前期和后期的经营价值战略，它可用做评估备选的战略决策。而且，侧重七个关键驱动因素的简单方法赋予它"敏感度分析"的能力。（敏感度分析涉及营业价值或战略变化引起的影响的评估。它在验证影响股东价值的关键变量方面是个特别好用的方法）股东价值分析还与经营背景有关。这七个价值驱动因素可以被分成更详细更实用的执行方法和目标。

9. 市销率（P/S）估值法

市销率也称价格营收比，是股票市值与销售收入（营业收入）的比率：

$$市销率=总市值/销售收入$$

相对来说市销率反应的数据更真实，销售收入是很难主观上改变的，一般比较稳定，并且营业收入不受公司折旧、存货、非经常性收支的影响，不像利润那样易操纵。尤其是对于新设立的、经营处于亏损的企业，或者那些经常在亏损和盈利之间轮回的公司，它们的盈亏不确定性很强，使用市销率进行估值更有意义。但要注意不同行业之间的市销率缺乏可比性，因为不同行业之间的收入确认与价值含量、盈利能力大不相同。

市销率估值法的优点是，销售收入最稳定，波动性小；收入不会出现负值，不会出现没有意义的情况，即使净利润为负也可用。市销率估值法的缺点是，它无法反映公司的成本费用控制能力。另外，市销率（P/S）会随着公司销售收入规模扩大而下降；营业收入规模较大的公司，市销率较低。

10. 日活跃用户(Day Active Users, DAU)估值

活跃用户，是相对于"流失用户"的一个概念，是指那些会时不时地浏览下网站，并为网站带来一些价值的用户。流失用户，是指那些曾经访问过网站或注册过的用户，但由于对网站渐渐失去兴趣后逐渐远离网站，进而彻底脱离网站的那批用户。活跃用户用于衡量网站的运营现状，而流失用户则用于分析网站是否存在被淘汰的风险，以及网站是否有能力留住新用户。

日活跃的统计标准有很多种，比如有日活跃角色数和日活跃账号数，一般比较多见的是日活跃账号数，可以认为就是日活跃用户数。当然，很多游戏室不存在这样的多角色概念，因此通常用日活跃账号数来作为统计的标准为最佳。一般认为用户的流失、产品的黏性等都可以通过对 DAU 不同角度的解析获得相应的信息，这点也要和其他数据结合来分析的，比如次日留存率、用户流失率、启动次数、登录时长分布等数据。再如，我们可以通过事件管理，区分推广和非推广时期的用户增长对 DAU 的影响，比如自然增长时期的新登录用户对 DAU 的影响，判断 DAU 的质量，渠道的质量；或者推广时期的新登录用户对 DAU 的影响情况分析。如果需要也可以结合用户的登录习惯，比如登录次数、登录天数等数据进行忠诚活跃用户的阈值确定，以此来保证 DAU 的质量。

上市公司、待融资项目则乐于公开这个 DAU 指标，因为这是投资者所看重的显示企业硬实力的指标。它与 MAU（Month Active Users）一起表征着互联网业务的活跃度。

"对微博的估值也理应体现其价值地位的重新确立，方法是比照日活跃用户的价值，目前 Twitter 每个日活跃用户的市值大约为 90 美元，而 Facebook 则超过 300 美元，考虑到 Facebook 拥有的用户地位牢固性不是微博所能比的，因此 Twitter 更具有可比性。如果算上潜在的被收购价值，Twitter 仍然会是一家市值 200 亿美元以上的公司，其每个用户的价值可能会超过 140 美元。所以，可以尝试给予微博每个日活跃用户 90～110 美元的相对保守的估值，对应的公司估值为 110 亿～140 亿美元。在两个指标中，更倾向于后者，即用户价值指标，以反映微博视频广告的潜在价值，以及盈利趋势的确立——按照目前的盈利增长趋势，其市盈率很快也会下降到 100 倍以内。微博昨天收盘上涨 12.48%~41.81%，市值接近 90 亿美元，但相对 110 亿～140 亿美元的合理估值，仍然有 25%~55%的空间"。（资料来源："微博月活 2.82 亿美元，估值冲百亿美元，是虚高泡沫还是价值重现？"2016 年 8 月 10 日，中国企业家网）

11. 期权定价模型

随着经济金融化的进程，金融创新工具不断出现，这为投资评估提出了不少新的问题，一些新的估价方法应运而生，其中最为著名的当属布莱克和斯科尔斯的期权定价模型。期权估价法，又称或有索偿权估价法。所谓期权是指只在特定状态下可获得报酬的一种特殊资产，比如在买入期权情况下当其基础证券的价格超过其预设价值时，在售出期权情况下当其基础证券的价格低于其预设价值时。

布莱克和斯科尔斯模型为：

$$买入期权价值 = S \times N(d_1) - K \times e^{-rt} \times N(d_2)$$
$$卖出期权价值 = K \times e^{-rt} \times N(-d_2) - S \times N(-d_1)$$

式中：$N(d)$为正态分布、均方差等于1时在d范围内的概率，其中，

$$d_1 = \frac{\ln(S/K \times e^{-rt})}{\delta\sqrt{t}} + \frac{1}{2}\delta\sqrt{t}$$

$$d_2 = d_1 - \delta\sqrt{t}$$

布莱克和斯科尔斯期权定价模型是应用甚广的期权定价方法。按照布莱克/斯科尔斯模型，一项买入期权的价值取决于如下变量：

S为基础资产的现行价值；K为期权的行使价格，即买权的施权价；t为期权寿期（即距离到期的天数）占一年的比例；r为与期权寿期相对应的无风险利率；δ为基础资产年报酬率均方差。

按照布莱克和斯科尔斯模型，评估一项买入期权的价值须经过如下步骤。

第一步，运用有关变量计算标准化的正态变量，即d_1和d_2。

第二步，计算与标准变量相符合的累计正态分布函数，即$N(d_1)$和$N(d_2)$。

第三步，运用现值公式的持续时间等式计算行使价格的现值，行使价格现值为$K \times e^{-rt}$

第四步，根据布莱克和斯科尔斯模型计算期权价格。

期权估价技术的应用很好地配合了被估价资产自身所具有的类似于期权的特征，适用于在较为复杂的情况下进行财务估价的需求。故它适用于成长快但前景高度不确定性行业中的企业和处于重大转型期的企业，如高新技术企业、风险投资公司。在传统的现金流量贴现估价法和市盈率分析法不适用时，期权定价模型提供了另一个有益思路。不过由于该模型过于复杂，而且运用该模型非财务信息的有用性大于财务信息，不易被实际所接受。

2.2.4　价值评估中主要参数

上述各类估值模型中涉及一系列参数，需要在概念和计算取数上加以规范和明确。下面重点讨论现金流量与贴现率这两个参数。

1. 现金流量

财务估价理论上，大量使用现金流量概念，而不大使用会计上以权责发生制为基础的利润概念，这是因为企业价值从本质上说，是因为企业会给投资者带来未来的现金流，现金流不受会计政策的影响。"为谁创造价值？创造什么样的价值？在我们这个商业社会中，财务上所指的价值，就是产生更加明确的现金流入。我们所指的价值包括了现金和现金流量两个方面：一方面，现金是一个企业提供给股东的回报所采取的形式；另一方面，从市场来看，现金流量是一个企业正常运作的标志。"[1]有人还说：①"现金流"理念排斥和否定经营管理中各种命题和概念，这种残酷性在于它的真实性；②一切决策和战略必须回归现金流的朴素取向：流向正、流量大、流速快；③现金流是检验决策与战略的唯一标准；持续的贡献现金流应该成为公司各部门、每种产品、每个分子公司、每个员工的普遍追求。

---

[1] 安德鲁·布莱克，菲利普·赖特，约翰·戴维斯. 追寻股东价值. 徐海乐，等译. 北京：经济管理出版社，2005：3.

现金流量可分为诸多层次，一般来说我们把现金流量分为投资项目的现金流量、投资现金流量、经营现金流量、筹资现金流量、自由现金流量等几个层次。但是在财务估价中主要涉及的是投资和项目的现金流量、EBITDA 和自由现金流量。

1）投资项目的现金流量

投资项目的现金流量是指投资项目从筹划、设计、施工、投产直至报废（或转让）为止的整个期间各年现金流入量与现金流出量的总称。由于现金流量由现金流入和现金流出两部分所组成，所以现金流量的计量通常是计算各期的现金净流量。

$$各期现金净流量 = 各期现金流入量 - 同期现金流出量$$

显然其结果为正数时表示为现金净流入，结果为负数时表示为现金净流出。

根据各阶段现金流量的内容，可分别计算简单投资状况下的各阶段现金净流量如下：

建设期某年现金净流量 = 该年现金流入 – 该年现金流出 =

　　　　　　　　　　　0 – （该年建设性投资额 + 该年垫支流动资金额）

　　　　　　　　　　= 该年初始投资额

经营期某年营业现金净流量 = 该年经营收入 – 该年经营支出

　　　　　　　　　　= 该年销售收入 – （该年营业总成本 –

　　　　　　　　　　折旧等非付现成本额 + 该年所得税支出额）

　　　　　　　　　　= 该年销售收入 – 该年付现成本 – 该年所得税

　　　　　　　　　　= 该年税后净利 + 折旧等该年非付现成本额

　　　　　　　　　　= 销售收入（1 – 税率）– 付现成本（1 – 税率）+

　　　　　　　　　　折旧等非付现成本 × 税率

终结点净现金流量 = 固定资产残值净收入额 + 垫支流动资金收回额

由于公司估价中的净现值最大化和可加性原则，实现了投资项目估值和公司整体估值的简便衔接。所谓净现值法就是对投资的未来收入进行贴现，求得其现值，然后与投资额相比较，若未来收入的现值大于投资额，净现值为正值，表示该项投资有利可图，应该实行；若未来收入的现值小于投资额，净现值为负值，表示该项投资将造成亏损，应该放弃。在投资决策方法中除净现值法外，还有其他多种方法，但是净现值法是投资分析最为科学方法，不仅因为它可以准确地告诉人们某项投资是否应该采纳，不会引起误解和混乱，更重要的是净现值标准虽是一个绝对数，但在分析时已考虑到投资的机会成本，只要净现值为正数，就可以为企业多创造价值。因此净现值最大化标准与企业价值最大化这一目标相一致。

另外，价值可加性原则表明一个公司的整体价值等于它的各个组成部分之和，从某种意义上说，企业价值等于其所有项目价值之和。这一原则可以引出下列一系列结论：①由于价值的可加性，项目决策者只需考虑每个项目自身的价值是多少。每个项目选择的前提是它自身能为企业创造（更多）价值；②投资项目增加的价值等于项目的净现值之和；③按照股东财富最大化目标的要求，净现值指标最符合价值可加性原则要求。也即当企业面临相互排斥的投资方案决策时，应该采用净现值最大的投资方案，因为它将直接对股东财富产生最大的贡献。

2）EBITDA

EBITDA 是指公司的息税前利润加折旧摊销。在计算上是包括了财务利息、所得税、折旧与摊销、投资收益、非流动资产减值和少数股东损益等。不少企业尤其是资本密集性企业，资本开支、财务费用、债务水平对于公司的净利润等经营成果会产生重大影响，由此采用 EBITDA 进行经营成果分析是必要的。在资本市场上越来越多的机构投资和银行都采用 EBITDA 指标评估公司经营业绩、流动性、偿债能力和价值评估。

EBITDA 的计算和使用在理论上有三种解释：第一，计算折旧与摊销时，主观因素和计算偏差就不可避免，因此采用 EBITDA 这个与现金流量表相近的方法计算公司盈利更加准确。所以高资本支出的公司尤其喜欢采用该指标。第二，折旧和摊销并没有实际支付现金，它们只是历史成本的分配，也不是预期的资本支出。换言之，计算公司利润时资本支出比折旧更应该纳入考虑范围。第三，EBITDA 反映的是公司应对不断变化的市场和再投资能力。因此计算现金流量中的经营利润就不如计算 EBITDA（现金流量中的经营利润也就是公司有多少钱可以进行新的投资）。不过，经营性现金流量是 EBITDA 的一个替代指标[①]。

所以不少人认为，创造价值从财务的角度上就是要追求现金流和盈利的持续增长。通过收入的增长、成本费用的控制和成本结构的优化，保证公司 EBITDA 的水平能够稳定在合理的水平上，使公司保持效益的持续增长。

3）自由现金流量

自由现金流量是企业所得税后资本支出之前的营业现金流量，即在企业正常的资产维护满足之后的"剩余"现金流量。企业可用来偿还借款本金，发放现金股利，或者增加资本支出等。其实，在持续经营的基础上，企业除了维持正常的资产维护外还可以产生更多的现金流量，那么该企业就有正的自由现金流量。

企业自由现金流量=息税前利润加折旧（EBITDA）−所得税−资本性支出−营运资本净增加

不同的学者对自由现金流量的理解不尽相同，没有一个统一的定义，自由现金流量的名称也众多，如袭击者现金流量（raiders' cash flow）、多余现金流量（Excess Cash Flow）、超额现金流量（Surplus Cash Flow）、可分配现金流量（Distributable Cash Flow）等，但从他们解释自由现金流量的共同之处可以发现以下几点：①都是指在不危及公司生存与发展的前提下可供分配给股东（和债权人）的最大现金额；②他们都考虑到了企业的持续经营或必要的投资增长对现金流的要求，即为了保持其持续发展所必需的现金流量支出，也就是资本性支出；③对资本性支出的界定虽然比较明确，但在实际应用中却很难在报表中取得比较精准的数据；④自由现金流量的具体计算方法没有绝对的统一，可能因人而异。

自由现金流量的形成原理如图 2-3 所示。

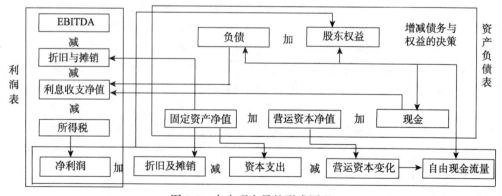

图 2-3 自由现金量的形成原理

[①] 理查德·巴克尔. 价值决定——估价模型与财务信息披露. 北京：经济管理出版社，2005.

由于内涵上的具体表述的多种性,从自由现金流量的外延分类的方法很多,但是依据现金流量的口径不同,大体上将现金流量分为企业自由现金流量和股东自由现金流量两大类。为了便于理解,我们也同时界定了企业经营性现金流量的概念。

(1) 经营性现金流量是经营活动(包括商品销售和提供劳务)所产生的现金流量。它不反映筹资性支出、资本性支出或营运资本净增加等变动。计算公式为

$$经营性现金流量 = 营业收入 - 营业成本费用(付现性质) - 所得税$$
$$= 息税前利润(EBIT)(1-所得税税率) + 折旧$$

值得说明的是,上述公式中把营业收入、税息前利润(EBIT)视为现金流量指标,其前提是:在财务和管理会计教材中,为了便捷,通常假设权责发生制下的数据等同于收付实现制下的数据。没有这个前提,计算结果就只具备账面利润性质,而不具备现金流量性质。

(2) 企业自由现金流量(经营实体自由现金流量)。

企业自由现金流量是指扣除税收、必要的资本性支出和营运资本增加后,能够支付给所有的清偿权者(债权人和股东)的现金流量。计算公式为

$$企业自由现金流量 = 息税前利润(EBIT)(1-所得税税率) +$$
$$折旧 - 资本性支出 - 营运资本净增加 = 债权人自由现金流量 + 股东自由现金流量$$

例如,A 企业 2016 年销售收入是 70 亿元,实现息税前利润 15 亿元,营运资本在 2016 年和 2017 年年均为销售收入的 5%。2017 年的销售和息税前利润的增长率均增长 10%,资本性支出与折旧分别为 6.6 亿和 5.5 亿元,所得税率为 30%。则 2017 年自由现金流量:

2017 年的销售收入:$70 \times 11\% = 77$(亿元)

2017 年的新增营运资本:$(77-70) \times 5\% = 0.35$(亿元)

2017 年的 FCF:$15 \times 1.1 \times (1-30\%) + 5.5 - 6.6 - 0.35 = 10.1$(亿元)

(3) 股东自由现金流量。

股东自由现金流量是指满足债务清偿、资本支出和营运资本等所有的需要之后剩下的可作为发放股利的现金流量,也是企业自由现金流量扣除债权人自由现金流量的余额。其计算公式为

$$股东自由现金流量 = 企业自由现金流量 - 债权人自由现金流量$$
$$= 息税前利润(EBIT)(1-所得税税率) +$$
$$折旧 - 资本性支出 - 营运资本净增加 + (发行的新债 - 清偿的债务)$$

尽管自由现金流量难以准确的计算得出,只能大致地预测,但是其功能却非常重要。评估企业的价值。前面我们提到用 EBITDA 或经营现金流量粗略地评价企业的市场价值。这里要说明的是基于自由现金流量的企业估值模型。许多估价模型中都以未来股利作为未来现金流量的代表。但是实际上,由于一些公司并不支付股利,还有一些公司通过借款来支付股利,而那些支付股利的公司也倾向于将股利在效益好的年份和效益不好的年份之间进行调剂。因此,股利并不是未来现金流量的最佳代表。基于自由现金流量的估价模型以自由现金流量来代替股利,假设公司的市场价格等于它未来所有自由现金流量的折现。这一模型的优越性是显而易见的:公司不必派发自由现金流量,只要产生自由现金流量即可。

但是,斯蒂芬·佩因曼(Stephen Penman)在他的《财务报表分析与证券定价》一书中讲到,自由现金流并不是万能的,它也有失去作用的时候。自由现金流不能衡量一段时

期中经营活动所增加的价值，它是一种投资或清算概念。经营活动通过卖出商品使现金流入，而投资活动会使现金留出。如果公司资产投资所花费的现金要大于经营的现金流入，自由现金流量就是负的。即使投资是零净现值或是能增加价值，自由现金流量也减少了，其现值也就相应减少了。当所有投资的回报都流入时（只可能在投资回报率下降时，才不会有新的投资），自由现金流最终才会变成正值。所以佩因曼认为：①利用自由现金流量在实际中难以衡量一段时间中经营活动所增加的价值；②自由现金流量不能体现由非现金流因素所产生的价值；③投资被认为是价值的损失，公司通过减少投资能增加自由现金流量；④自由现金流量部分的是一个清算概念。他认为当投资能够产生稳定的自由现金流量或产生以固定比率增长的自由现金流量时，现金流量折现模型最能发挥作用。

看来在企业价值估计上现金收益与应计收益之争将会长期持续下去。

2. 贴现率或资本成本率

在所有折现估值方法中，都包含两个非常重要的因素：价值量和折现率（或加权资本成本）。价值变量如股利或现金流代表了能够预测公司收益所选取的财务指标，而贴现率则包含了企业所面临的风险因素。在其他条件不变时，贴现率越低，企业价值就越高，反之亦然。这一参数对公司价值的结果高度敏感，一旦贴现率下降，公司价值将快速提升。从计算技术上讲，贴现率的选择就是对企业风险大小的评价。

一般来说，贴现率反映了投资者对企业经营收益与风险的最低要求。通常其测算与确定方法包括以下几种。

（1）利用公司财务学中介绍的各种长期成本要素的单项的资本成本进行估计，包括股票、优先股和债务等，然后加权求得。

（2）根据资本资产定价模型，计算风险调整贴现率。

根据资本资产定价模型，某一特定投资项目的风险调整贴现率可按下列公式计算：

$$K_x = \text{KRF} + \beta_x \times (K_m - \text{KRF})$$

即风险调整贴现率是由无风险利率和风险补偿率两部分组成，在无风险利率一定的情况下，风险补偿利率的大小与项目的风险程度呈同一方向变化。风险越大，贴现率就调整得越高。如在CAPM模型中，β系数是对个别证券的系统性风险的衡量，它越大表明系统性风险也越大。通过概率，我们可以计算出β系数，然后计算出个别证券的风险收益率，进而计算出该证券的期望收益率。各种折现模型的资本成本也大多依赖β系数。

（3）通常情况下，以被估值企业的所属行业的平均投资报酬率，或者以投资者需要的最低投资报酬率作为估值的贴现率。

2.3　基于价值的财务管理

2.3.1　基于价值管理的含义与特征

1. 基于价值管理的定义

Rappaport在其《创造股东价值》（Creating Shareholder Value）书中，提出以股东价值为中心的管理思想和实践程序。他从财务和经营两个视角分析价值增长，成为价值管理理论的先驱。麦肯锡的汤姆·科普兰（Tom Copeland）等人的《价值评估——公司价值衡量与管理》，基于价值的管理将（Value-Based Management，VBM）价值管理定义为以价值评估为基础，以价值增长为目的的一种综合管理模式。他们提出最大限度地扩大股东价值的方法，以及以价值为基础的管理如何能够促进战略思想的改进，并向所有企业的各级经理表明为其企业创造价值的途径。

现行国际上比较公认的一个关于 VBM 的框架体系是由美国的两位会计专家（Ittner & Larcker，2001）在对 20 世纪会计研究回顾时所创立的。Ittner & Larcker 的 VBM 框架体系是在增加公司股东价值这一总体（根本）目标下发展建立的。正如他们总结的那样，虽然 VBM 框架在各个公司都不尽相同，但它们大致都包括六个基本步骤，这些步骤具体如下：①选择具体的内部目标以改进股东的价值；②选取和选择与目标相一致的战略和组织设计；③确定具体的业绩变量或价值驱动因素，在既定的组织战略和组织设计下能够真正创造企业的价值；④建立在前面已经明确公司价值驱动因素分析的基础上，进一步发展行动计划，选择业绩衡量指标并制定具体的目标值；⑤评估行动计划、组织实施和管理业绩衡量的成功性；⑥鉴于当前的结果，评价正在实施的组织的内部目标、战略、计划和控制系统实施的有效性，如有需要可以对其进行修正。

所以基于价值管理（VBM）的目标就是创造价值，实现价值的增长。VBM 不仅仅是一种手段，它是在公司经营管理和财务管理中遵循价值理念，以价值评估为基础，依据价值增长规则和规律，探索价值创造的运行模式和管理技能，整合各种价值驱动因素，梳理管理与业务过程的新型管理模式。

2. 基于价值管理 VBM 的特征

价值型管理与传统管理模式相比，从管理理念到管理方式都已发生变化，具有以下特征。

（1）重申机会成本观念。只有公司投入资本的回报超过资本成本时，才会为公司创造价值。

（2）承认公司价值的多因素驱动（如图 2-4 所示）。按照 Rappaport 的价值模型，影响公司价值的因素可以归结为自由现金流量和资本成本两大类因素，具体包括七个因素：销售增长率、销售利润率、所得税税率、固定资本增长率、营运资本增长率、现金流量时间分布和加权资本成本等。决定公司价值的因素是多元的，公司在追求价值最大化的过程中，VBM 考虑了公司经营的收益、风险

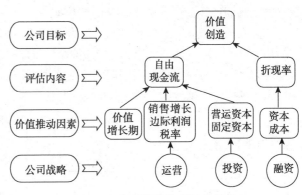

图 2-4　公司价值的多因素驱动

的互动关系，体现了对投资报酬的深层次理解，将经营管理行为与长期财务目标联系起来，这些行动必须在财务决策、业务流程等系统中同时实施，公司在为股东寻求回报的同时，满足了管理者、债权人、供应商、顾客、员工、政府等的共同价值需求，所以有人认为公司价值最大化的目标本身就是一个多方利益协调且最终达到总和最大化的问题。

（3）奉行"现金流量为王"（CASH IS KING）为行为准则。公司价值的概念不是基于

已经获得的市场份额和利润数据（利润不再是唯一使决策者们心动的数字），而是基于与适度风险相匹配的已经获得和可能获得的自由现金流量（FCF）。自由现金流量是公司价值的根源，其变化代表着公司实际的、可控制支配的财富的变化。公司价值本质上是投资者对公司自由现金流量追索权的大小，公司价值也当然取决于它在当期以致未来创造自由现金流量的能力。VBM 观念需要强调的是长远的现金流量回报，而不是逐季度地斤斤计较每股收益的变化。

（4）决策模型化。企业的任何决策应当可以寻找到行为对企业价值的直接影响变量，将大量的变量纳入一个分析模型中，使决策从经验主义层面走向精准的绩效导向管理层面。在 Rappaport 提出自由现金流量(FCF)折现模型以后，人们继续研究并建立了各种各样的模型，大体包括 3 类：①经济增加值（EVA）与市场增加值（MVA）模型；②由波士顿咨询集团和 HOLT 价值联合会提出的投资现金流收益（CFROI）模型，该模型的价值决定因素包括经营现金流、固定资产账面总值和净营运资本、固定资产平均寿命、加权资本成本和现金流收益率等；③公司价值管理为投资者和经营者提供价值发现的过程。涵盖可持续发展的 FCF 和风险要素的 WACC 公司价值评估便已成为投资者和公司管理者的一项十分重要的经常性工作。

2.3.2 基于价值管理的财务管理体系

由于 VBM 的导入，企业价值已经成为主导经营者们经营决策的风向标，也使得新型的管理命题在不同的管理活动领域中脱颖而出，如 ABM(作业管理)、ABB(基于过程或活动的预算管理)、PBB（基于优先程度的预算编制）、KSF（关键成功因素）、标杆（benchmarking）、BPR（业务过程再造）、SBU（战略业务单位）、KPI（关键绩效指标）、BSC（平衡计分卡）、IPM（整合绩效管理）、EVA（经济增加值）、MVA（市场增加值）等，这些致力于价值创造的管理命题同时也使得 VBM 变成现实可操作的程序和方法体系，把财务职能从着眼于历史的控制职能转变为着眼于未来的增值职能。

构建企业价值型财务管理模式，必须始终以价值最大化为最终目标，涵盖企业长远发展战略，同时尽可能的量化财务战略，将财务管理理念、财务管理方式、财务管理流程进行整体的再造和有序梳理。我们以一个结构图来说明以 VBM 框架下的公司财务价值型管理体系（如图 2-5 所示）。

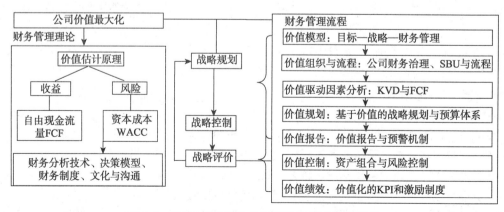

图 2-5 VBM 框架下的公司财务价值型管理体系

以下仅就财务管理程序上的梳理与再造的具体内容进行讲述。

1. 以"目标—战略—财务管理"为主线的价值模型

价值型财务管理模式强调财务对企业战略的重新定位和全面支持，它从价值最大化的目标出发，根据企业的经营战略目标，如更大的市场份额、更低的产品成本等，也包括从财务的角度对涉及经营的所有财务事项提出自己的目标，如高速增长的收入、较高毛利率、强劲的信用等级、恰当的融资结构、可观的自由现金流量、不断上涨的股票价格、在行业处于衰退期的收益稳定程度等。简言之，VBM 与以下内容有关：有效战略的形成和有效战略的执行。

在打造价值型财务管理模式时，应分析并设计财务战略，充分考虑：①财务资源的可获得性；②预计或潜在的财务收益；③财务收益的时间分布和现金流量；④是否存在协同财务收益；⑤发展战略的内在风险等。例如，GE 公司战略和财务执行副总裁的工作职责为在协调制定价值最大化战略方面起主导作用，包括：①确保编制的计划能从现有的业务出发；不断评估计划的价值创造能力，确保战略计划对主要问题具有针对性，并为价值创造机会提供外部参考信息；就重大战略提案向 CEO 和部门主管提供专家意见；制定财务评估标准，建立目标完成情况监控系统；②对与目前业务密切相关的市场机遇提出建议，评估企业利用机遇的能力和资源条件，对具体的提案进行业务和财务评估，以协作制定企业扩张战略；③负责制定、建议和实施全面的财务战略，为企业的经营战略提供支持，尤其是提出基于 VBM 的资本结构决策和股利政策建议；设计并管理向投资者和资本市场阐述 GE 的战略计划要点和经营状况的策略；洽谈并履行与财务战略相关的所有重大财务事项，包括借贷、股票发行和股票回购等。

2. 组织与流程：财务治理、SBU 与业务流程

公司治理、组织结构是为价值目标服务的，是价值目标和战略实施的支持和保障。应该说有什么样的目标和战略，就应该有与之相应的治理结构和组织安排，它们的首要功能是为价值增长目标提供一个协调的机制和运行环境，而且随着目标、战略的调整而进行必要的调整。

诸多实证研究结论表明，公司治理、组织结构与公司价值存在相关关系。同时 VBM 的理论和现实也使企业管理者越来越意识到需要监控其战略经营单位（SBU）的价值。一个 SBU 必须有明确的价值创造战略；应该确定与价值驱动因素紧密相关联的指标。财务管理的任务就是要清晰企业内部哪些 SBU 是创造价值的？哪些 SBU 限制了企业价值创造能力，因此应当将其作为剥离、出售的对象？哪些 SBU 能有现金回报？哪些 SBU 完全在消耗企业现金流量？

因此实现价值的增长必须解决组织流程问题：第一步是财务治理层面的问题，包括财务治理结构框架、利益相关者管理政策、董事会的财务决策与监控制度、对经营者的激励与约束机制等。除了单一层级的财务治理问题，还要研究多层组织结构（集团制）的财务控制与财务评价问题。第二步是要解决延续了近百年的企业内部垂直一体化层级结构问题，层级结构在信息技术和手段的空前强化的基础上逐渐被淡化，取而代之的是扁平化的、以"作业""流程"为中心，由合作小组组成的动态企业组织结构。在采用 VBM 的组织中，自由形成 SBU、相互之间开展业务、使用服务水平协议及向接受服务的业务单位收费等已变成现阶段流行的做法。为了识别、评估和减低风险，制定全企业综合的业务过程标准和政策，由此形成成本中心、费用中心、收入中心、利润中心和投资中心这些责任清晰的责任中心，这对引导组织上下共同趋向价值最大化这一目标十分重要。

3. 价值驱动因素：KVD 与 FCF

"在战略领域内，CFO 需要进行战略性分析，并且对企业决策的合理性和承担风险的'合适度'不断反省，他所采取的一个关键工具就是价值链分析。价值链分析就是将企业运营放在如下两个背景中展开：企业内部的价值链分析和企业在社会整体价值链中的位置分析。"[①]价值链分析的结果不仅可以重新研制战略计划和预算，还可以梳理企业的业务流程和组织体系，明晰企业的关键价值驱动因素（Key Value Driver，KVD）。关键价值驱动因素是指影响或推动价值创造的那些决策变量。与价值驱动因素相关的标准叫作关键绩效指标（KPI）。财务管理的任务就是要将企业战略目标、分析技术和管理程序结合在一起，寻求和挖掘价值驱动因素并使之工具化和制度化，以使管理当局和员工理解价值的形成过程，把握实现企业价值最大化目标的具体方法，并通过驱动因素的优先顺序来确定企业资源配置方案。

从企业价值模型看出价值评估参数就是企业层面的 KVD，包括销售增长率、营业毛利率、所得税税率、营运资本投资、固定资产投资、资本成本和价值增长期等因素。其中，前三个价值驱动因素又具体反映了产品生产、定价、促销、广告、分销等经营决策的水平；营运资本和固定资产投资这两个驱动因素反映了上升的存货和生产能力扩张等投资决策水平；融资风险和财务风险则决定了资本成本这一驱动因素；价值增长期是时间驱动因素。

4. 价值规划与企业的计划预算体系

全面预算管理从 VBM 的角度分析就是通过价值驱动因素来进行资源配置管理。著名学者 David Otley 认为预算管理是为数不多的几个能把组织所有关键问题融合于一个体系之中的管理控制方法之一。全面预算管理是与现代企业制度下的法人治理结构相匹配的管理制度；是确保企业战略实现的实施方案与保障体系；是涉及企业方方面面的目标责任体系；也是整合企业实物流、资金流、信息流和人力资源流的必要经营机制。财务管理制度应以全面预算管理思想和框架为依托，实现财务管理的全过程、全方位、全员的特性。

要使预算在企业 VBM 中仍发挥更大作用，则要改进传统预算模式与方法，包括保证预算制定的过程能够适应不断变化的经营环境，采用高水平的财务模型来拓展年度预算的框架，建立以价值增值为目标的预算程序，确认和监督企业的价值创造活动的全过程，建立预算与战略计划的联系等。

5. 价值报告与预警机制

价值报告作为战略控制手段之一，它并不是职能部门的总结报告和财务会计报表，而是反映业务活动过程与结果，反馈经营目标与战略实施以及预算指标完成程度的全套报告体系。它强调服务于价值目标，在现阶段它更接近于管理会计报告的概念，既可以与财务会计报告并行，也可以完全分开，直至在信息技术足够的条件下，价值报告将涵盖企业的

[①] 参见托马斯·沃尔瑟. 从财务管理到战略管理：再造财务（金融）总裁. 北京：商务印书馆，2000：15.

所有信息，包括财务会计报告。它与财务会计报告的区别是价值报告试图描述基于价值的战略实现情况，借以控制业务过程和各个层次的平衡绩效标准、产出量和设备利用状况等。它强调使用最新的信息技术和分析方法，并对整体的活动全方位、多角度的分析，比如对一个预算编制中心的价值报告要列示该中心的各项活动，以及每项活动的实际产出、预算成本、实际单位成本、实际或预计可获得的价值。

价值预警机制作为企业价值实现、运行状况的"晴雨表"，具有监测、信息反馈和预警功能。当企业价值实现过程发生潜在危机时，预警系统就能及时寻找到导致企业价值状况劣化、恶化的主要原因和根源，使经营者有的放矢、对症下药，制定出有效的措施，保证价值目标的顺利实现。建立全方位的预警机制，强化价值实现过程的风险控制，内容包括价值预警制度体系、工作流程、指标体系与标杆选择、预警的反馈与处理机制等。

6. 价值控制：资产组合与风险控制

在 VBM 框架下，企业价值创造能力的衡量方式、内容都有重大的变化，VBM 所涵盖与衡量的资产包含了所有与企业价值创造相关联的资产，这些资产包括有形资产、无形资产、人力资源、信息资源、组织与文化、客户与供应商和竞争优势等。财务管理体系的任务之一就是管理企业这些资产组合，利用资产组合和流程运作，发挥资产最大效益进而创造价值。

另外，财务管理必须面对企业价值创造过程中各种风险，包括系统性风险和非系统性风险，尤其是非系统性风险。财务管理力图建立全方位的财务控制体系、多元的财务监控措施和设立顺序递进的多道财务保安防线，具体的、可操作性的财务控制方式。价值型财务管理模式中的财务控制特别强调财务风险控制与企业经营的整合。

7. 价值化的 KPI 和激励制度

价值型财务管理模式中价值评价的功能定位在三个方面：其一，是作为价值最大化的具体化，反映为企业战略规划、战略管理重点和价值化指标，以此形成具有战略性、整体性、行为导向性的"战略绩效测量指标体系"，为经营决策提供标杆；其二，是通过财务评价对企业各种活动、运营过程进行透彻的了解和准确把握，尤其要对它们对企业整体价值的影响程度作出正确判断，为企业进行财务战略性重组决策提供依据；其三，是通过有效的绩效评价体系，反映经营者、管理当局、员工等付出的努力对于实现企业目标作出的贡献、并据以决定奖惩。以其作为公平的价值分享政策及薪酬计划的前提，以激励经营者、全体员工为实现企业价值最大化目标而努力。

与价值考评相关的另一个问题是考核的标杆（Benchmarking），即根据什么标准来评价业绩并奖励经营者和员工。标杆的选择具体包括预算标杆、资本成本标杆和市场预期标杆。从理论上讲，这是一个将规模、收入、成本等绩效指标与其相适应的标准进行比较的有效工具。借助于这个工具的持续改进，并通过量化的形式把标杆固定下来应用于预算管理过程和绩效监控系统，可以保障企业实现价值最大化的目标。

2.4 市值管理

财务理论把公司的内在价值置于核心地位。长期以来财务经济学的主流理论都认为：

公司的内在价值决定股票的价格，股票价格围绕公司内涵价值而波动。在这一理论模式下，股价被理解成为是公司内在价值的单向线性反映和被动反映。但是对于内在价值和市值之间的关系，目前存在两派完全不同的观点：一种是以本杰明·格雷厄姆为首的价值学派认为公司的市值不能反映其真实价值。他们认为由于股票市场交易十分频繁活跃，情绪的力量往往比理性的力量更为强大。股票价格有时波动十分剧烈，交易的贪婪与恐惧往往促使股价或高于或低于其内涵价值，是资本市场的常态；另一种与价值学派对立的是有效市场理论认为市场是完全有效的，所有关于股票的公开信息都已经适当地反映在它们的价格中，所以公司市值是对公司真实价值的最为准确地反映和估计，市场对未来的预测和对公司价值的评估更为精确。股票价格并不单纯是公司内在价值的被动反映。相反，"虽然股票市场的估价几乎总是失真的，但有时这种失真却具有左右公司价值的潜在力量。"经济学家托宾也曾深刻地意识到股票价格与公司经营之间的这种双向互动关系。他著名的"q理论"认为：股票价格的上涨能促进企业投资的增加，进而促进经济的增长。这个过程是当股票价格高时，q值(公司市场价值/公司重置成本)就高，企业通过股票市场筹集资金进行投资更合算因而企业更愿意增加投资。反之，企业就会缩减投资。

Tom Copeland（2001）提出的评估标准是股票市场的股东价值表现。科普兰将股价表现直接放入了价值评估框架中去（如图2-6所示）。它是一个外部市场的评估标准，企业管理者应该依据资本市场与投资者的价值偏好进行财务决策，实施财务资源配置，并以股东价值表现进行业绩评价。股票市场的股东价值创造必须与内在价值的评估标准联系起来。内在价值最终的驱动因素是公司长期现金流量的产生能力。因此内在价值可以用折现现金流量来衡量。基于折现现金流量的内在机制可以用来评估整个公司或某个业务单元的投资机会或战略。

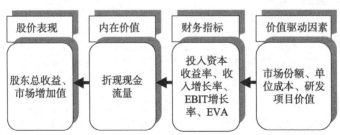

图 2-6　价值评估框架（科普兰，2001）

更进一步的 Tom copeland（2006）提出了预期应当被当作谈论价值的基础，一些绩效超越预期的公司将会使股东的价值和财富得以增加，反之，绩效低于预期的公司则会在竞争中苦苦挣扎。他认为 EBM（Expecation-Based Management）是一种能将绩效评价、管理决策及激励设计与股东总回报直接联系起来的管理工具，EBM 是由实际企业价值 EP 与预期企业价值 EP 的差异得来的。Copeland 提出的 EBM 管理理论本质上是对股东价值管理理论的修正，虽然其基础仍然是根据现金流量现值来判断公司价值，但是它将公司的利润预期作为构成公司价值的重要驱动因素，并开发了相应价值管理指标 EBM。与 EVA 等诸多价值管理指标相比，EBM 指标的构成不仅限于公司的实际内部财务指标，无论是投资资本报酬率（ROIC）、加权平均资本成本（WACC）还是 IC（投资资本），都要考虑到外部预期情况。公司管理者运用 EBM 形成从上而下围绕预期绩效的管理模式,从公司基层项目执行、公司中层项目计划到公司高层战略规划都必须符合外部预期下的预算要求,以避免投资过度或投资不足。所以公司只有创造出符合投资者对公司长期利润预期的经营现金流,才能保证公司市场价值稳定和增长。EBM 系统的三个组成部分如图 2-7 所示。

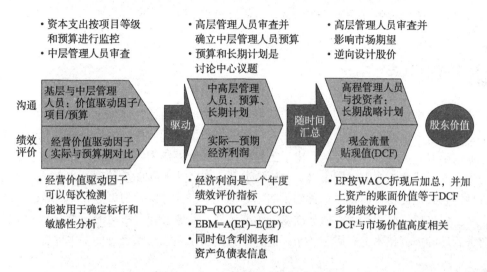

图 2-7　EBM 系统的三个组成部分

资料来源:Tom Copeland. Aaron D. Dolgoff. Expectations-Based Management, 2006.

市值管理是上市公司应对资本市场环境与偏好、企业经营外部因素与变量的行为,这种行为本质上是管理资本市场交易价值与企业实体经营价值间的偏差(即溢价或者折价)。这种价差尤其是溢价的稳定性,即市值管理水平指标代表着上市公司管理溢价的能力。在有效市场还将持续相当长时间的前提下,市值管理可以简单地称为关于溢价协同的管理方法,通过管理溢价与管理预期,希望达到既是好公司又是好股票的状态。

具体来说,服务于股东市场价值最大化的目标,是创造、提升基于价值的市值,促使市场预期的水平线升高,并更多地处于溢价区域,而减少处于折价区域机会。结合价格偏差和股价的变动,审时度势地进行相关投资与融资决策,是指以资本市场为平台,以公司市值为财务资源,通过投资收购、融资时机与方式的理想选择、股份回购减持、业绩评价与股权激励等财务安排,使财务决策直接能够提升与实现企业新的价值。

比如下列主张,基本都是市值管理的举措:①股价高位实施企业融资方案,而股价低位时就要实施投资方案;②依据股市投资者偏好实施企业实业升级与商业模式转型。股市投资者偏好"轻资产"模式企业,股市一般会给"无关多元化经营的企业"以较大折价反映;③股市会给持续创新、注重研发与新产品投资的企业较高估值反映;④股市会给善于利用杠杆的企业较高估值;⑤股市会给具有行业领导地位的企业,或者说其市场占有率一直稳居行业平均水平以上的企业较高估值;⑥股价明显低估时股票回购或推行股权激励计划,一定程度会提升股价。回购能在短期刺激股价增长,市值提升;⑦战略重组,重组包括资产分拆、合并、资本缩减(部分偿还)以及分支机构名称改变等,重组是资本市场中常见的市值管理方式;⑧并购扩张,通过收购、合并市场同行业公司和提升上市公司的市场地位,进而提升上市公司的价值,能够迅速拉动市值的提升。

市值管理就是基于股东价值的财务管理，就是基于公司内外兼顾，提升内涵价值与关注市值信号并重，综合运用多种的价值经营方法和手段，以达到公司价值创造最大化，它包括内涵价值的创造和市场价值的实现等两方面内容，财务管理既要采取各种措施提高公司经营业绩，还要根据股市股价变化，尤其与内在价值偏差，做出相机的财务决策。显然，价值创造是价值管理的基础，价值实现才是终级目标。

本章小结

本章主要围绕企业价值的含义、主要形式及其企业价值估计原理进行了系统分析。强调了企业价值估计方法和以价值最大化为目标的价值型管理体系这两部分是本章学习的重点，通过学习应该理解在财务决策中，主要使用内在价值作为评判依据，它充分考虑了企业的未来收益能力（自由现金流量）和风险水平。本书基于 VBM 的理论和实践，强调财务管理模式必须创新，而且对这种创新的呼吁也决不停留在空泛的口号和支离破碎的观点上，从公司目标、公司治理、财务战略、预算计划、业务过程分析与绩效等七个大方面强化财务管理的分析技术的升级和体系再造，并且阐明了引入市值管理的基本理念。

思考题：

1. 你是如何理解企业账面价值、评估价值、市场价格与内含价值的关系的？
2. 采用市盈率方法进行企业估值的要点与应该注意哪些问题？
3. 采用现金流量折现法 DCF 进行企业估值的要点，及其应该注意的问题有哪些？
4. 基于价值的管理 VBM 的基本原理是什么？VBM 与传统财务管理体系有哪些改进？
5. 企业市值管理的要领有哪些？
6. 推行基于市值管理，对财务人员自身素质提出了哪些新要求？

索菱巨资加码车联网　标的公司首季营业收入 3 万元

日前，索菱股份披露了公司重大资产重组方案，根据该方案，公司拟以 7.17 亿元的价格收购两家科技企业——三旗通信和英卡科技，两家公司的增值率分别为 593.24%和 1 370.33%。新京报记者注意到，收购标的目前经营业绩不佳，其中一家公司在 2016 年第一季度收入仅为 3.36 万元，且其经营高度依赖关联交易。但在收购方案中，这家公司的估值超过了 1 亿元。即便如此，资本市场仍然给予本次重组以热捧。不过，在公司 7 月 5 日复牌后，股价连续涨停的同时，部分索菱股份的原股东选择了套现离场。

重组方案显示，索菱股份拟以 26.42 元/股向交易对方发行 1 916.22 万股，并支付现金 2.11 亿元，合计作价 7.17 亿元收购三旗通信 100%股权（5.9 亿元）、英卡科技 100%股权（1.27

亿元）。公开信息显示，索菱股份是国内车载信息终端及车联网服务的领先企业，其特点在于硬件的研发和设计。三旗通信和英卡科技均主要从事通信技术研发和设备研发、生产和销售业务。值得注意的是，本次交易标的——三旗通信和英卡科技被给予了较高增值率。两家公司的合计预评估增值达到6.13亿元，增值率为666.07%。

三旗通信方面，截至2016年一季度末净资产为8 342.58万元，预评估增值49 491.42万元，预评估增值率为593.24%；英卡科技的增值率更高。其截至2016年一季度末账面净资产862.80万元，预评估增值11 823.20万元，预评估增值率达到了1 370.33%。事实上，被给予高增值率的英卡科技是成立仅仅两年的新公司，其2014年6月成立，注册资金625万元。

高增值率带来的是高价收购。根据重组方案，本次发行股份及支付现金购买三旗通信的交易价格确定为5.9亿元，英卡科技的交易价格确定为1.27亿元。高价收购情况下，公司的财务能力承压。索菱股份一季度合并资产负债表显示，公司截至一季度末的货币资金为4.2亿元，远低于收购三旗通信和英卡科技的价格。在货币资金有限的情况下，索菱股份决定在此次收购中只支付现金2.11亿元，其余则采取定增非公开发行股票方式进行募资。

重组预案显示，本次交易中上市公司拟向不超过10名特定投资者发行股份募集配套资金，其中23 000万元用于支付交易对价及交易费用。值得注意的是，本次发行股份募集配套资金的发行对象为肖行亦等方面，其中肖行亦为索菱股份控股股东、实际控制人，为索菱股份关联方。因此，本次发行股份募集配套资金构成关联交易。

在高增值率的背后，标的公司的经营表现并不佳。英卡科技的财务数据显示，这家公司2015年的营业收入仅相当于估值的零头。财务数据显示，2014年，英卡科技的营业收入为0，2015年全年营业收入为772.29万元，2016年一季度为3.36万元。同时，在2015年，772.29万元的营业收入中，184.12万元是产品销售收入，占营业收入的23.8%，其余全部为技术服务及转让收入。2016年一季度的3.36万元营业收入则全部为技术服务及转让收入，没有任何产品销售收入。在盈利能力指标上，英卡科技的表现也不稳定：2014年度、2015年度、2016年1~3月实现净利润仅分别为-6.32万元、341.43万元、-25.38万元。

对此，公司表示，英卡科技成立于2014年，成立初期主要从事产品的研发及市场开拓工作，2014年年末产生收入由于发生了少量的费用，导致净利润为负数。而2016年一季度无产品销售业务，技术服务及转让业务只实现了少量交付验收，因此营业收入较小。同时由于发生了一定的人工、房租水电等费用支出，导致净利润为负数。

在给出高溢价的同时，英卡科技也给出了高额的业绩承诺。收购方案显示，英卡科技2016—2018年承诺净利润分别不低于1 000万元、1 200万元和1 600万元。这意味着在一季度亏损25万元的基础上，英卡科技在后面三个季度内至少要获得1 025万元的净利润，这相当于2015年全年净利润的3倍之多。

工商信息显示，闻风多奇的总经理是邹鋆弢，后者也持有该公司90%的股份。与此同时，邹鋆弢还是英卡科技持股30.4%的股东，本次索菱股份重组的交易方之一。

2015年，闻风多奇为英卡科技贡献了37.74万元营业收入，占营业收入总额的4.89%。为英卡科技第五大客户。同时，英卡科技2015年向闻风多奇进行了23.41万元的采购，采购内容为"人力资源"。新京报记者发现，英卡科技与闻风多奇办公场所位于同一栋楼。查询工商信息显示，英卡科技住所位于武汉光谷软件园蓝域商界2号楼4楼405号，后者则位于该楼二层208号房。

三旗通信方面，索菱股份称其近两年"营业收入和净利润基本保持稳定"。2014年和

2015 年的营业收入分别为 3.34 亿元和 3.30 亿元。三旗通信 2016—2019 年承诺净利润分别不低于 4 000 万元、5 000 万元、6 000 万元和 6 600 万元,与 2015 年的净利润 3 684.83 万元相比,这意味着其净利润增速要达到 8.5%以上。

索菱股份表示,通过收购三旗通信和英卡科技,公司将形成车联网"软件+硬件+运营平台"的全产业链的经营模式,成为车联网平台运营商。

(案例来源:赵毅波. 中国经济网,2016-07-11.)

讨论题:

针对索菱股份披露的这个收购案例,你认为应该如何对三旗通信和英卡科技进行估值?以较好地应对与消除媒体的质疑?

第 3 章　财务战略与管理

3.1　财务战略概述

3.1.1　战略与财务战略概述

1. 公司战略与公司战略管理

"战略"一词来源于军事领域，其含义为对战争全局的筹划和指导。美国管理学家钱德勒(A.D.Chandler)于 1962 年最先将战略一词用于管理领域并将其定义为"企业长期基本目标的确定，以及为贯彻这些目标所必须采纳的行动方针和资源配置"。美国学者安索夫(H.I. Ansoff) 于 1965 年出版的《企业战略论》一书则是最早的一部系统阐述战略管理的理论著作。迄今为止，许多管理学家和战略学家曾对"战略"从不同角度给出了不同的定义，学术界对此尚未达成共识。综合各种观点，可以将战略这一概念概括为以下几方面：①在空间上，战略是对企业全局的总体谋划；②在时间上，战略是对企业未来的长期谋划；③在依据上，战略是在对企业外部环境和内部环境深入分析和准确判断的基础上形成的；④在重大程度上，战略对企业具有决定性的影响；⑤战略的本质在于创造和变革，在于创造和维持企业的竞争优势。总体来说，公司战略就是指规划公司目标以及为达到这一目标所需资源的取得、使用和处理方略。它是企业为了适应未来环境的变化，寻求长期生存和稳定发展而制定的总体性和长远性的谋划。

公司战略管理是一系列决定公司长期绩效的管理决策和措施。它是为了公司长期的生存和发展，在充分分析内部和外部环境的基础上，基于公司的优势与劣势，为了更有效地应对环境中的机会和威胁而开发的长期规划。它包括明确公司使命、树立企业文化与发展理念、确定公司达到的目标，形成公司战略、从而确定相应的 CSF 和 KPI 指标、相应的岗位职责以及年度经营管理计划。成功关键因素（Core Success Factors，CSF）是对公司擅长的、对成功起决定作用的某个战略要素的定性描述。CSF 由关键绩效指标（Key Performance Indicators，KPI）进行计算和测量，通过 CSF 和 KPI 使战略目标得以分解，压力逐层传递，同时使战略目标的实现过程得以监控。

2. 财务战略

英国学者 Keith Ward 在《公司财务战略》一书中对财务战略的定位是"为适应公司总体的竞争战略而筹集必要的资本、并在组织内有效地管理与运用这些资本的方略"，因此财务战略更加技术化、具体化，也就是说，公司财务战略是基于公司总体战略，并支持或者配合其他战略的一个子战略。那么必须厘清财务战略和其他战略，以及公司战略的关系，并进行分析，从而才能保障财务战略和其他战略一起有效配合并服务于公司总体战略。

财务战略与公司其他战略相互依存并服从于、支撑着公司总体战略。不过，由于财务上的独特的思维理念与分析工具，使财务战略在不少方面都表现出异化于公司其他战略的特性，而成为一个独立的战略范畴和领域：第一，凸显"数据说话"。财务战略的研制、表述与实施结果都必须建立在各类数据分析基础之上。无论是财务维度还是其他非财务维度，无论"摆事实"还是"讲道理"，都必须有大量的数据支持。离开了数据，财务就无话可说。第二，与经营战略的互补性。比如企业总风险主要由经营风险和财务风险构成，如果锁定企业总风险，那么以"固定成本"主导的经营风险与以"债务利息"为主导的财务风险之间就必须形成此消彼长的互补关系，即激进的经营战略就应配合以稳健的财务战略，反之亦然。再如，企业产品处于"导入期"，经营风险很大，财务资源配置上就应该以风险低的内部的"自有资本"为主，既是外部资金，也应该是"风险投资"，而进入产品"成长期"，经营风险缩小，财务上可以大胆配以更多的高风险"债务资金"。第三，坚守"稳健"方针。比如制定公司战略要求相对保守地预测收入，充分地估足各项支出。在公司决策者高喊"跨越式发展""跨入 500 强"等战略口号时，财务战略一定扛起"可持续增长率"这面大旗使其保持必要的战略理性。在制定战略，探求企业商业模式、盈利模式和产品结构的过程中，财务上必须预估企业风险的长期性，并保持必要的"财务弹性"，以便随时对冲这些风险。第四，强调战略的财务工具化和制度化。美国 AHS 公司总裁兼 CEO 曾明示，战略问题其实就是决策层应该让下属和每位员工知晓三个问题：我们朝什么方向发展？我们如何达到那里？我的角色是什么？财务战略管理的任务就是要将企业战略目标、分析技术和管理程序结合在一起，寻求和挖掘价值驱动因素并使之工具化和制度化，尤其是公司治理机制和内部控制制度，落实战略的形成与实施的制度安排与技术要求，确保战略管理既能在战略实施过程中制度上的合规性（Conformance），又能实现战略结果上的业绩（Performance）的提升，促使公司基业长青、走向卓越。

（1）支持性。经营必须理财，理财活动不能脱离经营活动独立存在。公司财务战略的基本作用表现为对经营战略的全面支持，它与生产战略、营销战略等一起共同形成支持公司经营战略的支持系统。财务战略支持性表现在它是经营战略的执行战略。经营战略是全局性的决策战略，侧重通过分析竞争对手来确定自己的经营定位。例如，经营战略可能定位为争取更大的市场份额、更好的产品质量、比竞争对手更低的成本、消费者心目中更佳的市场信誉、某一技术的领先等，为其职能战略的制定提供依据；财务战略则是局部性的执行性的，它从财务角度对涉及经营的所有财务事项提出自己的目标，例如，高速增长的收入、较大的毛利率、强劲的信用等级、不断上涨的股票价格、在行业处于衰退期时收益的稳定程度等。因此财务战略必须目标明确、行动上具备可操作性。

（2）互逆性。尽管财务战略对公司战略的支持在不同时期有不同的支持力度与作用方式，但从战略角度来看，投资者总是期望公司在风险一定情况下保持经济的持续增长和收益的提高。因此财务战略随着公司经营风险的变动而进行互逆性调整。例如，资本结构战略决策要求公司在经营风险较大时保持相对较低的负债率，从而降低财务风险。这种互逆性也使企业财务战略与经营战略之间形成互补匹配。

（3）动态性。财务战略必须保持动态的调整。尽管战略立足于长期规划，具有一定的前瞻性，但是战略又是环境分析的结果。环境变动的经常性使得战略的作用必须以变制变。这种以变制变的结果表现为：当环境出现较小变动时，一切行动必须按战略行事，体现战略对行动的指导性；当环境出现较大变动并影响全局时，经营战略必须作出调整，财务战略也随之调整。

（4）全员性。尽管财务战略的提出及其实施是由财务职能部门来完成，但并不等于公司中其他管理力量在财务战略制定与实施中不起作用。事实上任何可行的财务战略都是在公司最高管理层与相关职能部门之间、总部与事业部之间、事业部总经理和三级财务管理人员之间进行交流后选择决策的。原因主要是财务战略不仅涉及总部，而且更重要的是涉及财务资源在不同产品、产业、事业部、控股企业、工厂间的配置与整合，牵动各方利益。财务战略的全员性体现在：第一，从纵向看，财务战略制定与实施是集团公司高层主管(如财务副总裁)、总部财务部门主管、事业部财务及下属各子公司或分厂财务多位一体的管理过程；第二，从横向看，财务战略必须与其他职能战略相配合，并循着公司（集团公司）的发展阶段与发展方向来体现各职能战略管理的主次，财务战略意识要渗透到横向职能的各个层次，并最终由总部负责协调。财务战略的全员性意味着财务战略管理是以经营战略为主导、以财务职能战略管理为核心、以其他部门的协调为依托进行的全员管理。

3.1.2　财务战略分类

根据企业环境变化、企业所处的生命周期的差异以及企业对风险的偏好不同，企业通过合理的规划投融资战略，形成企业财务战略。根据风险承受态度、内容不同的分类，企业可以形成不同的财务总体战略。

1. 根据财务风险承受态度不同的分类

（1）快速扩张型财务战略，是指以实现企业资产规模的快速扩张为目的的一种财务战略。为了实施这种财务战略，企业往往需要在将绝大部分乃至全部利润留存的同时，大量地进行外部筹资，更多地利用负债，大量筹措外部资金，是为了弥补内部积累相对于企业扩张需要的不足，更多地利用负债而不是股权筹资，是因为负债筹资既能为企业带来财务杠杆效应，又能防止净资产收益率和每股收益的稀释。企业资产规模的快速扩张，也往往会使企业的资产收益率在一个较长时期内表现为相对的低水平，因为收益的增长相对于资产的增长总是具有一定的滞后性。总之快速扩张型财务战略一般会表现出"高负债、低收益、少分配"的特征。

（2）稳健发展型财务战略，是指以实现企业财务绩效的稳定增长和资产规模的平稳扩张为目的的一种财务战略。实施稳健发展型财务战略的企业，一般将尽可能优化现有资源的配置和提高现有资源的使用效率及效益作为首要任务，将利润积累作为实现企业资产规模扩张的基本资金来源。为了防止过重的利息负担，这类企业对利用负债实现企业资产规模从而经营规模的扩张往往持十分谨慎的态度。所以实施稳健发展型财务战略的企业的一般财务特征是"低负债、高收益、中分配"。当然，随着企业逐步走向成熟，内部利润积累就会越来越成为不必要，那么，"少分配"的特征也就随之而逐步消失。

（3）防御收缩型财务战略，是指以预防出现财务危机和求得生存及新的发展为目的的一种财务战略。实施防御收缩型财务战略的企业，一般将尽可能减少现金流出和尽可能增加现金流入作为首要任务，通过采取削减分部和精简机构等措施，盘活存量资产，节约成本支出，集中一切可以集中的资源用于企业的主导业务，以增强企业主导业务的市场竞争力。由于这类企业多在以往的发展过程中曾经遭遇挫折，也很可能曾经实施过快速扩张的财务战略，因而历史上所形成的负债包袱和当前经营上所面临的困难，就成为迫使其采取防御收缩型财务战略的两个重要原因。"高负债、低收益、少分配"是实施这种财务战略的企业的基本财务特征。

随着企业经营环境的日益复杂，组织形式的变化、金融工具的创新、企业自身发展所处的阶段的不同，财务战略不再是纯粹的"扩张、稳健、防御收缩"，从不同的角度出发分析，企业呈现的总体财务战略既可以是以上三种中的任何一种，也可以是某一种的局部修正或者创新。

2. 从财务战略的具体内容进行分类

财务战略从具体内容上进行分类，又包括投资战略、筹资战略两大部分内容，如图3-1所示。在这里，将利润分配战略和外部融资战略结合起来考虑，作为总体筹资战略。

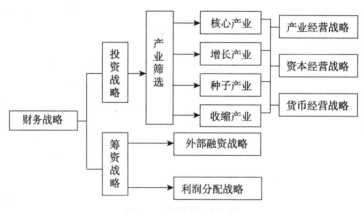

图 3-1　财务战略分类

一般而言，投资战略是整体战略的核心内容，筹资战略是为了配合投资战略而制定的，两者之间是相辅相成的。

（1）在制定投资战略之前，对企业的外部宏观环境进行分析，列出影响企业经营行为、财务状况、融资成本、所在行业发展前景变化的因素，列出简表作为本年度分析、制定和调整财务战略的依据。

（2）对企业现有的投资关系进行梳理，按照有关行业竞争分析法进行产业筛选和再评价，从而进行相关的产业整合。对于不具备核心竞争力、没有发展前途的业务和资产，通过出售、剥离等方式退出，将资源整合到核心业务和增长业务中去。通过向标杆企业的学习或者企业的战略部署，考虑并购或者进入新的增长行业。在业务整合过程中，要处理好核心产业、增长产业、种子产业和撤退产业四类产业之间的关系。

（3）根据初步确定的投资战略需要资金规模，进行筹资规划，尽可能支撑公司战略发展，尤其是战略扩张的资金需要，并测算不同筹资方式下的加权资金成本，作出筹资战略决策的依据。筹资战略的一个核心问题是资金成本，另一个核心问题就是通过股利政策的确定处理好控股股东和中小股东的利益关系，保障企业的持续发展。

（4）如果通过对中长期滚动的分析，发现筹资的成本大于投资战略的新增效益，可考虑调整投资战略。

3.2 财务战略决策分析

3.2.1 财务总体战略决策分析方法

经济周期是总体经济活动的一种波动过程，是经济运行的规律性反映，它通常分为繁荣、衰退、萧条和复苏四个阶段。一般来说，当经济处于增长时期，政府往往放松银根，银行贷款增加，再加上经济高涨期，整个社会的资金周转速度加快，社会资金供应量相对富余，企业筹集资金相对容易一些。当经济处于衰退时期，整个社会资金周转变慢，大量资金沉淀，社会资源短缺，企业筹集资金相对困难。经济周期的不同阶段，由于其表现出不同的经济特征，这就在客观上要求企业采取不同的财务战略，如在繁荣阶段企业应采取更为扩张的财务战略；而在衰退阶段，企业应采取收缩规模，减少风险投资财务战略；在萧条阶段，企业应采取维持现有规模不再减少，并适当考虑一些低风险的投资机会；复苏阶段，企业的首要任务就是将市场上可能的投资机会充分挖掘出来并认真加以分析、研究，从中挑选出社会需求量大，能够满足社会购买力需要，能够迅速占领市场且扩大利润和适合企业开发经营的投资机会。据此，企业还可相应采取扩大存货水平的存货控制策略、放松信用的应收账款管理政策等财务战略。表3-1为财务学界总结的经济周期各阶段企业的一般财务战略决策。

表 3-1 经济周期各阶段的企业财务战略

繁 荣	衰 退	萧 条	复 苏
1. 扩充厂房、设备	1. 停止扩张	1. 建立投资标准	1. 增加厂房设备
2. 继续建立存货	2. 出售多余设备	2. 保持市场份额	2. 实行长期租赁
3. 提高价格	3. 转让一些产品	3. 缩减管理费用	3. 建立存货
4. 开展营销规划	4. 停产不利产品	4. 放弃次要利益	4. 引入新产品
5. 增加劳动力	5. 停止长期采购	5. 削减存货	5. 增加劳动力
	6. 削减存货	6. 裁减雇员	
	7. 停止雇员		

需要说明的是，经济发展的周期波动不仅有短程周期、中程周期和长程周期之别，而且还有总量周期波动与产业及行业周期波动之异。所以表 3-1 中经济周期各个阶段应采取的财务战略的实施时间选择、力度以及持续的时间安排，还应以具体经济周期特征分析为前提。

1. 标杆法

标杆法（Benchmarking）是许多世界著名企业经常使用的竞争对手分析方法，也是企业培养竞争优势的有效方法之一。标杆管理法起源于20世纪70年代末80年代初，在美国学习日本的运动中，首先开辟标杆管理先河的是施乐公司。面对竞争威胁，施乐公司最先发起向日本企业学习的运动，开展了广泛、深入的标杆管理。通过全方位的集中分析比较，施乐弄清了这些公司的运作机理，找出了与佳能等主要对手的差距，全面调整了经营战略、战术，改进了业务流程，很快收到了成效，把失去的市场份额重新夺了回来，于是西方企业群起学习借鉴，把标杆管理法作为竞争的最佳指导，优化企业实践，提高企业经营管理水平和市场竞争力，取得了显著成效。它的使用范围已从最初度量制造部门的绩效发展到不同的业务职能部门，包括顾客满意、后勤和产品配送等方面。标杆管理也被应用于一些战略目的，如度量一个企业在创造长期股东价值方面同产业内其他公司的差距。标杆管理法已被西方国家企业认为是改善企业经营绩效、提高全球竞争力最有用的一个管理工具。

标杆分析的方法主要分为战略性标杆法和操作性标杆法两种：①战略性标杆法，是在与同业业绩最好公司进行比较的基础上，从总体上关注企业如何竞争发展，明确和改进公司战略，提高公司战略运作水平。战略标杆管理是跨越行业界限寻求绩优公司成功的战略和优胜竞争模式。战略性标杆分析需要收集各竞争者的财务、市场状况等信息并进行相关分析，提出自己的最佳战略。许多公司通过标杆管理成功地进行了战略转变。②操作性标杆方法，是一种注重公司整体或某个环节的具体运作，找出达到同行业绩最好的运作方法。

从内容上，标杆可分为流程标杆和业务标杆。流程标杆是从具有类似流程的公司中发掘最有效的操作程序，使企业通过改进核心过程提高业绩；业务标杆是通过比较产品和服务来评估自身的竞争地位。

标杆分析法的基本程序如下：①确定标杆的内容是什么；②确定把谁作为标杆；③建立标杆企业的信息采集分析系统；④对本企业关心的方面做研究；⑤寻找与标杆企业的差异并进行分析，做出企业自身的战略决策。

企业应当通过对标杆企业产品分析、市场营销策略和国际化经营的规模和范围等因素以及最终对财务指标的影响，来进一步分析企业自身的相应现状，作出相应的决策。例如，通过建设标杆企业所有的新型产品生产线，或者改变现有的销售渠道，通过成立销售公司或者扩展门店数量布局，或者尝试国际化。当然，标杆企业成功运用的经验，并不一定适用特定企业，因此在采用标杆法时，一定要审慎。同时如果既是同一国家内同行业的标杆企业，又是企业的竞争对手，有时通过对竞争对手的全方面分析，在投资战略上可以采取相反的策略。

2. 企业生命周期分析法

每个企业的发展都要经过一定的发展阶段。最典型的企业一般要经过初创期、成长期、成就期和衰退期四个阶段。不同的发展阶段应该有不同的财务战略与之相适应。企业应当分析所处的发展阶段并采取相应的财务战略。

（1）企业初创期的财务战略

企业生命周期的初始阶段的经营风险是最高的。这些风险包括：新产品能否试制成功；如果试制成功，它能否被潜在的顾客所接受；如果被接受，这个市场能否扩大到一定规模，以给予该产品充分发展的空间和补偿投入的成本；即使这些都能实现，公司自身的成功仍有可能还未实现，它还取决于市场份额，这个份额不仅取决于产品投放阶段的表现，还有赖于经营周期终成长、成熟阶段的开拓和保持。从经营风险与财务风险的互逆关系来看，较高的经营风险必须辅以较低的财务风险，因此要求采用稳健财务战略，体现为以下三方面。

① 一体化投资战略。企业组建初期，往往因为资本的匮乏而无力对外扩张，也没有足够的财务实力与心理基础来承受投资失败的风险，更重要的是项目选择的成败将直接影响着企业未来的发展。因此基于各种因素考虑，初创期的企业应当实施一体化的投资战略：投资决策权全部集中在集团总部，所有子公司不具有投资决策权；母公司提出未来投资发展的方向，它类似于产业政策，由母公司对未来将要投资的领域提出优先级，以给子公司在项目选择时提供战略上的指导；对于子公司提出的投资项目及所需的资本，在经过管理总部审批确认后，由总部负责资金的分配；项目所需资金的分配必须严格按照项目资本预算的数额确定，由母公司负责预算的审批与资本的拨付。

② 权益资本型的筹资策略。对创业企业而言，其投资价值是由未来预期现金流量的现值创造的，这种现金流量来自产品的成功开发、投放和成长。此时债权人要求以较高的风险报酬为前提，因此初创期企业负债筹资成本较高，不如转而采用权益资本融资方式。另外从财务上考虑，由于公司处在经营初始阶段，会计上只会产生亏损或完全是名义上的收益，因此负债筹资也不会产生诸如节税等积极影响。在权益资本筹资过程中，由于这一时期的企业收益能力不高和很强的不确定性，因此风险投资在其中起了很大作用。

③ 零股利分配政策。而新创期的高风险企业如欲新募集权益资本，必然面临着非常高的交易成本，如法律费用、手续费用和咨询费用等。通过筹集新的权益资金来分配股利显然是不合逻辑的。因此在初创阶段，公司应采用零股利分配政策。

（2）企业成长期的财务战略

对大多数公司而言，进入成长期间，需要考虑和完成的事情仍然十分繁重，例如，知名产品品牌的创立，以使自己的产品在消费者心目中留下深刻印象；以及抢先完成规模经济或掌握成本降低技术，以便成为该领域成本领先者，处于有利的竞争地位。所有这些竞争战略的执行都需要公司相当大的投资，而这些要求在财务上的可行性有赖于对未来销售增长的预期，因此企业经营风险的程度依然很高。①公司必须采用适当的融资渠道将财务风险控制在低水平，这就意味着需要继续使用权益资金。②在高速成长时期，基于完全合理的利润水平之上的高销售额将产生比创业阶段更充裕的现金流。但是由于企业必须在总体市场开发和市场占有拓展两方面同时投入大量资金，并且为了与生产活动中不断增长的规模水平相匹配，也需要大量投资，结果使经营过程所产生的现金必须重新投入到经营中去，这最终导致股利支付率保持在低水平上。

① 权益筹资战略。当企业对资金的需求远大于企业的供给能力时（即可容忍的负债极限和能力），负债筹资不能成为企业集团发展期的首选融资方式（由于高经营风险所带来的外显式高资本成本）。因此，资本不足的矛盾主要通过两条途径来解决：一是公司向现有股东增发新股；二是将大多数收益留存企业。这两条途径都是权益筹资战略的重要方式。从西方企业的发展经验来看，这种权益性的筹资战略，尤其是留存收益再投资战略是企业发展壮大的基石。这种战略要求企业：一是确定合理的利益分配与留存比例，最好采用不分股利政策；二是如果是集团公司，应该明确对外筹资的集权性管理，统一调度资金，利用盘活内部资金等。

② 适度分权的投资战略。企业应当采取适度分权的投资战略（总部集权重大项目决策、

严格中小项目审批);投资所需资本采取集中供应与自主筹措相结合;合理测定集团增长速度,防范过度经营;强化立项审批制度,合理投资规划、严格项目法人负责人与项目责任人负责制。

(3)企业成熟期的财务战略

一旦产业稳定,销售高而稳定且利润空间合理的成熟阶段开始出现。企业将呈现这些财务特征:市场增长潜力不大,产品均衡价格形成,竞争转向成本效率;账款不断收回,现金流入大,由于缺乏市场机会,新增项目少,现金流出需要少,形成较大现金净流量;可资利用的融资机会与渠道多;投资收益率高,账面利润大,负债杠杆效应明显;股票市价或企业价值可能被高估;股东报酬期望高。在这个阶段,企业将采取激进型财务战略,包括以下几种。

① 激进型筹资策略。进入成熟期,意味着企业高盈利水平和低重大资本性支出的时期到来,使其成为巨大净现金流入的创造者。企业此时选择激进型的筹资策略,更多地运用债务融资是上佳选择。首先,利用债务融资可获取增加潜在税盾的期望现值;其次,在经营中所涉及的资产这时处于价值最大化的时期,因为通过运用这些资产带来了稳定的现金回报,此时企业财务状况良好,债务融资成本较低;最后,经营风险的降低能通过举债带来的财务风险增加来平衡,在公司经营业绩良好的情况下,运用负债手段可以放大资本杠杆所产生的正效应,进一步增加股东价值。

② 以技术改造与资产更新为重点的投资战略。处于成熟期的企业,从投资战略来考虑未来新产品或新领域的开拓,因此必须从战略上确定未来产品市场的定位与投资方向。对现有资产的更新与技术改造。成熟期的公司着重关注原有生产能力的再挖潜,现有资产大更新与技术改造。

③ 以强化成本管理为核心的内部财务管理战略。公司盈利能力将主要来自内部成本管理的贯彻和加强。在成熟阶段,公司的利润越来越少,收入增幅放缓,必须在成本控制上多下功夫,应强化内部成本管理、引进标准成本制度和责任成本考核制度。

④ 高支付率的股利政策。成熟期的公司财务状况较为宽余,在这种情况下极易出现自由现金流量风险,即对重大支出不做出更严格的控制和审慎的考虑,导致非理性、重复性、低效率的投资支出,并导致整体资产的使用效率下降。因此处于成熟期的公司应强调高股利政策,用自由现金流量回馈股东。如果要投资,选择举债的方式作为资金来源,利用更严格的债务契约来约束企业的资本性支出,防范自由现金流量风险。

(4)企业衰退期的财务战略

除非企业能创造巨大的市场,并能无限制地持续下去,它在成熟期创造正现金流量不可能永远持续下去,因为是市场对产品的需求最终将逐渐衰退,原有行业已成夕阳,需要进行大幅度市场结构与经营结构调整,夕阳行业经营减弱、风险小;新进行业竞争加剧、风险大;财务实力较为充裕。在这一阶段公司应当考虑以合适的价格出售某些分部,退出这一行业,并集中财务资源,投资已确定要进入的领域与行业。 如果退出阶段得到的高现金流量并没有新的投资战略,可以实行高支付率的分配战略。

3.2.2 筹资战略决策分析方法

筹资战略目标规定了企业资金筹措的基本特征和基本方向,指明资金筹措预期的工作成果，是各项筹资工作的行动指南和努力方向。

1. 筹资战略决策分析基本原则

（1）筹资规模决定于投资战略。筹资规模尽可能支撑公司战略发展，尤其是战略扩张的资金需要。为企业筹集到足够数量的资金，保证企业及时实施战略计划与投资战略等方面对于资金的需求以新增筹资规模必须配合具体的募资投向，即投资资金需要量决定新增筹资规模。

（2）筹资方式多元化战略。企业筹资战略的一个重要特点就是不贪图一时的低成本或低风险的资金来源，也不局限于单纯满足企业当时的资金需要，而是从长计议，以战略观点来设计、保持和拓展筹资渠道。广泛运用各种可行的融资方式，如接受直接资本投资、IPO、增发新股、配股、折旧融资、留存收益（股利战略）、金融机构贷款、发行债券、商业信用融资、租赁、资产证券化、企业出售、退休金筹资等。在政策允许和控制融资风险的前提下，鼓励利用衍生金融工具融资方式。为保持集团财务稳健，集团筹资遵循先内部后外部、先留存后借款再股本的筹资顺序。其目的在于保持随时再筹集到足够数量资金的能力。

（3）股利战略要利于企业长期发展。就是依据企业战略的要求和内外环境状况，对股利分配所进行的全局性和长期性谋划。与通常所说的股利决策或股利政策相比，股利战略具有以下特点：①股利战略不是从单纯的财务观点出发决定企业的股利分配，而是从企业的全局出发，从企业战略的整体要求出发来决定股利的分配；②股利战略在决定股利分配时，是从长期效果着眼的，它不过分计较股票价格的短期涨落，而是关注于股利分配对企业长期发展的影响。

（4）低资金成本与低筹资风险目标。企业筹资不仅仅是单纯从数量上满足企业需求，而是应该能够以较低的资金成本筹集到足够数量的资金用于供应企业所需，并且还要考虑如何降低筹资风险，把筹资风险控制在可以接受的范围以内，这也是资金质量目标的一个重要方面。对此，特别需要长期关注通货膨胀汇率的可能变化和金融环境的变化。

通货膨胀会带来企业原材料价格上涨，资金占用大量增加，资金需求膨胀；汇率变化尤其是巨大波动会严重影响企业资金稳定、融资成本与利润变动。对此，企业必须关注通货膨胀率的变化和汇率预期，合理预计通货膨胀与汇率波动趋势，调整融资战略，积极运用金融工具，规避通货膨胀风险与汇率风险。

金融环境的状况对于企业资金流动具有至关重要的影响。其具体内容包括金融机构的种类和数量、金融业务的范围和质量、金融市场的发展程度、金融传统、人们的金融意识、有价证券的种类等。企业财务战略必须适应金融环境的变化与要求，充分利用这些变化对企业筹资和投资提供的机会，降低企业融资成本，控制财务风险，促使企业资金均衡、有效地流动。

2. 融资方式特征分析法

企业在从战略角度选择筹资渠道与方式时，应该对各种不同筹资渠道与方式所筹资金的特点进行详细的分析，在此基础上，结合企业战略目标分析，即可对筹资渠道与方式作出合理的战略选择。不同筹资渠道与方式所筹资金的特点如表3-2所示。

表 3-2 不同融资方式财务特征

	资金成本	方便性、对经营权的影响	对利润的影响、利用时间的长短、利用额的大小
留成收益	• 在财务计算上没有成本 • 作为机会费用有一定的成本	• 如果没有利润也无法留成 • 对经营来说是最安全的资金 • 分红后可以自由支配	• 没有使用期限
股票	• 可以根据利润情况确定分红 • 按市价发行时,由于发行后的还原,使成本提高	• 发行种类较多,可以相互组合 • 手续多、时间长 • 根据股份稳定程度不同对经营权有不同程度的影响 • 在异常时可以不分红	• 无期限资金 • 可以大量筹措 • 由利润处理确定股利
贷款	• 成本低于普通公司债 • 有时银行将强制提高提取存款的比率	• 手续简单 • 有时不需要担保 • 需要支付利息和还本 • 经营不佳时,成本较高 • 在有些情况下经营权受到干预	• 金额可大可小 • 也有长期贷款,但以短期为主 • 费用就是利息
公司债	• 由于是固定利息,所以在低利息时发行较为有利 • 在兑换公司债或发行附带新股票按收权公司债时利息更低	• 一般需要担保 • 手续较多、时间长 • 需要支付利息和还本 • 经营不佳时,难以筹措 • 类型较多,利用范围较广	• 期间长、数额大 • 费用就是利息
商业信用	• 表面看没有成本,但实际上这种成本有时加在价格里,另外在采取现金折扣制度时,也有成本	• 容易筹措 • 不必担心经营权受干预 • 在急需时可以筹措到一定限度的资金	• 短期 • 只能利用购入金额部分
租赁	• 比购买设备的成本高	• 只能利用相当于租赁设备的资金 • 手续简单 • 不需要担保 • 如果拖延支付租赁费,对方将提出支付全部价格	• 折旧快 • 金额可大可小 • 贷款期间由租赁设备的使用年限决定

资料来源:[日]中央会计事务所. 风险企业的财务战略. 北京:中央经济社,1986:222-223.

3.3 盈利模式与投资战略

公司经营的基本目的在于创造财务上的业绩,公司的成功最终表现在财务上的成功,而财务业绩主要是由商业市场的客户决定的,但是这一基本主张并不能被贯彻始终,许多著作和管理实践给人们造成了两种极端印象:一种极端是财务业绩完全依赖于公司的运营效率;另一种极端是经营战略的目标是寻求销售数量和市场份额的最大化,并充分满足客户的偏好,好像只要做到了这些就足以产生出一个令人满意的营运结果。前者过分强调了成本,而后者则完全忽视了成本(西弗·马瑟,2004)。以"盈利模式"(profit model)为例,也是如此。战略上特别关注盈利模式,但是财务理论很少研究盈利模式问题,似乎盈利模式与财务理论无关,即使提到这个概念,也只是轻描淡写,这的确是财务理论的严重缺陷,也难怪不少战略学者总是"讽刺"我们财务学者不懂战略。财务学很需要关注和研究盈利模式,因为"现代公司财务生存的主宰是在资本市场,但是生存的方式、获利的途径则是由其在商品经营业绩和产品市场上的表现所决定的,所以公司价值必然与公司经营战略和盈利模式相联系。"反过来亦然,战略理论研究上同样需要用财务理论、理念和工具来夯实对盈利模式问题的研究。从盈利模式的定义出发,从财务视角把握盈利模式,并投资战略构造企业独特的盈利模式,是本节的基本内容。

3.3.1 盈利模式的定义与财务逻辑

盈利模式尽管是一个耳熟能详的术语,但很难找到明晰且达成共识的定义。

斯莱沃斯基(1998)在《发现利润区》中,提出盈利模式主要关注的是如何选择参与竞争的行业?在该行业中何处可以获利?在潜在利润区中,是否有紧密适应客户需求和支付意愿的盈利模式?该盈利模式是否具有成本优势?保护利润流的能力如何?即如下四纬度的定位问题:客户选择、价值获取、战略控制和业务范围。成功的盈利模式就是引导和保障企业能够持续地赚取超额利润并及时更新的机制。研究表明,一家公司约有 20%的利润与行业相关,36%的利润变动是由公司特点和业务活动产生的。行业吸引力和企业在行业内的竞争地位共同决定公司利润率的水平。换言之,"持续"获取利润的前提则是将企业参与竞争的环节锁定在利润区内,并始终追随市场环境的变化。而获得"超额"利润的前提条件是确定适用于整体竞争环境或行业的战略。只有那些练就内功并拥有独到资源能力的企业才能保障该战略的实施,并获得成功。

格罗斯曼和詹宁斯(2002)在《百年盈利》中,提出经营有方的百年老店的盈利模式设计是相互关联的主要策略、次级策略、政策和战术相互作用的结果,在盈利模式更新的过程中需要对整个经营链的具体考察,内容包括顾客检查、生产过程检查、供应商问题、经济问题、销售问题、社区问题。

在企业价值管理实践当中,在确定关键成功因素时的一个陷阱就是:取一组现成的指标,将其置于随意预定的维度,而忽略了这些指标与企业的组织结构、业务模式和作业流程是否配套。以下举例说明利用股东价值模型分析盈利模式和价值驱动因素之间的关系。最关键的步骤在于选择适当的财务分析模型,从而达到如下目的:①检验预期的盈利模式各要素能否影响价值驱动因素;②确定关键成功因素和关键绩效指标以应用平衡记分卡等手段进行资源配置。

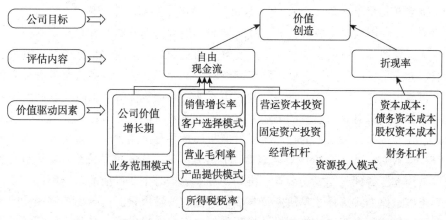

图 3-2 股东价值驱动因素

是否有助于价值创造是衡量盈利模式是否可行的唯一标杆。成功的盈利模式不仅能成为保障企业长期获利能力的持续更新的机制，也能提升股东价值。那么，盈利模式各要素与股东价值各驱动因素之间是否存在对应关系，具体为何，就成为值得关注的问题。而通过分析这种关系，能进一步得到某种战略所对应的盈利模式将会对价值驱动因素有何影响，进而：①评价战略的风险和可行性；②为导出企业的关键成功因素奠定基础。

销售增长率体现了行业内某一类特定市场的发展态势以及该市场内目标客户对企业的认可程度，是企业关注客户选择模式的财务结果。营业毛利率体现了企业所提供产品或服务的市场定位和歧异化程度，当企业确定其业务和产品组合以及价值获取方式后，可大致匡算其营业毛利率。无论是固定资产投资增加额（资本支出 – 折旧费用），还是营运资本投资增加额（支持单位销售增长所需的应收账款、存货、应付账款、利息费用的净投资额），均须占用企业的资金，并且占用规模是由企业对未来利润经营杠杆的规划或对现有资源投入模式中经营杠杆的调整决定的。企业的资本成本则体现了财务杠杆的作用。公司的价值成长期在股东价值公式中的作用非常关键：在价值成长期结束之后，企业每年的自由现金流量将不再增加，如企业不再进行战略性资本投资，则企业将维持现有的收益能力并获取"残值"。而延长企业价值成长期的唯一手段就是选取有吸引力的产业和价值链上的高增值环节参与竞争，并尽量提升本企业保护利润流的能力。

（1）财务价值目标是评估公司盈利模式的唯一标准

任何公司必须也只能有一个统领全局的战略宗旨就是提升股东价值。所有的战略、所有的模式和所有的决策都必须服务这个宗旨。因此，财务价值目标成为识别、评估和取舍各类、各层次战略和盈利模式的唯一标准。比如，顾客满意度、经营过程优化、技术创新、品牌提升理应带来优异的财务绩效，但是当其他因素尤其相应的成本投入等失控时，就可能出现毁损公司财务价值的结局。比如，低成本和差异化是可以为企业带来竞争优势，但是两者的着眼点是不同的，低成本战略就是要求企业以较低的成本提供与其竞争对手相同的产品与服务；而差异化战略要求比竞争对手更好地满足客户需求的某个特定方面，其成本虽有所增加但是其售价不能超过客户愿意支付的水平。所以成功的盈利模式往往是在经营战略指导下，对现有内部运营、市场竞争能力、资源配置的改进或突破，它必须能够创造更高的企业财务价值。

（2）财务价值的驱动因素"驱动"不同企业间相异的不同盈利模式

公司价值驱动因素包括收入提升、成本控制、税收筹划、股利计划、资本开支、资本成本和持续经营期等。所谓企业盈利模式要解决的五个基本问题：目标市场在哪里？目标客户是谁？为满足目标客户需提供何种产品或服务？为提供这些产品或服务需投入什么、投入多少和承担哪些风险？企业独特的利润源（独特的竞争优势）？企业利润的边界在哪（有所不为）？战略对盈利模式的描述要穷尽到价值链增值各环节，企业具体行事方式的权衡取舍，并通过财务结果上的检验（对价值驱动是否有正面影响）得出真正的关键成功因素（CSF）。比如，收入是价值驱动因素，但需穷尽到收入的单品价格、销售量、品种结构、地域结构才能得到关键成功因素。再如，资本成本对企业价值的影响不可小觑，但融资方式和资本运作方式选择才是决定资本成本高低的关键因素。而导出关键成功因素的过程正是对盈利模式基本要素的规划设计过程。完成客户选择模式、产品提供模式、资源投入模式、业务范围模式四维度的设计之后，综合考察盈利模式要素对企业价值的驱动作用就是对战略有效性的先验过程。对战略进行检验时所应用的"标准"盈利模式可以采用行业领袖公司的成功经验和模式，也可以采用本企业通过行业分析、市场预测而规划的盈利模式。这些解释说明一个财务定律："成功的企业各有成功之道，倒闭的企业只有一个原因即现金流断裂"。可以说构建公司独特的盈利模式就是着眼于培育与提升具有本企业个性优势且难以复制的核心竞争力。

（3）盈利模式需要识别还必须深入挖掘"深度指标"或最关键指标，指引关键成功因素

盈利模式不仅要遵守 SMART 原则，同时还需要导入"重要性原则"等理念，过于全面、事无巨细的盈利模式不仅是对"战略"问题的误解，也会对如何改进和落实盈利模式造成很大的执行风险。应该关注对经营过程及其后果的价值的如何聚焦、如果量化等问题。这个问题就是迈克尔·波特指出的应该通过"优先战略主题"以高效率建设战略优先地位。例如，对于美国西南航空公司来说，飞机在登记口前平均 25 分钟就是的"深潜指标"。如果该公司的飞机在登机口平均每次多停 1 分钟，全年将增加超过 1.86 亿美元的投资和约 1800 万美元的财务成本。宜家家居（IKEA）公司的战略成功依赖于对家具的低成本制造和配送，该公司研究发现其重要的深潜指标有六项：①制造成本；②每平方英尺零售及窗储空间销售额；③库存商品百分比；④客户满意度；⑤客户忠诚度；⑥客户的口碑广告。很显然这些深潜指标牢牢锁定的一种战略，也清晰的刻画的公司的盈利模式。而且我们发现尽管这些指标很少涉及财务手段，但是它们通常是财务表现的驱动因素，是分析企业盈利能力的各因素之间的因果关系，可以帮助管理者从一系列错综复杂的过程和因素中"纲举目张"的挑选出最能促进公司战略和绩效方面的举措。这些指标可以依据财务价值管理分析思路，通过价值公式进行数量分析和敏感性分析，得到关键价值驱动因素，从而得出关键成功因素和深度控制指标。

（4）盈利模式特别聚焦公司的"主营业务收入""主营营业利润"和"营业利润"等

从会计报表来看，利润是个多维、多层次的概念，单纯从利润表就可以得出"毛利""营业利润""主营业务利润""投资收益""税前利润""净利润""扣除非经常性损益的净利润"等概念与数值。在一个"奉行结果导向"的公司只会关注最终"净利润是多少？"，就不会过多的关注"是什么利润？"。从考核"净利润"转到考核"营业利润"或"主营业务利润"。盈利模式的"利润"必须排斥"补贴收入""营业外收支"等"非经常性损益"项目，其实利润表中"投资收益"也只能说明证券市场充其量只能是财务投资的附属市场或商品市场的补充。其理由是商品市场是企业经营的主要战场，实业盈利是公司内涵价值的根基。

（5）利润杠杆性的考虑与利润黏性的提升

按照财务理论，利润杠杆反映的是企业的一部分投入以及企业所承担的风险。由于经营杠杆（DOL）和财务杠杆（DFL）的存在，利润的实现存在极强的杠杆效应。以固定资产折旧为主体的固定成本提高了经营杠杆率，表明在提高了营业利润率的同时也增加了公司的营业风险；以负债融资为主导的融资利息提高了财务杠杆率，说明在提高的股东回报率的同时也提升了公司的财务风险。这两种杠杆因素的存在使得我们不能割裂"收益"与"风险"内在联系。也使我们对盈利模式的理解和改进不能回避"经营风险"和"财务风

险"的存在和影响程度。

另外，与战略相关的利润实现不同的方式，防范竞争者"掠夺"本企业的利润的能力是差异的，形成不同黏性的利润。据斯莱沃斯基的研究结论，不同的利润战略控制方式对企业利润能力的有效性指数，或者称为利润保护的强度指数如下：成本劣势为 1；具有平均成本水平为 2；10%~20%的成本优势为 3；1 年的产品提高期为 4；2 年的产品提前期为 5；品牌、版权为 6；良好的客户关系为 7；行业领导地位为 8；控制价值链为 9；建立行业标准为 10。这表明不同的战略控制手段对企业利润能力的保护程度是不同的。

3.3.2 企业盈利模式与企业投资战略的关系

1. 投资战略内涵

投资战略就是公司未来定位是什么？该做什么？不该做什么？为什么？什么时间或何种节奏做？具体的行动方案是什么？而收入和盈利将会是多少？从而形成了企业一整套关键的盈利模式和财务运行机理。由此看来，公司投资战略的核心问题是"长期投资"问题，战略方针的差异基本上体现在与商品经营相关联的投资方向、具体项目、投资对象、投资区域、投资性质、金额大小、时间节奏等差异。这样一来，强调应该对现有财务投资学的内容与结构进行"战略化"改造，为财务上的投资增添"战略"内涵，具体路径包括如下内容。

① 财务投资从证券市场向商品市场的转变。公司战略重点一定是在商品市场。证券市场充其量只能是财务投资的附属市场或商品市场的补充。其实，商品市场是企业经营的主战场，实业盈利是公司内涵价值的根基，证券市场显示的是公司"市价"。公司的市场价格决定于公司的内涵价值。

② 财务投资的基本任务是形成长期的、固化的公司格局与盈利模式。所谓企业盈利模式要解决的六个基本问题：目标市场在哪里？目标客户是谁？为满足目标客户需提供何种产品或服务？为提供这些产品或服务需投入什么、投入多少和承担哪些风险？企业独特的利润源（独特的竞争优势）？企业利润的边界在哪里（有所不为）？战略对盈利模式的描述要穷尽到价值链增值各环节，企业具体行事方式的权衡取舍，并通过财务结果上的检验（对价值驱动是否有正面影响）得出真正的关键成功因素。对战略进行检验时所应用的"标准"盈利模式不仅可以采用行业领袖公司的成功经验和模式，也可以采用本企业通过行业分析、市场预测而规划的盈利模式。财务投资实现对独特的盈利模式的构建就是着眼于培育与提升具有本企业个性优势且难以复制的核心竞争力。

③ 聚焦公司的"主营业务收入"和"毛利水平"预测分析。如前所述，公司战略主要与主营业务收入相联系。实业投资决策分析务必"精细化"投资项目后可能取得的"主营业务收入"，因为它是投资成功的关键驱动因素，需"精细"到收入的销售规模、单品价格、品种结构、顾客结构、时间节奏、地域分布等，只有这样对主营业务收入进行立体的、多维的评估与测算，才能刻画投资规划的战略价值。

④ 对"投资额"分析中，不仅要区别付现投资与非付现投资、长期投资与短期投资等，特别需要细化和考虑流动资产、固定资产、在建工程、无形资产等规模与结构，因为它们的差异首先不是投资品的流动性，而是它们的组合决定着战略结构与盈利模式。

⑤ 要放弃财务投资分析中"线性假设""直线回归模型""单变量分析"等思路，在投

资分析中加大产品生命周期分析和供应链分析。

2. 盈利模式的战略意义

战略牵引盈利模式，盈利模式评价和支撑战略。成功的盈利模式往往是在经营战略指导下，对现有市场规则的改进或突破，它可以创造更高的企业价值。

战略是企业为实现目标而设计的路径，应清晰地刻画出企业战略规划期内的"为与不为"。战略管理的关键在于其执行力；在于是否能够构架一整套关键的盈利模式、资源配置方案和财务运行机理去保障战略"落实"。不同公司因所处行业、规模、资源禀赋、竞争能力的差异会有不同的战略取舍；同时，企业现有的盈利模式对未来战略规划的形成也有一定的影响作用。而战略一经择定，即成为盈利模式构建的出发点和纲领：盈利模式的选择要符合战略方向。

（1）盈利模式确保公司价值持续增长。在企业发展历程中，都有快速增长的阶段，但是在快速增长过后，不同企业有着不同的命运：有的企业基业长青，有的企业停滞不前，有的企业不久就消失得无影无踪。导致企业不同增长结局的原因可能千差万别，但是从盈利模式的角度，可以发现企业增长有两种模式：①随波逐流型：随着产业周期或经济周期的不同阶段的变化带动企业增长的不同走势，市场需求进入高潮阶段就会拉动企业快速增长，而进入低谷时企业也随之度日如年；②竞争优势型：一批企业总是能够依靠技术开发、经营管理等优势获得企业持续增长。通过这种优势企业有能力平滑经济周期或产业周期波动对企业的冲击。企业可以不能选择市场环境，但是企业可以选择自己的盈利模式。

（2）盈利模式评价战略的有效性。实务中，制定战略时犯这样一些初级错误的企业绝不在少数：为增长而增长，为多元经营而多元经营，模仿行业领先者，没有客观根据地假设自己的经营要胜过竞争对手等。战略的牵引是探讨盈利模式的逻辑起点，战略与盈利模式应能对接。反之，如果公司制定的战略根本无法设计出相应的盈利模式与之对接，即间接证明了该战略规划的失败和缺乏可操作性。

盈利模式如何评价战略有效性呢？传统管理手段和分析工具应用的假设前提是战略的有效性。战略一旦设定，即便企业尚未设计出相应的盈利模式作为平台，仍然可以通过数量分解得到长期规划和年度预算目标值。然而，此时对战略目标的追逐无异"玩火"。相反，对盈利模式的描述要穷尽到价值链增值各环节企业具体行事方式的权衡取舍，并通过财务结果上的检验（对价值驱动是否有正面影响）得出真正的关键成功因素。比如，收入是价值驱动因素，但需穷尽到收入的单品价格、销售量、品种结构、地域结构才能得到关键成功因素。再如，资本成本对企业价值的影响不可小觑，但融资方式和资本运作方式选择才是决定资本成本高低的关键因素。而导出关键成功因素的过程就是对盈利模式基本要素的规划设计过程，包括客户选择模式、产品提供模式、资源投入模式、业务范围模式等维度的设计，换言之，综合考察盈利模式要素对企业价值的驱动作用就是对战略有效性的先验过程。对战略进行检验时所应用的"标准"盈利模式可以采用行业领袖公司的成功经验和模式，也可以采用本企业通过行业分析、市场预测而规划的盈利模式。

（3）盈利模式随战略调整应及时升级。无论企业盈利模式的形成动因如何，无论是"投机型盈利模式"还是"稳健型盈利模式"，其存在本身会形成一定的路径依赖，并影响企业决策层层的战略思考、组织模式设计，甚至组织文化。然而，在日演日烈的竞争中，任何的盈利模式都不可能长久有效。即使是幸运拥有独特盈利模式的企业，也须思索在战略牵引下如何优化企业的盈利模式。需要注意的是，战略的变更最主要的可能是由于高层的战略思考，由于涉及面小，它的制定和修订成本相对较低。但是调整后盈利模式的执行成本非常高，原因在于新的战略需要员工摆脱定式思维，适应与新战略相配套的盈利模式。

盈利模式的构建应着眼于核心竞争力的培育。事实上，对于客户选择模式、产品提供模式、资源投入模式、业务范围模式的描述能够准确反映出企业竞争优势变化的实质：如技术创新能力、资源获取、配置及组合能力、环境适应和市场影响能力、管理协调能力、企业文化等。真正具有本企业个性优势且难以复制的，结合考虑公司资源和能力的领先优势才成为核心竞争力。同理，我们并非直接设定评价企业核心竞争力的财务指标，只是恰当的业务模式支撑了核心竞争力的提升，因此，形成了核心竞争力→盈利模式→财务模型的因果关系链。

3.3.3 轻资产模式

1. 轻资产模式的概念与特征

轻资产模式并非一个很新颖的概念，很早就有戴尔和耐克公司，或者充分利用直销模式带来个人电脑商业模式的革命，或者凭借其长期积累的品牌影响力实现了长盛不衰。21世纪初以来美国苹果公司就是采用轻资产模式的典型企业。在国内，早在十年前就有光明乳业实践轻资产模式，只是如今在"互联网+"的大潮流中，追逐轻资产模式已经成为越来越多的中国企业的战略首选，比如 2015 年 5 月，万科与万达在北京举行签约仪式，启动"双万联姻"，标志着双方合力向轻资产战略转型的实质性努力。

关于轻资产模式的概念，财务上有很多表述，大体可归纳为两种观点：一是相对于占用大量资金的设备、厂房、存货等重资产而言，企业其他流动资产特别是现金类资产很多；二是企业的盈利主要靠技术、设计、品牌等，在资源有限的情况下，通过 OEM 或微笑曲线等利用企业外资源完成产品生产。可以说，轻资产模式是一个系统的概念，包含诸多要件，更是一个事关财务资源在各业务流程中如何筹划与配置的战略性概念。

企业轻资产模式的财务战略特征包括：①轻资产企业的设备、产品和厂房在企业资产中的比重比较低，生产以 OEM 的方式为主；②融资主要靠内源性融资，借款性负债比较少，主要靠利润支撑运营；③轻资产企业的现金储备一般比较多，现金流比较充裕，企业潜在的现金资源与财务结构弹性很强；④轻资产企业的供应链管理系统比较高效，拥有相当固化、精选的供应商；⑤轻资产企业一般都不愿意采用现金分红的股利政策。股东基本上都是靠股票升值，获得溢价收益，实现投资回报。这五个方面的特点应该成为把握轻资产模式的系统性特征。

界定了轻资产模式的特征，表明轻资产模式是一种更具优势和吸引力的企业战略，也就很容易理解为什么越来越多的企业瞄向轻资产模式转型。在过去几十年里，中国企业绝大部分是以重资产模式为主。重资产模式的规模性和可复制性成为企业债权人、债务人和消费者眼中坚实的物质基础和信誉保障。传统重资产企业既要忙于生产制造，也不能忽视市场营销和研发投入，否则将削弱企业的核心竞争能力。重资产企业往往是规模竞争型企业，规模的不断扩张意味着资本性开支持续增大，甚至导致自由现金流匮乏，固定成本与财务开支居高不下，同时兼有较高的经营杠杆与财务杠杆是重资产企业典型的财务特征。

相反，企业选择或转型轻资产模式的绝对热情和强大驱动力体现在：①用极低的财务投入，撬动更高的资本回报率。轻资产企业在生产方面的成本投入几乎为零；反而大量投入于以"微笑曲线"为主体的供应链管理等高附加值环节，给企业带来更高的投资回报率；②充分借助外部财务资源与业务合作关系，实现企业快速扩张。轻资产企业更多地利用了合作伙伴的相关经验和资金，缩短了生产线建设开发的时间，减少资金占用，极大地降低行业的进入门槛；③通过业务外包，实现业务风险共担。由于合作伙伴替企业分担了一部分产品价格风险，使企业更加灵活，更能快速地应对市场变化。轻资产在很大程度上解决了企业资金短缺、自有资产不足、优势难以发挥等问题；④轻资产模式在财务结构上同时兼备较低的经营杠杆与财务杠杆，低杠杆结构、快速的资金周转与充裕的现金储备是轻资产企业典型的财务特征。这种特点极大地保证了企业弹性与风险防控能力，由此可以更透彻地理解企业热衷轻资产模式的缘由。

2. 轻资产模式下企业财务战略管理体系设计

由于轻资产模式在融资、管理控制、转型节奏等方面存在全新的阻碍与挑战，企业在寻找与轻资产模式相适应的财务实践路径方面提出了更高要求，需要管理者的精心设计和逐步推进。基于此，企业轻资产模式的财务战略管理体系设计应该匹配的要点包括以下内容。

（1）塑造适应轻资产模式的财务管理理念与评价体系

不同的管理理念决定了不同的管理方针、经营行为与管控体系。可以说，传统的重资产商业模式中，财务管理的重心是股东与债权人，也即财务出资人。股东财务投资规模是企业实力与能力的第一要件，实现股东财富最大化是企业经营管理的主旨目标，以保护股东权益为重心的公司财务治理，其重要内容就是要防范经理人"内部人控制"与员工"偷懒"，把经理人、员工的权利与股东权利对立起来。而新型的轻资产模式财务管理的重心应该是众多的利益相关者，因为轻资产模式的关键成功因素并非财务资本，着眼于股东、经营者、员工、供应商、合作伙伴、债权人与社会大众的合作、互信而非竞争、共赢。谋求利益相关者价值最大化，成为轻资产模式的主旨目标。

由于轻资产模式下，企业经营管理主要驱动力是多重财务关系管理、全流程业务经营过程、企业经营与管理的边界日益模糊等，企业财务管理的视角也应该越来越展现企业战略，表达商业模式，嵌入经营业务全过程，强调品牌、信息沟通、人力资源等非财务资源开发与配置。

在重资产模式与股东价值目标的背景下，以考察与评价股东价值与财务资本绩效的财务指标，如净资产收益率、财务资本回报率、杜邦分析体系、经济增加值 EVA 等必须扬弃。必须缩减各类财务绩效指标的使用，以平衡计分卡为工具，加大非财务评价指标的使用；既要重视传统客观评价指标的运用，也要加大主观评价指标的导入。另外，财务分析体系不要再是"追忆过去"与"结果指标"的过度使用，轻资产模式贵在"重视业务全过程"，重视非财务其他资源，把战略规划、经营分析与财务结果评估的整合分析。

（2）通过企业计划预算系统，掌控好企业实现轻资产模式的渐进节奏

如前所述，因为有较多的财务资本投入与实体资产的存在，重资产模式是让社会、银行债权人、企业员工、供应商等这些利益相关者都比较"踏实"的发展战略，相反轻资产

模式是特别偏重减少股东财务投资,以企业品牌与经营者运作能力确保股东价值的发展战略。加之已经存续的重资产企业"船大而且很重"不能轻易向轻资产模式转型发展,故决不能一蹴而就,转型必须循序渐进。

而把控这种循序渐进的抓手无疑就是企业的计划预算体系,因为企业预算系统的要义是优化财务资源的动态配置,落实企业战略,提高企业竞争力与经营绩效。联系到轻资产商业模式,其实就是重视非财务资本资源的利用,弱化财务资本资源的利用。基于轻资产战略的计划预算原则应该是:①现实地说,在财务资源预算安排上,对于新型业务、新增项目等应该主导轻资产战略预算;而对于存续的、既有的业务与项目可能还是持续重资产模式;②一个确定了由重资产向轻资产模式转型的企业,这种转型节奏的"预算"也必须是渐进的,而不应该是一蹴而就的,换言之轻资产商业模式的预算规划是典型的长期战略预算;③针对"轻资产"模式与重资产模式的各自的特征与利弊,每个企业计划预算的宏观思路应该总是兼有轻资产与重资产的财务资源配置策略。差异的是不同企业在不同时间里具体轻资产与重资产配置结构的不同,换言之,任何企业任何时候不宜实施绝对单纯的轻资产模式或重资产模式。只有这样动态的、权变的财务资源配置,才能确保企业结构的必要弹性,达成企业资产安全性、营利性与流动性的动态平衡;④在实施轻资产预算时,不仅要考虑财务资产投入的预算安排,也需要减少间接融资,大幅度提高内源融资与股权融资比例;为了培植与提升企业长期竞争优势与品牌影响力,实现从研发到品牌的微笑曲线,就需要加大在研发上的投入,要加大技术研发和市场营销的财务投入预算;为了减少各经营环节对财务资金的占用,预算规划必须着眼于提高"运营速度"而非增加"经营规模"提升企业的获利能力和抗风险实力;立足于现金流而言,预算目标必须持续改善经营现金流,紧缩股东分红预算,改进融资现金流结构,严控投资现金流出预算。

(3)实施与轻资产模式相匹配的企业融资战略与方式创新

从实现路径来说,企业推进轻资产模式一个重要的方面就是匹配的融资策略。包括:大幅度减少银行贷款、债券融资等"有息负债",加大应付款等贸易融资和"无息负债""供应链融资"的规模;对于现有流动资产,尤其是存货和应收账款,通过资产证券化、保理等方式,强化资产的变现能力,保持现有资产的极强的流动性;企业对于固定资产等可以实施"售后回租"等方式,快速实现重资产向轻资产模式的转换;实施轻资产模式的企业,需要新增的设备、房产等,为了不增加总资产"重量",尽量避免外购与自建方式,而应该主要采取租赁方式。

(4)转型企业管控模式,完善企业轻资产战略的财务管控体系

如前所述,新型的轻资产模式财务管理的重心应该是众多的利益相关者,重视企业各类利益相关者的财务关系的协调运作,尤其是供应商关系,包括采购、供应合作等;内部供应链关系,如仓储、物流等环节;客户关系,包括市场、价格、客户维护与用户体验、订单、结算、售后服务等。财务管理必须转型到财务成本风控与业务流程、全价值链的无缝连接。整个价值链管理中,为了提高财务、产品质量、客户服务、品牌营销等的综合效益,作为关键的管理内容是慎重选择产品、物流等合作伙伴与代理商。

企业落实轻资产模式的具体方式不同,提高财务管理体系的针对性与有效性的难度越来越大。比如前些年光明乳业叫停轻资产战略,缘由就是被收购的公司的管控失效。所以轻资产企业一定要有相匹配的、更加严密的财务管控体系。

（5）轻资产战略需要相应的会计信息披露政策的变革

企业财务会计的信息越来越具有信息含量。由于企业商业模式的转型，资源配置重心的转移，企业的盈利结构也必然发生改变，企业的经常性损益与非经常性损益的确认、计量与报告也必须有别于重资产企业。比如，"2014 年万科实现利润 157 亿元，其中公司实现投资收益 41.59 亿元，较 2013 年大幅增长 313.78%。公司投资收益主要来源于联营合营公司实现的万科权益利润、以股权转让方式实现项目合作而实现的收益。公司虽出让了部分开发项目或商用物业股权，或在部分联营合营项目中公司仅占较低的股权比例，但一般情况下此类项目或物业的经营管理仍由公司负责，公司因此可收取一定的管理费用，或要求获得高于股权比例的超额分配权。"万科从 2013 年起的会计信息披露上就认定"企业实现的投资收益，不同于一般意义理解的投资收益。"它不是一次性的投资所得，不是非经常性的偶然收益，而是基于主营业务、基于连续开展的经营性活动，属于可持续获得的经常性业务收益。"按照此逻辑，万科在 2014 年实现的 41.59 元亿投资收益，由此获得的现金流，在现金流量表中也不应该列示在"投资性现金流"而应该属于"经营性现金流"。

3.4 营运资本战略

3.4.1 营运资本的概念

作为一个财务概念，营运资本（Working Capital，WC）存在营运资本与净营运资本这两个不同层次的解释。

1. 营运资本

营运资本是指企业流动资产与流动负债的差额，表示由企业长期负债或权益资本提供资金来源的那一部分流动资产。如果流动资产大于流动负债，则营运资本为正值，反之，则为负值。营运资本表现为企业流动资产与流动负债之间的差额，一定程度上明晰了流动资产与流动负债之间的关系，公式表述为

$$营运资本 = 流动资产 - 流动负债$$

但根据资产负债表恒等式，也可视为企业长期资本（长期负债与所有者权益）与长期资产之差，即

$$营运资本 = 流动资产 - 流动负债 = 长期负债 + 所有者权益 - 非流动资产$$

2. 净营运资本

净营运资本也可称为"营运资本需求"（Working Capital Requirement，WCR），即经营活动中直接占用的流动资产与经营活动中直接获取的流动负债之差。它也是指企业生产经营过程中的资金占用（流动资产的部分项目）与生产经营过程中的资金来源（结算性流动负债的部分项目）的差额。换言之，净营运资本是生产经营上存货、应收账款等流动资产占用所需资金，以应付账款等业务信用资金来源满足之后，仍然不足而需要企业另行筹集的那部分现金需求。

决定企业生产经营过程现金需求的因素主要是：存货（包括原材料、在产品、产成品

等）、预付购货款、应收账款。而决定生产经营过程结算性资金来源的因素有：预收货款、应付票据、应付账款等。其计算用公式表示为

净营运资本（MCR）=存货+预付购货款+应收账款−预收货款−应付账款−应付票据

而另一个为"净流动性余额"（Net Liquid Balance，NLB）为现金及其等价物等流动性金融资产与短期借款等金融性负债之差。根据各自的定义，存在以下等式：

营运资本=净营运资本+净流动性余额

$$WC = WCR + NLB$$

在企业商业经营活动中，WCR 作为 WC 的一部分，当销售扩大时，也会随之扩大。而增加的 WCR 只有通过两种途径来满足：一是降低 NLB，使 WC 不变；二是通过对外筹资来增加资本，从而扩大 WC。总之降低 NLB 或者扩大 WC，或者两者兼而有之。因而，当 NLB 越大时，在销售上升时转换为 WC 的下行空间也越大，其流动性也越好；而 NLB 越小，WC 越大，销售上升时，NLB 可调节的空间越小，流动性受到限制。也就是 NLB 成为营运资本风险控制的调节变量。

1986 年，哈瓦威尼（Hawawini）、瓦尔莱特（Viallet）、沃拉（Vora）进一步发展"营运资本需求"的思想，引入销售额因素，将 WCR 指标标准化为 WCR/S。通过对 WCR/S 的研究发现，WCR/S 在不同的行业有显著的区别，这反映了不同行业有显著不同的营运资本需求，但是考虑到 WCR/S 的效果可能被销售利润率的影响所抵消，WCR/S 指标可改进成"WCR 压力比"公式表示为

$$WCR 压力比 = WCR/S - M(1-D)$$

其中，M 为销售利润率；D 为红利支付率，该指标值越小，企业所受到的财务压力越小，流动性越好。与 WCR/S 在不同行业存在显著差异一样，资产规模不同，无疑也会引起 WCR 压力比的显著变化。

3. 营运资本周转期

与净营运资本的另一个财务概念是"营运资本周转期"也有人称为"现金周转期"。营运资本周转期即从支付货款到应收款收到现金的周期。该周转期越长企业短期筹资需求量越多，对营运资本周转期的分析可以帮助我们分析企业营运资本的形成，现金周转期的计算公式为

营运资本周转期=经营周期−应付账款（预收）周转期

=存货周转期+应收账款周转期−应付账款（预收）周转期

企业的短期经营活动及其相应的现金流如图 3-3 所示。

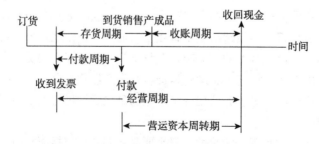

图 3-3　企业的短期经营活动及现金流量时间线

经营周期等于存货周期与应收账款周期之和。存货周期的长度取决于原材料储存期、产品生产期和产成品储存期。应收账款周期是从赊销到账款回收所需时间的长度。应付账款周转期是公司在购买各种资源，如工资和原材料的过程中能够延期支付的时间长度。在实践中存货周转期、应收账款周转期和应付账款周转期可以分别用存货天数、应收账款天数和应付账款天数来衡量。

3.4.2 营运资本战略类型与及其决定因素

根据资产结构与资本结构的内在关系，营运资本规模的决策也就是企业流动资产需求是否全部通过流动负债来源来解决？长期负债或权益资本是否必须有满足流动资产需求的安排？营运资本大于零实质上为防止现金流量的不利波动，企业应在期限结构的基础上建立相应的安全边际。这种安全边际的范围大小，需要企业管理者对短期融资与长期融资的比例进行决策，由此形成了不同的营运资本融资战略，营运资本战略也可以分为三种：稳健型、配合型和激进型。

对于稳健型战略而言，一部分临时性流动资产的资金需求来自短期融资，一部分临时性流动资产与永久性流动资产以及固定资产的资金需求则由长期融资予以解决（如图 3-4 所示）。

稳健型营运资本战略不仅是永久性流动资产与固定资产资金需求由长期融资予以满足，而且部分临时性流动资产资金需求亦来自长期融资，因此企业无法偿还到期债务的风险较低。但因一般情况下长期融资成本高于短期融资成本，企业整体收益率亦表现为较低，可见，稳健型融资战略是一种风险与收益均较低的营运资本战略。

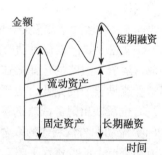

图 3-4　稳健型营运资本战略

与营运资本密切相关的概念是流动比率，它是流动资产与流动负债的比值，有财务常识的都会熟知该指标通常有大于 1.5 倍或 2 倍的数值要求，这是基于流动性和偿债能力的安排。如果从资金融资规划分析，这个 2 倍比率的要求实质上就是短期负债融资必须全部投资于流动资产，并有二分之一的流动资产资金需求应该由长期融资解决。换言之，企业随时做好了以流动资产打五折的安排以应对流动负债的支付压力，这种固化的比率要求是财务稳健的标志，也由此构造起了一道财务风险防火墙：无论如何公司都不能以长期资产用来抵偿流动负债。一旦企业"落魄"到只能以变卖长期资产去应对流动性压力，谁都能猜到企业结局如何。

与稳健型营运资本战略相对应的是一种风险偏好型——激进型营运资本融资战略。在这种融资战略中，临时性流动资产以及部分永久性流动资产资金需求来自短期融资，而部分永久性流动资产与固定资产的资金需求则由长期融资予以解决（如图 3-5 所示）。

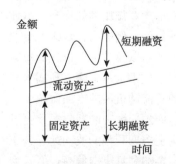

图 3-5　激进型营运资本战略

激进型营运资本融资战略不仅是临时性流动资产的需求，部分永久性流动资产资金需求亦由短期融资予以满足，从而，企业可能会面对无法偿还到期债务的风险。但是由于长期融资成本与短期融资成本的差异，因而企业存在较高的整体收益率，可见激进型融资战略是一种融风险与收益于一体的营运资本融资战略。

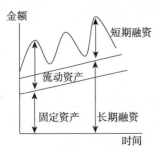

图 3-6　配合型营运资本战略

相对于风险厌恶的稳健型与风险偏好的激进型，配合型无疑是一种风险与收益均适中的营运资本战略。在这种战略中，临时性流动资产资金需求来自短期融资，而永久性流动资产与固定资产资金需求则由长期融资提供（如图 3-6 所示）。

从理论上看，风险与收益较为适中的配合型营运资本融资战略应该是比较适合多数企业的。但是在实际财务管理过程中，由于企业所处的行业特征、经营规模、资源状况以及对待风险与收益的态度等不同而出现较大差异，究竟采用何种战略，需要结合企业内外运行环境以及对融资涉及的成本与风险进行全面权衡。

事实上，营运资本战略——解决企业保持什么水平的流动资产投资和营运资本融资战略——解决企业如何进行流动资产融资这两方面是相互依赖的，应将二者结合起来进行考虑企业营运资本战略的选择。在其他条件都相同的情况下，采取稳健型融资战略从而维持较高水平流动资产的企业，应当能更成功的运用短期融资。

同时也反映出财务战略选择上对待融资成本与风险关系的不同态度。

（1）流动性与营利性的取舍。在企业的资产总额保持不变和一定的业务量范围内，企业在流动资产上的投资水平越高，意味着营运资本规模越大在流动负债保持相对稳定的前提下，营运资本将出现显著为正，企业偿还到期债务的能力就越强，陷入财务困境的可能性就越小。而从营利性的角度来看，企业流动资产所占比例越大意味着企业在流动资产上近于闲置的资金就越多。由于流动资产的盈利性低于固定资产等非流动资产，因而企业盈利能力也就越低。相反，企业营运资本规模越小，则企业盈利能力就越强，当然风险也就越大。由此确定一个既能维持企业正常生产经营活动，又能减少或不增加风险，同时给企业带来尽可能多利润的流动资产规模，要求企业对流动资产的流动性与营利性之间进行全面的权衡，并据以作出决策。

（2）成本与风险的权衡。从资本成本的角度来看，短期融资与长期融资由于所涉及的风险差异将导致不同的资本成本，一般情况下，短期融资成本低于长期融资成本。在企业的资产总额保持不变和一定的业务量范围内，随着流动负债占资产总额比例的提高，将使企业的盈利能力与风险同时提高。这是因为流动负债占资产总额的比例提高，意味着企业短期融资将可能多于长期融资，而短期借款、应付账款、应付票据以及其他应付款等短期融资成本远远低于长期融资的资本成本，从而导致企业综合资本成本水平下降，利润水平上升。假定企业流动资产水平不变，则企业营运资本水平将随着流动负债的增加而减少，营运资本水平的下降意味着流动资产通过短期融资的比例大，而短期融资的期限短，更可能产生不能按时偿还本金和利息的风险。同时，由于金融市场上短期利率的波动远远大于长期利率的波动，如果采用长期融资来筹集资金，企业使用资金的利息成本偏高，但若为短期融资，再融资的利息成本低但是按期还本付息压力加大，这种不确定性对于企业而言也意味着风险。由此企业对营运资本规模的选择，涉及企业对融资期限结构决策，决定了企业流动资产通过短期融资和长期融资的比例，实质是对融资成本与财务风险的权衡。

当然，这种战略差异除了战略决策的态度还决定于企业经营上的特征。

（1）行业特征对营运资本规模的影响。在一定的销售水平下，企业所处的行业特征、技术特点以及细分市场决定着企业营运资本的规模，例如，要完成相同的销售额，机械制造商比百货连锁店就需要更多的营运资本，那是因为行业特征的差异决定了机械制造商与百货连锁店相比，具有更多的应收账款与存货。

（2）销售状况对营运资本规模的影响。在一定的经济环境下，假定管理效率不变，销售增长将会引起营运资本的增加，这是因为随着销售增长，一方面直接造成了企业应收账款的增加；另一方面会自发要求提高存货水平以保持较高的销售水平。也就是说需要更多的存货、应收账款以及应付账款支持增加的销售额。当销售增长表现为明显超常时，企业将可能面临着流动性问题，如果管理者控制有效，降低营运资本的需求，则问题可以得以缓解。实际上为能把经营循环资金需求压缩到一定程度，企业已经逐渐对建立营运资本规模目标予以一定的关注。

（3）管理效率对营运资本规模的影响。同一行业中不同的营运资本规模与销售额之比可能不同，尽管可能面临相同的约束条件。对于那些存货、应收以及应付账款管理高效率的企业来说，由于其资产周转率高，支持销售增长所需流动资产的投资规模显然要低于一般水平。而存货或应收账款管理水平较差的企业，由于资金使用效率低下使得其营运资本规模与销售额之比就会高于同行业的平均水平。

3.4.3 零或负营运资本战略

营运资金为负，对大多数工商企业来说表示企业的长期性资产占用资金过多，没有长期资金来源保证，缺少的部分来自流动负债，企业长期资金失衡。这样一来，企业的生产经营资金被长期性资产长期占用，生产经营资金不足，企业的流动资产不足以补偿流动负债，企业将面临资金支付困难。对于某些零售商业企业，营运资金为负不算异常。因为商业企业的存货周转较快，先销售后付款的现象很普遍，正常情况下企业的日常经营活动提供一定量的资金可以用作长期投资。因此，营运资本为正说明企业资金来源保证了企业资金运用的需求；企业营运资金虽然为正，但低于营运过程对资金的需求说明企业营运过程中所需的部分资金，仍然没有稳定的资金来源保证，同样会带来日常生产经营的资金困难。

零营运资本策略表明占用在流动资产上的资金全部由流动负债融资；如果流动资产大于流动负债，营运资本为正值，则与此相对应的"净营运资本"要以长期负债或所有者权益的一定份额为其资金来源，反之若营运资本为负，说明企业将流动负债投资到长期资产中，一般而言财务风险较高。

应该说，高营运资本或2倍的流动比率要求，只是在形式上通过较多的流动资产构筑财务风险防火墙，其实质上的偿债能力完全取决于现金储备、流动资产质量、资金周转速度以及流动负债的债务弹性等。传统的、整齐划一的流动性比率要求还屏蔽了公司通过加速资金周转、调整资产结构、优化短期融资方式以获取额外财务收益的可能性。但是这些年以来，不少国内外公司都奉行"零营运资本"财务策略就是这种财务创新的体现。很显然"零营运资本"并非不顾风险去获取财务收益，而是通过提高运营质量、资金周转速度以达到既抵御风险又改善效率的双重效果。

净营运资本为负数表明公司占用供应商的资金超过公司在存货和应收账款上被客户占用的资金，也就是善于利用供应商在货款结算上的商业信用政策，用别人的钱经营自己的经营业务。当然这种财务数据易隐含高风险，比如很容易招供应商挤兑。针对"负净营运资本"的潜在财务风险，必须构造多重风险防范举措和必要财务安排，比如较低的银行有息负债率、数额充足的现金储备、流动负债比例较高但长期负债比例较低。高比率的应付款必须有一些高现金储备和低有息负债来组合、匹配。

3.5 企业再投资能力

3.5.1 企业投资与增长速度的两面性

越来越多的学者指出，企业投资扩张的最大极限是由企业为扩张储备的现有管理能力与其资金供给能力所决定。投资扩张需要的管理依赖于企业管理体系的扩张性和复制性、投资项目本身性质、特点、市场环境、业务创新与传承等。企业的内部资源制约着企业的成长速度；若要保持效率，企业不可能仅通过以快速招募的方式实现企业无限快速的增长；最优的增长速度是能够使效率最大化的速度。在理论上，企业投资扩张增长存在一个极限速度（也称为可持续增长率），超过这个极限速度的增长为超速增长。Robert C. Higgins 早在 1977 年就指出"快速的投资增长可能导致企业的资源变得相当紧张，除非管理层意识到这一结果并且能够采取积极的措施加以控制，否则快速增长可能导致企业破产"。

如果借用现代财务理论，将公司的价值分解为现存资产的价值和增长价值，并通过实证研究发现，合理的增长率是可以为企业带来资产现金流的增长率，即使企业增长波动性很大，合理增长率也会给企业带来更多的增长价值，从而会让企业保持持久的增长性；而超过合理增长率的增长（即超速增长）不但不会增加企业价值，而且会导致企业陷入财务危机，从而毁损企业价值。有学者指出，企业投资决策一直把企业业绩与股东价值及盈余（或销售）的增长联系起来，要求经理们在一段时期内最大化销售增长和盈余增长，这种观点是基于增长与股东价值同步增长假设之上；但实证结果显示尽管企业盈利能力指标通常会随着盈余或销售增长而增长，但如果增长超出了最佳增长点的限度而继续增长，不仅股东价值会降低，也会对企业盈利能力造成负面影响，即增长的最大化并不能最大化公司盈利或股东价值。相反地，拥有稳健的销售或盈余增长率的企业却能获得高回报率，为股东创造价值。从长远角度来看，一个企业非理性的增长，如果仅是为了让不可预期的市场达到满意而不惜牺牲企业自身的价值，那么必然会使企业陷入困境，也必然会导致企业整体价值的毁损；如果一个企业的预期增长率超出了行业增长率，如果不能很好地解释怎样和为什么可以达到这种"超常业绩"，这种增长就注定要失败。

企业在某一时期，其财务资源是有限的，企业增长必须充分考虑并合理解决企业资产结构与资本结构的有机协调、盈利性与流动性的有机协调等财务问题。从盈利性看，基于流动资产与固定资产盈利能力上的差别，以及短期资金与长期资金筹资成本上的差别，净营运资本越多，意味着资本成本较高的长期资金占有更大的份额，而这些高成本的长期资金运用到盈利能力较低的流动资产上，必然使企业整体的盈利水平相应地降低。从风险性看，企业的净营运资本越多，意味着流动资产与流动负债之间的差额越大，则陷入技术性无力清偿的可能性也就越小。因此，资产结构管理的目的在于确定一个既能维持企业的正常生产经营活动，又能在减少或不增加风险的前提下，给企业带来尽可能多利润的流动资金水平。由于预期现金流动频率与数量很难与债务的到期频率与数量保持协调一致，这就要求债务结构管理应把重点放在债务期限结构管理问题上，即在允许现金流波动的前提下，在债务期限结构上应保持多大的安全边际。长期与短期负债的盈利能力与风险各不相同，就需要对其盈利能力与风险进行权衡，以确定出既能使风险最小又能使企业盈利能力最大化的债务结构。所以资产结构与资本结构的内在平衡以及相互之间的协调是决定企业增长速度与程度的内在因素，即企业增长的内在决定边界。由于实物资产的整体性和时间约束性，超速增长会使企业有限的财务资源被冻结，从而使企业资金周转产生困难，并因此而形成了十分严峻的资产盈利性与流动性矛盾。同时，由于实物资产的互斥性，使企业在资产结构与资本结构、营利性与流动性的相互矛盾中陷入难于自拔的财务困境。

3.5.2 关于企业再投资增长能力的现有理论模型

针对以现金形式进行的长期股权性投资来讲，核心的一点就是企业的现金能力，也就是说企业能拿出多少现金进行长期投资。这种现金能力来源于三个方面：利润积累、负债融资和股权融资。作为一个现存的持续经营的企业来讲，利润的创造和积累是投资资金来源的基本形式，而负债融资是在企业现金不足的情况下，利用企业在一定财务政策下的融资能力进行投资资金来源的补充形式。对于股权融资，虽然和负债融资一样，也是对企业资金的一种补充，但这种补充由于增加了企业的净资产会对企业的现有财务状况产生根本性影响，已经改变了对企业现有财务现状的分析基础。

如果从报表视角，企业的战略投资能力可以基本划分为从损益、现金流量、资产负债三个方面进行的投资能力相关分析。

1. 从损益角度分析企业长期投资能力

从损益角度的分析方法，主要一个理论就是企业融资与企业成长（其成长体现为销售收入的增长）的关系理论。其核心结论主要体现为由希金斯教授等提出的内部增长率和可持续增长率两个指标的对比关系，得出企业的利润积累、融资政策与企业成长的关系。这种关系存在五大假设前提：① 目前的资本结构、股利分配率、销售净利率、资产周转率是合理并将持续维持；② 不打算发行新股，增加债务是唯一的外部资金来源。

（1）内部增长率

所谓内部增长率（Internal Growth Rate），是指在公司完全不对外融资的情况下其预测增长率的最高水平。由于公司的成长必须伴随着额外资金的注入，因此从内部增长率可以知道仅利用"留存收益"来支付所需增加的资产时，公司最多能有多大的成长空间。从前面的图形看，内部增长率也就是"预测资产增量"与"预测留存收益增量"两条线的交点。不过在数学上，我们可以用下列公式计算出内部增长率：

$$\text{内部增长率} = \frac{ROA \cdot b}{1 - ROA \cdot b}$$

其中，ROA 为资产报酬率，b 为留存收益比率=1–股利发放率。

已知金玉公司2016年年末总资产1 000万元，股东权益450万元，资产负债率为55%，当年销售额2 000万元，净利率5%，股利发放率50%，预测公司下年度销售额将增长20%，并假设公司的流动负债不会随销售额变动而产生自发性的变动。由以上公式，我们可以很容易地计算出前例金玉公司的内部增长率：

$$\text{内部增长率} = \frac{\frac{2\,000 \times 5\%}{1\,000} \times (1 - 50\%)}{1 - \frac{2\,000 \times 5\%}{1\,000} \times (1 - 50\%)} = 5.26\%$$

因此，2016年金玉公司的内部增长率约为5.26%，表示其在不对外融资的情况下仍可以享有5.26%的增长率。

（2）可持续增长率

所谓可持续增长率（Sustainable Growth Rate）指的是在公司维持固定的资产负债率的前提下，不对外发行新股融资时其增长率的最高值。进一步而言，维持增长率考量的是在限制新股发行数量的条件下，求算销售额成长的极限值。这意味着每一个设定的股东权益值都会对应一个维持增长率。

例如，假设A公司目前设定的理想资产负债率为60%，若目前的总股东权益有400万元、总负债有500万元，则维持增长率在控制总股东权益不变的情况下，增加总负债到600万元时（使资产负债率维持60%）可使公司享有的最大增长率；同样的，若目前总股东权益为600万元，则维持增长率在"相同限制"下，增加负债到900万元时可使公司享有最大增长率。

但为何要限制新股的发行数量呢（即为何不发行新股融资）？通常公司为维持最佳资本结构的相对融资比例、了解运用财务杠杆的剩余空间即新股的发行成本较高等原因，不太愿意采用股票融资。因此，维持增长率可告知管理者在采用股票融资之前，公司还存在多少成长空间。

维持增长率可通过公式计算得到。此公式与内部增长率公式相似，只是将其中 ROA 换成了股东权益报酬率（ROE）。其公式如下：

$$\text{可持续增长率} = \frac{ROE \cdot b}{1 - ROE \cdot b}$$

其中，ROE 为股东权益报酬率；b 为留存收益比率 = 1 – 股利发放率。

这样公司的内部增长率为：

$$\text{可持续增长率} = \frac{\frac{2\,000 \times 5\%}{450} \times (1 - 50\%)}{1 - \frac{2\,000 \times 5\%}{450} \times (1 - 50\%)} = 12.5\%$$

因此，金玉公司可以在不向外发行新股的情况下，达到12.5%的维持增长率。这表示在控制资本结构的条件下，公司使用财务杠杆扩充所能够达到的最大增长率。

最后以图3-7来说明内部及维持两种增长率的关系。

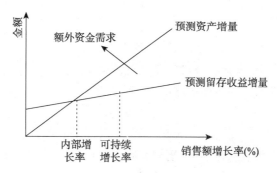

图 3-7 企业可持续增长率关系图

在图 3-7 中,当公司不使用任何外部资金时,其成长空间较小,如图 3-7 左边的内部增长率;而当公司"有条件"引入负债资金时,其受限的增长率较完全不使用任何外部资金的内部增长率为大,称为维持增长率。

在介绍过内部增长率和维持增长率之后,从上述两个增长率的公式可以发现 b 值越高(提高盈余保留率,减少股利发放)、ROA 或 ROE 越高时,增长率越大;而杜邦分析体系:ROE =销售利润率×总资产周转率×权益乘数,说明了提高销售利润率、总资产周转率或扩大权益乘数都可以提高 ROE;而管理者可以通过影响这些指标的财务政策(如举债融资的适度使用)的运用来达到公司持续成长的目的。管理者也需要选择企业成长方式(选择内部成长、维持成长或是"超常成长"即用新股融资也在所不惜,如图 3-7 中维持增长率右方的部分)后,应仔细审视目前的财务政策是否已作适当的调整,才能对症下药,使公司早日实现所设定的成长目标。

外部融资与企业成长如图 3-8 所示。

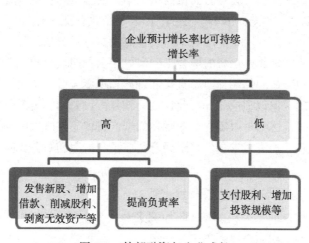

图 3-8 外部融资与企业成长

这种理论分析从 ROE 和 ROA 两个盈利指标的约束出发,结合目标资本结构,计算出企业对可动用资金的极限额,提出了企业盈利能力与负债能力的解析关系。其缺陷在于没有说明如何确定一个合理的资本结构即资产负债率的最佳或极限目标值,同时从净利润的增长来分析企业的增长率所需现金,与企业实际的自由或可用现金流存在较大差异,在实际应用中会出现较大偏差。

2. 从现金流量角度分析企业长期投资能力

从现金流量角度的分析方法，主要理论就是资产增长策略，建立了企业自由现金流与企业增长之间的解析关系。其主要的结论性公式如下：

$$FCF = (EBIT - I)(1 - T)(1 - DPO\%)(1 + G)(1 + D/E) - NA \times G$$

即自由现金流量=（息税前利润–利息）×（1–所得税税率）×（1–股息支付率）×（1+收入增长率）×（1+财务杠杆率）–净资产×收入增长率

本式的假设前提：①公司资产负债率和股利分配率保持不变；②税前利润、流动资产、流动负债、长期资产随销售额同比例变动；③ 折旧全部用于固定资产再投资。

例如：某公司预计年度 $EBIT$ 为 1 000 万元，其中利息 300 万元，所得税率 20%，股利分配率 50%，长期负债与净资产均为 2 000 万元和 1 000 万元。根据这些资料，得到以下等式：

$$FCF = (1000 - 300) \times 80\% \times 50\% \times (1 + G) \times (1 + 2) - 3\,000G = 840 - 3\,840G$$

含义：在任何给定的 G 的情况下的 FCF。

假设，令 FCF 等于零，$G = 840 \div 3840 = 0.22$

即 FCF 与增长率 G 之间是线性负相关关系。

（资料来源：Colley & Doyle. Corporate Strategy. 吴晓波，译. 北京：中国财政经济出版社，第九章.）

在公式中，现金流量与企业收入增长率之间形成了一个函数关系，可以来计算在给定增长率的情况下的现金流量期望值。从而对企业在权衡增长与现金流量的关系决策上，提供了一个数量模型基础。在这个公式中可以得出自由现金流量的增减与增长率呈负相关，如果市场条件达不到现金流量为零时的最高增长率，或者企业管理层选择了比最高增长率低的增长速度，最终的净现金流量将为正值，即表明企业有富余的现金可供用于长期投资。通过这个理论方法，可以利用企业增长率与现金流量的解析关系，帮助企业管理层在权衡业务增长与投资扩张时，通过二者的取舍来确定可用于长期投资的资金量。该理论克服了通过净利润来判断现金流的弊端，而是直接通过计算现金流量与企业增长率的关系，得出企业可用的资金空间。但该理论的分析前提之一就是假设公司的资产负债率不变，和上一个理论一样，其分析范围都是限定在企业现在的资产负债率或既定的资产负债率之内，而没有针对企业的增长或投资需求提供一个融合企业盈利能力和财务风险管理的资本结构管控方法。

3. 从资产负债角度分析企业长期投资能力

从长期投资对资金的需求和财务风险控制来看，企业进行长期投资所用的资金必须是长期资金，使用短期负债融资或占用正常营运资金，如短贷长投，一般都认为会给企业带来巨大的财务风险。基本上是从资产负债率的总体管控和长期资产与长期负债的比例关系进行分析，但单纯地从资产负债表中指标管控，不结合企业的损益、现金流量等要素，很难得出有效的、理性的分析结果。

综上所述，企业长期投资能力与公司的盈利能力、风险程度和现金流量状况不可分离分析。

3.6 企业战略、预算与绩效目标

3.6.1 企业预算是战略的表达

近年来"战略"一词被学界广泛研究,被业界大量使用。对"战略"的表述在思维角度、语言风格上各异,综合各种观点,可以将公司战略这一概念概括为以下几方面:①在空间上,战略是对企业全局的总体谋划;②在时间上,战略是对企业未来的长期谋划;③在依据上,战略是在对企业外部环境和内部环境深入分析和准确判断的基础上形成的;④在重要程度上,战略对企业具有决定性的作用;⑤战略的本质在于创造和变革,在于创造和维持企业的竞争优势。从竞争战略大师波特的观点来看,战略的实质是企业所选择的、可以使其成为卓越组织的特定活动,战略差异在于所选择的活动内容和从事这些活动的方式。战略就是企业未来定位是什么,该做什么、不该做什么,为什么,什么时间或按何种节奏做,投资多少去做,具体的行动方案是什么,收入将会是多少,从而形成了企业一整套关键的经营模式、价值愿景、资源配置方案和财务运行机理。公司战略管理的任务就是要通过战略来明确未来的价值目标、统一管理思想,这样也就只有在预算定量化的指标体系下才能完成,而且每个公司的基本目标均可定义为公司价值最大化,但不同公司因其所处行业、规模、资源条件、竞争能力的差异必然选择不同的具体战略。

预算是以财务数字为主要表达形式,企业为实现长期规划而对未来经营年度的生产经营活动及其目标做出的预期安排。预算管理则是利用预算这一手段对企业经营的各个环节和企业管理的各个部门进行管理控制,以及对企业各种财务及非财务资源进行配置的一系列活动。预算管理系统作为一个闭环管理系统,唯有前承战略规划、后启薪酬考评方能更好地发挥作用。预算目标体系作为预算管理系统的起点和战略规划有着直接的联系,如图 3-9 所示。

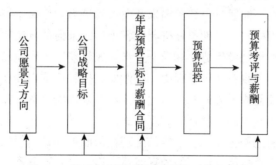

图 3-9 战略与预算目标、预算系统的链接

财务管理强调预算管理与战略管理必然联系和内在逻辑,首先是因为预算目标应该体现企业战略目标,公司战略决定预算目标,预算目标是对公司战略重点与管理方针的基本描述。从这个角度来说预算目标应该具有整体性、长期性和相对稳定性的特征,没有战略意识的预算不可能增强企业竞争优势。其次是预算的战略性,还应该体现不同类型企业的战略重点的差异。战略的不同导致企业的发展思路与方针的差异,所以不同企业和同一企业的不同时间预算管理的目标与重点绝对应该不一样,预算目标、指标选择必须适应和体

现这种变化。再次预算管理的战略性体现于它沟通了企业战略与经营活动的关系，使企业的战略意图得以具体贯彻，长短期预算计划得以衔接。一般来说，企业战略是企业长期经营的总括方针，应该体现在年度预算和业绩合同中，而预算作为一种行动的安排，使日常的经营活动和企业的战略部署得以沟通，形成了具有良好循环的预算系统。最后预算管理是公司战略实施的保障与支持系统。战略虽然明确了未来的具体目标，但只有在预算定量化的指标体系下才能完成。

预算对于战略实施的重要性在于：①它是配置资源的基础；②它是监测业务运行过程，使其向现实的战略目标推进的工具；③它是进行业绩评价的基本标杆。

由此我们认为没有预算支撑的公司战略是不具备可操作性的、空洞的公司战略；而没有战略引导为基础的公司预算，是没有目标的预算，也就难以提升公司竞争能力和公司价值。

3.6.2 传统财务预算与企业战略的脱节

在现行企业的预算编制起点的设计和使用中，基本上都是一些单一化目标的预算目标体系，如①以成本为起点的预算编制体系，也称为成本导向型；② 以销售为起点的预算编制体系，也称为规模导向型；③ 以以收抵支、现金流量为起点的预算编制体系，也称为现金导向型；④ 以资本预算为起点的预算编制体系，也称为资本导向型；⑤以目标利润为起点的预算编制体系，也称为利润导向型。

以上各种预算起点和导向型的模式，主要以企业或产品生命周期为分析基础：①在企业初创期或重大战略调整期适用于以资本预算为起点的预算模式。在这初创阶段企业面对新市场进入或新产品开发，一方面欲通过资本投入实现规模扩张战略；但另一方面它又必然面临着来自两方面的较大风险：一是大量资本支出与现金流出，使企业净现金流量为绝对负数；二是新产品开发的成败及未来现金流量的大小具有较大的不确定性，投资风险大。企业此时的战略管理重点理应围绕资本支出及其管理。②企业步入成长期时，战略重点往往不在财务而在营销上，即通过市场营销来开发市场潜力和提高市场占有率。因此采用以销售为核心的预算管理模式，借助预算机制与管理形式来促进营销扩张战略的全面落实，以取得企业可持续的市场规模优势。③当企业步入成熟期后，规模已经形成，追求最大化收益成为主要的目标。在收益实现过程中，企业要么把管理重心放在成本优势的获取上，要么会全面关注企业经营的方方面面，由此有选择地采用以成本预算为起点、以目标利润为起点和以现金流量为起点的三种预算管理模式。

尽管这些财务预算编制体系也有一定的合理性与制度功效，但以上各种预算起点构架下预算指标体系并非完整战略导向下的预算体系。换言之，财务预算对战略的理解存在偏差、不够周全，并没有太大战略意义。因为事实上对于大多数集团公司或多元化经营企业而言，企业生命周期的特征并不突出，而是处于不同生命周期的分部或产品在空间上同时并存，在时间上相互继起，因此企业的具体战略任务也是多元的。企业的基本目标的核心还是基于公司（股东）价值最大化，但战略是多元的，难以直接或简单归结为单一的目标销售、目标成本、目标利润、现金流量指标等作为预算编制的核心和唯一起点。

比如目标利润是企业财务预算的核心和主要起点，成为众多企业的现实选择。但是在公司的业绩衡量中，净利润和净资产收益率（ROE）通常被用作最主要的基准，一方面通过分析可知，ROE 的增长可以来自三个因素的提高：毛利率、资产周转率以及权益乘数。较高的毛利率和周转率意味着增长部分来自于公司经营的真正改善，这都有利于公司价值的提高。但另一方面财务杠杆率的提高同样可以带来 ROE 的增加。假设用债务融资所得款项进行投资，只要其投资报酬率高于借款利率，ROE 必然会随着杠杆率的提高而增大。实际上过高的财务杠杆易使财务风险增大，最终毁损公司价值。这种顾此失彼的目标和指标导向是财务预算起点的弊端。

另外，财务预算目标体系只强调的结果关注，对过程的监控力度不够。预算目标将导致在企业预算内容体系中的经营预算、资本预算、财务预算三个方面难以协调，以某一指标为龙头，其他指标配合该指标进行。这会造成预算执行层在保证核心目标和单一基本指标实现的同时，对其他指标和报表结构有较大的调整和操控空间，预算决策机构对预算执行的控制力不够强和无法对预算执行单位进行过程监控尤其是平衡管理，更没有办法纠正执行层进行盈余管理和以牺牲公司长远利益来保障该单一预算目标指标的行为。

3.6.3 战略管理与财务三维度

1. 财务战略平衡管理

企业如何形成有效的能够创造价值的战略？如果一个战略具有直接的价值创造能力，那么在其构造过程中形成的关于竞争优势动因的看法就必须能够转化为财务上的价值驱动因素。事实上，有效战略的形成前提是对公司价值财务驱动因素的综合关注。

采用拉帕波特（1986）的自由现金流量贴现模型阐述公司价值的数量表示。该模型作为战略分析的重要工具，虽然无法用来评估历史绩效，但可以将远期的预测绩效转换成一个简单的结果，可以评估整个公司或业务单元的战略、机会和价值。模型的表述为[1]：

公司价值＝预测期内的 FCF 现值＋终值

预测期内每年经营现金流＝上年销售收入×（1＋销售增长率）×营业毛利率×（1－现金所得税税率）－固定资产及营运资本投资增加额

营业毛利率＝息税前营业利润/销售收入

固定资产投资增加率＝（资本支出－折旧费用）/销售收入增加额

终值＝预测期结束后下一年的现金流/加权平均资本成本

如假设预测期结束后扩张型投资仍然能带来超过资本成本的收益率，且税后营业利润的预期永续增长率为 g，则终值公式转化为[2]：

$$终值 = \frac{预测期结束后下一年的息前税后净营业利润 \times (1-再投资率)}{加权平均资本成本 - g}$$

再投资率（每年固定资产及营运资本投资增加额占息前税后净营业利润的比例）＝ g/新投资净额的预期收益率

上述模型很清晰彰显了公司价值模型是由增长、盈利、风险的三维度。其中，增长维度类主要决定于销售收入增长率、固定资产投资增加率、营运资本投资增加率、再投资率。

---

[1] 阿尔弗洛德·拉帕波特. 创造股东价值. 昆明：云南人民出版社，2002：3-37.
[2] 科普兰，科勒，默林. 价值评估. 北京：电子工业出版社，2002：106-109，215-217.

盈利维度主要决定于营业毛利率、新投资净额的预期收益率、息税前利润现金税率。风险维度主要取决加权平均资本成本和公司价值成长期限。由此，有效战略的形成前提是对公司增长、盈利、风险三维的动态平衡度的必要关注。价值管理（VBM）任务有必要进行重新定位：利润不应是制定战略所关注的唯一核心，只有完成对增长、盈利、风险的三重管理任务，公司才能走得更稳更远，价值目标才能直接得以保证。从设计公司战略和财务规划来说，财务的收益与风险的考虑必须立足在必要的规模持续增长前提之上。这种三维的战略目标并非是对利润重要性的彻底颠覆，而是站在一个多维、立体角度使战略目标更加具体和完善。

　　与此相对应，公司战略和财务规划就相应产生了三层任务：管理增长、追求盈利和控制风险。管理增长是从战略的角度规划企业的增长速度，既要确保必须的战略增长速度，又要防范超速发展引发的"速度陷阱"，保持公司速度与耐力的平衡；追求盈利是立足股东，确保公司运营、规模增长对股东盈利的持续支撑；风险管理是从制度上保障企业的控制力，尤其是现金营运的安全有效。这三者关系不仅是公司理财金字塔形成的基石，也是战略发展和资源配置的核心，更为重要的是它还是价值管理的升华。

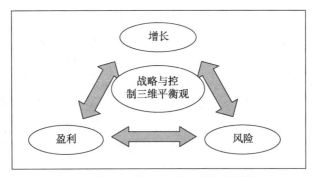

图3-10　战略三维度：战略平衡的新视角

2. 战略三维度的进一步诠释

（1）增长

　　增长的含义是指营业收入的扩张和总资产规模的增长，其中总资产的增长由新增固定资产支出和营运资本净增加拉动。增长的核心指标包括：销售收入增长率、资本性支出增长率、营运资本增长率、再投资率。

　　投资资产规模增长的目的是带动销售收入规模的长期增长，反过来，销售收入的增长可能会拉动资产投资规模的进一步增长。例如，当公司所参与竞争的行业发生变更时，需要前期进行战略性资本性支出，无论这种支出是资本化还是费用化，以债务资本还是以股权资本支撑，都会带来一定规模的资产增长。其实，总资产的增长是会计上的结果反映，而营业规模的扩张才是我们对增长的首要定义。传统经济模式下这两者的相关度可能很强，但在信息经济和网络经济模式下，规则可能有所改变，营业规模的快速增长可能并不必然伴随着大量资本性支出，即较低的资本投入和较少的有形资产用来支撑更大的营业规模。

（2）盈利

　　盈利能力类指标包括营业毛利率、新投资净额的预期收益率、税前投入资本收益率、税率。值得说明的是，首先，此处所指的盈利指标立足于权责发生制，重点考察企业内部资源利用效率的提升,关注投入产出与成本控制;其次,在盈利的计量方面,需关注绝对数值与相对数的交叉使用,进一步推进平衡管理。管理上单纯的绝对数和相对数各有利弊。只强调某个绝对数或相对数,都是片面的。

(3)风险

在风险这一维度上我们还是能够得出以下几个结论的:其一,系统性风险对公司整体风险水平有重大影响;其二,融资结构,尤其是资本结构的异化会放大公司风险;其三,从战略控制的角度产业市场而非资本市场与公司可控的管理风险更为相关。因此,主张通过制度风险、信息风险、业绩风险、财务风险等寻找刻画风险的指标。

3.6.4 战略三维管理地图

本书采用战略地图的方式描述如何将战略三维度理论应用于财务战略管理实践(如图 3-11 所示)。

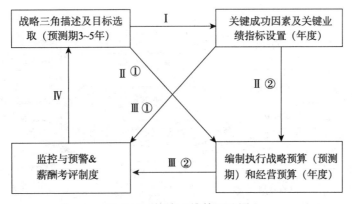

图 3-11 战略三维管理地图

Ⅰ 通过对增长、盈利、风险的平衡关注,在企业价值和战略之间建立清晰的逻辑联系。我们认为增长、盈利、风险是最基本的价值驱动因素。具体应用时可根据企业具体参与竞争的外部与内部环境在战略三角目标指标库当中选择目标。在目标选取完成之后,将谋求围绕包括增长、盈利、风险控制在内的每一个顶点引申出一条因果关系链:通过前导性、过程性指标与结果性指标的结合,非财务指标与财务指标的结合,确定与战略顶点相对应的关键成功因素并设置关键业绩指标。

Ⅱ 以各顶点的财务目标作为战略预算的编制起点(Ⅱ①)和资源分配优先顺序的依据,由财务性关键业绩指标作为经营预算的编制起点(Ⅱ②),并最终完成预算的编制。由于战略三角与报表平衡器的紧密联系,在这一步即完成了"战略锁定报表"的链接(具体说明如图 3-11 所示)。

Ⅲ 在经营过程中强调过程管理,主要手段是基于管理报告体系的监控和预警体系。既要关注预算的执行情况与差异分析(Ⅲ②),又要关注预算当中无法体现的一些关键成功因素的执行情况(Ⅲ①)。在考评期间中止之后要结合关键成功因素(Ⅲ①)和预算(Ⅲ②)的完成情况来进行考评,不仅考核结果也要考核过程。同时考核的标杆确定要体现:

（1）区分经营绩效和管理绩效；（2）不能直接等同于战略目标或年度预算目标。毕竟，战略目标着眼于未来 3~5 年的规划发展；预算强调将长期战略短期化并为战略落实保驾护航；而考评的本义是调动员工的积极性。若过多地强调考评标杆必须直接等同于预算目标，有可能导致诸如讨价还价、预算余宽等预算行为问题。

Ⅳ通过评价和薪酬力求战略落地，完成闭环管理的最后一节。

3.6.5　基于公司战略的预算目标体系模型

基于公司战略的预算目标体系模型如图 3-12 所示。

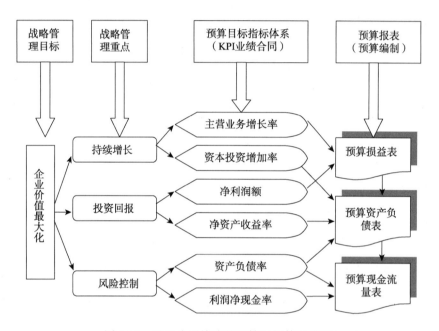

图 3-12　基于公司战略的预算目标体系模型

上述模型的设计思想包括如下内容。

（1）公司战略取向从来都不可能是一维的，一向是多元化的，兼容并蓄。企业价值管理强调，增加利润不应是战略管理任务目标的唯一重心，只有完成"规模增长""投资回报""风险控制"三重任务，公司才能走得更稳、更远。立足公司战略和财务规划来说，收益与风险的考虑必须立足在必要的"规模持续增长"前提之上，而且从战略的角度规划企业的增长速度应该是基于核心竞争力、持续性和稳定性的增长。"投资回报"不仅强调获取利润是公司价值的基础，也突出了投入产出的关系要求。"风险管理"是从制度上保障企业对经营过程和财务风险的控制力，并确保现金营运的安全有效。因此战略管理对应的预算目标体系应该是多元的而非一元的。这种三维的战略目标并非是对"利润"重要性的彻底颠覆，而是站在一个多维、立体角度使战略目标更加具体和完善。

图 3-12 所列出的多元化预算目标指标体系并非不可调整的，随着不同阶段企业战略重点项目、产品、具体竞争策略选择不同，对关键指标的具体关注重点也会有所不同，甚至

在某些指标上可以做一些替换，本书强调的是预算目标应该是必须按照增长、回报和风险控制这三个维度来设计和选择一个多元化的、联动的、风险与收益制衡的预算指标体系，任何一个维度不能被忽视。

（2）预算目标指标体现、落实于关键业绩指标（KPI）。KPI是对公司战略目标的分解，并随公司战略重点的演化而被修正，它是能有效反应关键业绩驱动因素的变化的衡量参数。KPI是对关键价值驱动因素和重点经营行动的反映，而不是对所有操作过程的反映。通过KPI能使高层领导清晰了解对企业价值最关键的经营操作的情况，能使管理者能及时诊断经营中的问题并采取行动，能有力推动企业战略的执行，能为业绩管理和上下级的交流沟通提供一个客观基础，能使经营管理者集中精力于对业绩有最大驱动力的主要方面。

（3）三维价值取向引导KPI的选择和业绩合同基数。各企业具体KPI预算指标的确定一方面必须体现战略导向下的预算管理模式特征，体现稳定的战略导向：对持续增长、回报和风险控制的共同关注。另一方面在利用KPI进行预算目标规划时，要选取在逻辑上符合KPI原理，但同时也与预算具体编制相对接的指标体系，同时确定考核的标杆值，以便过程监控与考核。从理论上讲，KPI体系选定及标杆取值确定要遵循SMART原则，即明确可行的、可以计量的、可以达成的、与责任相关的与有明确的时间限制。

（4）关注绝对数值与相对数的交叉使用，进一步推进平衡管理。从数学原理可知，管理上单纯的绝对数和相对数各有利弊。只强调某个绝对数或相对数，都是片面的。比如，只强调回报中的相对数，经营者也许会通过减少净资产总规模或消极对待净资产增长的方式来运作从而保证ROE的实现，可能会导致这样一种情况：即经营者不愿意接受预算决策机构配置置的必要资源，因为仅仅通过成就可以实现预算目标的时候，没有必要增加自身的资源从而增大业绩压力和预算责任。

（5）三维设计与KPI指标体系能够构架和锁定预计损益表、资产负债表、现金流量表的基本状态，可以方便地直接作为经营预算、资本预算、财务预算的编制依据。换句话说，作为预算编制基础所选取的KPI指标也必须能够规划出预计的三张财务报表。其原理是当我们确定了主营业务增长率和净利润总额时，损益表中最上一项与最下一项已经确定，可以作为经营预算的编制依据。下达这两个预算目标已经意味着预算决策层可以大致掌控预算单位的竞争策略选择：如销售市场定位、产品差异化策略或成本领先优势等，并且促使该预算执行单位自行挖潜，降低综合成本费用率；同时该单位预算调整的空间被限制在损益表中间的成本费用项目的结构性调整上。当预算委员会认为在产品成长期该预算执行单位应该建立技术领先优势，培养客户忠诚度以创造行业进入壁垒时，可以采用一方面加大对主营业务增长率的考察；另一方面相对较低对净利润的要求，给预算执行单位留下更大的广告费、研发费等支出空间，以此形成应有的商业模式和盈利模式。再看预算资产负债表，当ROE和净利润总额同时确定的情况下，考虑到当期资本投资预算，如给定期初净资产，则可得到报表中的预计期末净资产。另外结合目标体系中对资产负债率管理要求，则预计的期末资产总额和负债总额也能够便利求出。最后是现金流量表，通过目标利润净现金率可以由预计净利润直接导出预计营业现金净流量，而这正是现金流量表中最为重要的一部分。由投资活动和筹资活动所引起的现金流量可以结合资本预算和资产负债率来完成测算。三张预计财务报表的完成意味着预算编制的基本结束。

（6）便于预算管理与预算调整。在图 3-12 中，可以把预算执行过程中的调整与追加区分为以下两种情况：其一，只调整预算报表中的预算数据，不得调整 KPI 指标业绩合同的情况；其二，同时调整预算报表数据和 KPI 业绩合同基数的情况。这两种情况对公司战略的影响程度是不同的，前者不会影响战略实现，是"表内"消化与结构调整，可以适度下放这类预算调整审批权限；而后者则是对战略安排的重新调整，这类预算调整审批必须集权。

综上所述，基于公司战略的预算模型能使预算目标直接体现竞争战略的差异性，三维度因素整合设计能使预算重点直接连接企业竞争优势及核心竞争能力。它特别适合那些集权型公司，或迫切需要增强总部控制力以统筹安排公司资源、强调平衡管理的企业关注事前规划、过程监控和结果考评一致。

本章小结

本章主要分析了财务战略中的投资战略和筹资战略，介绍了多种具体的投资战略决策分析方法和筹资战略决策分析方法，说明了财务战略的基本属性、企业盈利模式与投资战略的互动关系。本章特别阐明了企业轻资产模式的财务战略特征包括企业设备厂房占用比较低、生产以 OEM 的方式为主、主要靠内源性融资为主、企业的现金储备一般比较多，企业都不愿意采用现金分红的股利政策等。本章还提出了净营运资本，也可称为"营运资本需求"，它是指生产经营上存货、应收账款等流动资产占用所需资金，以应付账款等业务信用资金来源满足之后，仍然不足而需要企业另行筹集的那部分现金需求，由此强调营运资本概念的战略内涵。财务管理强调预算管理与战略管理必然联系和内在逻辑，是因为预算目标应该体现企业战略目标，公司战略决定预算目标，预算目标是对公司战略重点与管理方针的基本描述。本书强调的是预算目标应该是必须按照增长、回报和风险控制这三个维度来设计和选择一个多元化的、联动的、风险与收益制衡的预算指标体系，任何一个维度都不能被忽视。

思考题：

1. 财务管理的战略含义与特征有哪些？
2. 你是如何理解企业盈利模式与投资战略的互动关系？
3. 为什么说其实企业盈利模式是由企业现金流结构驱动的？
4. 相比而言，轻资产模式与重资产模式表现在财务结构有哪些基本差异？
5. 如何制定营运资本战略，实现企业供应链管理的高收益与低风险？
6. "企业必须按照管理增长、提升回报和控制风险这三维度来设计和选择一个多元化的、联动的、风险与收益制衡的预算管理指标体系"。这项要求的财务含义与实现路径是什么？

本章案例：

万达"轻资产"转型缓慢

万达集团分为地产、文化、金融三大业务板块。从业务模式上看，无论是文化集团的影业、旅游、体育、儿童娱乐，还是金融集团的网络金融保险，都是依托万达商业发展起来的。从万达商业刚刚发布的2015年报来看，收入1 242亿元，比2014年增长15.14%；归属于母公司股东净利润299.7亿元，同比增长20.66%，确实是一份不错的成绩单。

但仔细分析其增长结构，就会发现另一个故事。万达商业虽有三大业务板块，但其主要收入是由物业销售板块提供的。物业销售虽然增长强劲，库存却不降反增。物业销售为万达商业贡献了82.5%的收入，2015年总合同销售面积约为1 672万平方米，比2014年增加13.1%；总合同销售额约为人民币1 640亿元，比2014年增加2.5%。但这极可能得益于地产行业回暖，而非公司自身的销售调整。按照克而瑞联合中国房地产测评中心发布的《中国房地产企业销售TOP100排行榜》，2014年万达商业销售金额1 501亿元人民币排名第三，2015年销售金额1 512.6亿元人民币，位列第四。

根据万达商业2015年业绩公告，物业存货非但没有减少，还出现15%的增长。万达商业解释说，这是由于房地产行业分化进一步加剧，三、四线城市增速缓慢而造成的。但万达商业土地储备以三线城市为主，未来销售压力将更为严重。

投资性物业租赁及物业管理业务，2015年收入仅为135.82亿元，占比10.9%；利润却高达254.49亿元人民币，占比45.1%，因为其中大部分利润来自于持有物业的价值重估。2015年，万达商业持有物业的估值比2014年高出了172.3亿元人民币。物业升值主要受房地产周期性波动影响，如果出现行业滑坡将会造成巨大亏损，尤其万达商业对于持有的商铺物业一直秉持只租不售的运营方式。

2015年，万达商业物业租赁出租率从2014年的99.32%下滑到2015年的96.37%，但这可能并不是因为行业周期影响所导致的。太古地产（01972.HK）、中粮地产（000031.SZ）等商业地产公司2015年的出租率都维持在99%左右，并没有出现如此高的下滑。

万达商业96.37%的出租率中，还有很大一部分来自其母公司旗下的文化集团贡献，比如，影视产业里的万达院线，儿童娱乐产业的"宝贝王"市内游乐，以及虽然日渐减少但是仍然大规模存在的万达百货和"大歌星"KTV。这些业态占地面积大，贡献了大部分的出租率以及出租额。

2014年年底，几乎在上市的同时，万达商业就提出了"轻资产"模式，并加大了海外物业投资的战略转型，但结果却不尽如人意。根据万达商业高管在2015年中期业绩发布会上的阐述，"轻资产"主要有两种方式：①与项目持有者合作：万达商业负责项目管理和运营管理，项目持有者负责土地和资金，最后，万达物业在扣完所有管理和运营支出之后，与项目方按3:7的比例分享净物业收入；②与金融平台合作：万达商业将5个购物中心打造成一个资产包，放在金融平台上募资，合作方进行项目投资，万达商业负责建设、运营、管理，最后以净物业收入和合作方分成。

事实上，虽然管理层在2015年中期发布会上明确表示"轻资产"模式将会并表到万达商业财报中去，但是在2015年全年的业绩公告上，除了"五指山百城万达嘉华酒店"类似"轻资产"模式外，万达商业所提出的两种合作模式均未在年报中看到相关项目。

万达与万科企业股份有限公司（000002.SZ，以下简称万科）达成的战略合作也迟迟难以推进，虽然万达商业方面一直以项目在进展为由不予回应，但是在万科的香港业绩发布会上，总裁郁亮表示，与万达的合作因为有个别商业条款没法达成一致，暂时放下，今后再找别的合作机会。

更为意外的是，今年1月16日王健林在万达年会发表万字演讲，阐明未来万达将重点放在轻资产之后，万达商业的股价就开始出现一路下跌，至2月中跌破32港元，创下历史最低点。直到发布私有化公告之后，才出现大幅反弹。

（资料来源：2016年4月25日《财经》"解谜万达商业私有化"。）

讨论题：

你如何评说万达的盈利模式转型缓慢。

第 4 章 公司财务治理

4.1 公司治理与财务治理

4.1.1 公司治理问题的产生

公司治理结构源于企业所有权与经营权的分离以及由此产生的代理关系问题。在企业发展历程中,当企业规模和经营范围不断扩大以至于所有者自己管理企业不再具有效率时,所有权与经营权的分离即两权分离就是一种必然的选择。

这种现代公司企业制度下的委托代理经营,一方面提高了企业运营效率,降低了总的社会交易成本,促进了经济发展和社会财富的增加;另一方面相对两权合一的企业来说,也产生了两者之间的代理问题。经营者的利益与所有者的利益并不完全一致,所有者的目标是利润最大化;经营者的目标则可能掺杂了各种自利因素,如追求个人利益与传奇价值。越来越复杂的经营和分工也在企业内部上下管理层级之间产生了委托代理关系。代理人可能为了自身利益最大化而从事损害投资者利益的行为,如增加不必要的在职消费、投资于不能给股东带来价值但是有利于建造自身企业帝国的投资项目等。这种所有者与经营者的代理问题带来了如何合理设计企业的权利配置与组织架构、使经营者能够以股东利益为导向进行有效决策的问题。

除此之外,与英美两国股权充分分散的特点不同,大多数发展中国家上市公司股权相对集中。对于这些国家和地区而言,代理问题并非主要表现为高管和股东之间的利益冲突,而是控股股东与中小股东之间的利益冲突。因为控股股东拥有对公司的控制权,他们可以以损害其他股东利益为代价,掠夺公司的资源牟取私利,即获取控制权私利(Private Benefits of Control)。由此产生了第二类代理问题(即委托人之间的代理问题),所谓第二类代理问题,是指公司的控股股东利用公司的控制权对中小股东进行利益侵占,或者控股股东联合高管一同对中小股东进行利益侵占的行为。控股股东侵占中小股东利益的方式可以有很多种,如利用关联交易、占用资金、关联担保、夺取投资机会等,这些行为被形象地称为"利益输送"(Tunneling)。

基于以上第一类和第二类代理问题,如何设计良好的权责对等的组织架构和权利配置、构建高效率的运作体系,在有效的监管约束的基础上公平合理地在企业各利益集团之间分配利益,同时管控利益背后随之而来的风险就成为公司治理研究的主要问题。

4.1.2 公司治理的含义

"治理"一词最早来源于拉丁语"gubernare",意思是"掌舵",即对轮船的操舵。因此,从字面含义上公司治理可以理解为"对公司的掌控"。对公司治理含义的确切表述,不同学者和组织给出了不同的定义。

(1)美国学者布莱尔(Blair,1995)将公司治理划分为狭义和广义两种。狭义的公司治理主要集中于股东所有权和管理者经营权分离而可能导致的管理者对股东利益的损害问题,因此狭义的公司治理就是公司股东为确保投资收益,在董事会决策中权利的安排方式。广义的公司治理则可以归纳为一种法律、文化和制度性安排的有机整合。公司不仅仅对股东而且要对更多的利益相关者的预期作出反应,包括经理、雇用、债权人、顾客、政府和社区等。这些多元的利益必须协调以实现公司长期的价值最大化。因此广义的公司治理被视为一种利益相关者价值观(Stakeholder-Value Perspective)。

从法学和经济学的角度分析,广义的公司治理包括两个层次:第一层次是外部治理,包括产品市场、资本市场和经理人市场对公司的影响。外部市场通过评价公司和经营者行为的优劣,激励和约束企业及经理人行为。显然外部治理可以理解为外部环境对公司治理的影响,是市场机制对公司内部的影响力和牵引力。第二层次是内部治理,即通常讲的法人治理结构,包括股东对公司内部组织结构的安排与权利配置。

(2)蒙克斯和米诺(Monks and Minow,1995,2001)认为公司治理是影响公司的方向和业绩表现的各类利益相关者之间的关系,主要利益相关者包括股东、高级经理人员、董事;其他利益相关者包括职工、顾客、供应商、债权人和社区公众等。公司治理的核心内容是主要利益相关者的权利、责任和影响,以及在决定公司的发展方向、战略、业绩表现时能做什么和应该做什么。

(3)按照OECD(经济合作与发展组织)在《公司治理准则》中的定义,公司治理结构是一种据以对公司进行管理和控制的体系,公司治理结构明确规定了公司的各个参与者的责任和权利分布,诸如董事会、经理层、股东和其他利益相关者。

(4)清华大学钱颖一教授认为"公司治理结构是一套制度安排,用来支配若干在企业中有重大利害关系的团体,包括投资者、经理、工人之间的关系,并从这种安排中实现各自的经济利益。公司治理结构应包括:如何配置和行使控制权;如何监督和评价董事会、经理人员和职工;如何设计和实施激励机制"。这种界定应属于内部公司治理的范畴。

从上述多个定义可以看出,公司治理是一个多角度多层次的概念,立足于结构与机制等不同的方面。从最广泛意义上来说,公司治理不仅仅是结构,也不仅仅是机制,而是通过一整套包括正式及非正式的制度来明确公司治理各个主体的权、责、利,通过外部的和内部的机制来协调公司与所有利害相关者之间的利益关系,以保证公司决策的有效,从而最终维护公司各方面利益的公司制度框架。这个概念是最广义的公司治理概念,这里的利害相关者,不仅包括股东,还包括经营者、债权人、供应商、雇员、政府和社区等与公司有利害关系的团体和个人。

公司治理和公司管理的区别

牛津大学学者契科尔 R. I. Tricker 在其 1984 年出版的《公司治理》一书中对公司治理

和公司管理进行了区分,他明确提出公司治理的重要性及其与公司管理的区别,他认为公司管理是经营业务,而公司治理则是确保这种运营处于正确的轨道之上。公司治理与公司管理的区别如图 4-1 所示。

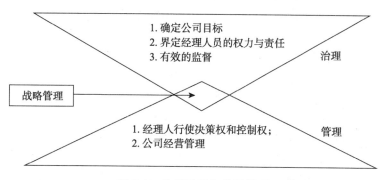

图 4-1　公司治理与公司管理

4.1.3　公司治理框架

基于广义的公司治理概念,可以将公司治理划分为内部治理和外部治理两个方面。如图 4-2 所示,外部治理包括制度层与市场层的企业外部环境因素,具体包括政治、法律环境、经理人市场、资本市场、产品市场等外部环境因素。内部治理以公司所有权结构为起点,以治理结构为表现形式,以内部治理机制为内在核心的一系列制度安排。内部治理与外部治理相互作用共同构成现代公司治理的基本框架。

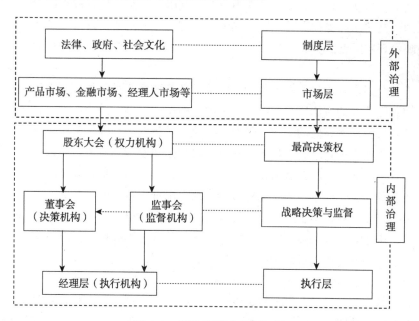

图 4-2　现代公司治理框架图

1. 外部治理

外部治理由治理环境构成,包括法律、政府、社会文化等制度因素,以及经理人市场、资本市场、产品市场等市场因素。把制度因素引入公司治理领域中最有影响力的四位学者是 La Porta、Lopez-de-Silance、Schleifer 和 Vishny（缩写为 LLSV）。LLSV（1998）将法律对投资者的保护程度量化成可度量的指标，然后分析其与所有权集中度之间的关系，通过国别比较发现，公司治理的水平在普通法的国家里要高于大陆法的国家，法律对投资者保护程度越高，股权越分散；法律对投资者保护程度越低，股权越趋于集中。也就是说股权集中还是分散，是对法律保护投资者利益的自适应。可见法律环境是决定股权结构并影响治理机制的重要环境因素，这一研究开启了制度背景与公司治理之间关系的大门，为确立制度因素在公司治理架构中的重要地位奠定了基础。

治理环境是通过治理机制发挥作用的。治理机制是指为保护投资者利益而作出的一系列制度安排，通常可以分为外部治理机制和内部治理机制。外部治理机制是指通过外部治理环境包括控制权市场、经理人市场和产品竞争市场等对公司内部控股股东和管理人员的约束机制。内部治理机制则是通过内部权力配置与制度安排实现对管理人员的激励与约束。

公司外部治理机制的涵盖范围非常广泛，典型的外部治理机制包括以下几种。

（1）资本市场的治理机制

资本市场的治理机制主要体现在两个方面：一是控制权市场；二是债权人对公司的治理作用。在有效的资本市场上股权价格能够反映公司的管理水平与经营业绩的好坏，良好的经营业绩会带动股票价格的上升，以及股东对管理层的支持；而较差的业绩会引起股票价格的下跌，以及股东对管理层的不信任。一旦企业经营不善，市场价值往往会被低估，从而很容易成为被收购的目标，收购以后随之而来的往往是管理层的更换。在这种并购的外在压力之下，迫使管理层必须更好地为股东利益服务，努力提升股东的价值。但是控制权市场治理机制的发挥也存在着一定的局限性，首先，它的前提是市场是有效的，股价能够充分反映管理层经营的努力程度；其次，这也会诱使管理层作出短期行为，以提升公司业绩。

债权人对公司治理也具有重要作用。企业的债务融资既是一种资金来源形式，同时也可以起到抑制经营者的道德风险、降低代理成本的作用。这是因为：第一，经营者的道德风险受经营者持股比例高低的影响。经营者持股比例越低，其与外部股东之间的利益冲突也越严重，道德风险也就越高。债务融资可以减少公司发行新股进行股权融资的数量，避免股权的进一步分散，使经营者的持股比例相对上升，从而降低经营者的道德风险行为，缓解两者的利益冲突。第二，当企业拥有较多的自由现金流量时，企业经营者将会产生将这部分现金投资于不利于增加股东价值的投资项目上的动机，以获得企业规模扩大后带来的社会地位、声望等个人利益。经营者的这种行为称为过度投资，过度投资会增加股东的代理成本。债务融资由于采用固定的本息支付方式，可以在一定程度上减少经营者所掌控的自由现金流量，抑制那些有利于营造经理帝国却不利于企业价值增长的过度投资。第三，债权人对公司具有相机治理（Contingent Governance）作用，所谓相机治理是指公司控制权随公司绩效或经营状态的变化而发生变动，或者说是财务动态治理。当公司经营状况恶化，无力偿债时，公司的控制权便由股东转移给债权人。此时，债权人通过受法律保护的破产程序对公司行使控制权，或者对其进行清算或者进行重组。这种结果对经营者来说意味着巨大的损失，不仅包括失去工作，还有社会地位的降低以及名誉的毁损。预知存在这种破产威胁，经营者会更加努力地将股东价值增值为工作目标，从而债务融资对经营者形成了有利于股东的激励约束机制。

（2）经理人市场与产品市场的治理机制

在以公司制为企业主体的市场经济中，经理人市场是通过企业家的竞争机制促使经理人为股东利益最大化去做出最优决策。在经理人市场上，职业经理人作为供给方，其质量高低的重要信号是其市场声誉和以往的业绩。如果经理人在某个企业由于经营业绩恶化而遭到解聘，那么他的声誉以及市场价值将会大幅降低，甚至在以后的职业生涯中很难找到经理的职位。为此职业经理人必须不断努力为股东创造价值。经理人市场对经营者产生的激励与约束作用，取决于经理人市场的完善程度，完善的经理人市场能够起到促使经理人勤勉工作，降低代理成本的作用。

在产品市场上，公司的业绩和市场占有率可以直接表现出来。由于产品市场上的竞争压力，经营者必须努力尽职，力争创造竞争能力以在产品市场上形成竞争优势。产品市场上的失败不仅会减少经营者的薪酬，同时将会对经营者的声誉和在经理人市场上的价值造成不利影响。

（3）信息披露制度

透明度是公司治理体系良好运作的基本要素，公司向利益相关者的信息披露是实现公司透明度的主要手段。阳光是最好的防腐剂，资本市场中的信息不对称要求上市公司能够充分、准确、及时、清晰地向投资者披露相关信息。提高上市公司的透明度不仅有助于市场效率的改善，而且可以借助信息披露制度加强对上市公司控股股东行为的监督，从而有效保护中小股东的利益，提高社会公众投资人对资本市场的信心和认可度。

提高透明度的目标是保护投资人的利益，通过提供更加准确和清晰的信息以帮助投资者做出正确的决策，避免低透明度给投资人决策带来的误导。但是透明度对投资者利益的保护并不意味着对其提供绝对利益保障，投资者还需要依靠其自身的决策能力对投资选择进行判断。

按照是否受到法规的强制性规范，上市公司的信息披露行为分为强制性披露和自愿性披露。强制性信息披露是指按照法律法规的要求，公司必须对外披露包括财务报表、报表附注、董事会工作报告和治理情况等信息。自愿性信息披露是指管理层根据市场环境的判断而自愿向外部投资者公开披露的信息，只要是法规没有强制要求披露的信息都属于自愿性信息披露的范围，如管理者的预期信息等。作为上市公司管理层的决策类型之一，自愿性信息披露决策往往是公司管理层对相关收益与成本进行权衡之后的结果。在市场并非完全有效的情况下，公司将会理性地对自愿性披露的成本和效益进行权衡以决定对投资者的最佳信息披露水平。

（4）法律保护机制

法律制度对投资者利益的保护是外部治理机制的核心。按照同股同权的原则，无论是中小股东还是大股东，均应该按照其所持股份的比例享有对公司重大决策的表决权。在股权充分分散的市场上，任何单一股东均无法对公司的重大决策实施有效控制，因此分散的股东权利会导致公司的经营管理实际由内部管理层控制，从而导致内部人控制。而在股东集中的情况下，即公司存在控股股东时，公司的大部分表决权集中于控股股东的手中，公司的控制权掌握在控股股东手中，形成大股东控制。

在两种所有权结构下，投资者保护的内涵有所不同。在内部人控制的模式下，投资者保护主要关注股东与管理层之间的委托代理问题，公司治理中的主要代理冲突是委托人（股权分散的股东）与代理人（职业经理）之间的冲突，因此其治理机制的目的是形成股东与管理者之间利益趋同的格局，包括内部治理机制如董事会制度和股权激励制度，以及外部的产品市场竞争、经理人市场竞争、收购威胁等外部治理机制。这一系列机制构成一套相互牵制的机制组合。例如，如果公司董事会效率低下，那么会导致收购机制被触发，从而增加管理层更换的可能。在美国、英国等发达国家的资本市场上公司股权充分分散，因此有效解决委托—代理冲突是其面临的主要治理问题。

在大股东控制的模式下，投资者保护主要关注中小股东与大股东之间的利益冲突。从理论上，中小股东与大股东同属于公司的委托人。因此这种利益冲突又称为委托人之间的冲突（Principal-Principal Conflicts）。图4-3显示了两类冲突问题之间的差异。

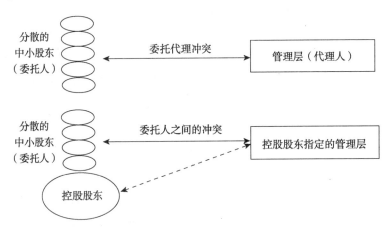

图 4-3　两类利益冲突示意图

图 4-3 上面的部分表示分散的中小股东与职业经理之间的委托代理冲突，下面的部分虚线箭头表示控股股东与指定的管理者之间的关系，指定的管理者可能是控股股东本人，也可能是其直接的利益代表。实线表示的是代表控股股东利益的管理者与中小股东之间的利益冲突，因此这种利益冲突实质是控股股东与分散的中小股东之间的冲突。

这种控股股东与中小股东之间的利益冲突可能会导致控制股东的利益侵占（Expropriation），所谓利益侵占，是指控股股东利用其控股地位实现从中小股东向控股股东的价值转移行为，利益侵占可能采用多种形式，如①将不胜任的家族成员、朋友、亲信放在公司关键岗位；②利用关联交易向控股股东高价购买原材料或低价销售商品；③利用担保、借款、合资等形式将资金转移给控股股东。

金字塔式持股结构也容易导致控股股东掠夺其他投资者，所谓金字塔式持股结构，是指控制人通过一系列中间公司的股权链条间接控制其他公司，这种金字塔式的持股结构通常会导致最终控制人的控制权大于现金流量权。例如，投资者 A 拥有 B 公司 60%的股权，B 公司拥有 C 公司 50%的股权，C 公司拥有 D 公司 40%的股权。这样，投资者 A 拥有 D 公司的现金流量权（或所有权）比例为 12%（60%×50%×40%），同时拥有 D 公司 40%的控制权。对于 C 公司和 D 公司而言，投资者 A 并不是其大股东，但却是其实际控制人。这种持股结构对实际控制人而言其利益侵占的收益高于其成本，因此会增加中小股东被利益侵占的可能性。

可见在股权集中模式下，公司治理的主要目标在于协调控股股东（或实际控制人）与中小股东的利益冲突，防止大股东利益侵占，保护中小股东的利益，包括中国在内的大多数新兴市场国家，这种股权集中模式更加普遍。

为保护中小投资者的利益，世界各国纷纷通过采取法律对策和司法实践加强对中小股东权益的保护，维持大股东与小股东权益之间的平衡。通常保护小股东权益一般有如下几种制度安排。

① 累积投票制度（对小股东的表决救济）。指在选举董事会或监事人选时，股东所持的每一股份都拥有与当选的董事和监事总人数相等的投票权，股东既可以把所有的投票权集中选举一人，亦可分散选举数人，最后按得票之多寡决定当选董事和监事。目前，我国上市公司已经开始逐步推行累计投票制度。

② 股东表决权排除制度。所谓表决权排除制度是指股东对于大会决议事项，有特别利害关系导致有害于公司利益之嫌时，该股东不得行使其表决权，亦不得由他人代理行使，亦不得代理其他股东行事表决权。我国《公司法》规定，"董事、经理除公司章程规定或股东同意外，不得同本公司订立合同或进行交易。"随着我国市场经济体制的进一步深化，公司之间相互持有股份、大股东在多个公司持有股份的现象也越来越多，设立禁止性规定又可能导致公司丧失商业机会，因而我国《公司法》应规定有利害关系的股东表决权排除制度和利害关系的董事表决权排除制度。

③ 表决权代理制度。表决权代理又称表决权信托，是针对股东尤其是小股东不能亲自行使表决权时设计的补救制度。由于股份公司众多，居住地域分散，常常不能亲自参加股东会，有时因参加股东会成本太高而不得不放弃参加，通过表决权集中授予委托人来对抗大股东，在一定程度上达到保护小股东合法权益的目的。

④ 股东派生诉讼制度。股东派生诉讼是指当公司的正当权益受到大股东或董事的侵害时，股东为了公司的利益而以自己的名义向法院提起的诉讼。在理论上，只有公司才是唯一拥有合法诉权的当事人，因此股东所提起的诉讼实质上是代替公司行使诉权，因此称为股东派生诉讼或股东代表诉讼（大陆法系一般把这种特殊的诉讼视为代表诉讼）。

⑤ 强化对上市公司信息披露行为的监管。上市公司的信息披露包括强制性信息披露和自愿信息披露，强制性信息披露是按照现行法律法规，上市公司必须要向公众进行披露的信息，包括定期报告和不定期公告。同时上市公司在遵循诚实信用原则下，在投资者关系活动中就公司经营状况、经营计划、经营环境、战略规划及发展前景等方面持续进行自愿性信息披露，帮助投资者作出理性的投资判断和决策。自愿性信息披露必须遵循公平原则，面向公司的所有股东及潜在投资者，使机构和个人投资者能在同等条件下进行投资活动，避免进行选择性信息披露。上市公司在自愿披露具有一定预测性质的信息时，应当明确的警示，具体列明相关的风险因素，提示投资者可能出现的不确定性和风险。上市公司通过各种方式加强与投资者和潜在投资者之间的沟通，客观、真实、准确、完整地介绍和反映公司的实际状况，了解中小投资者和潜在投资者对公司前景的预测和评价，董事会的决策

不仅要体现大股东的意志，也应当考虑公正地体现中小股东的利益。

⑥ 通过公司内部治理机制保护股东权益。这主要包括保护股东的知情权、提案权、股东大会召集请求权和召集权，以及建立独立董事制度和内部监督机制等。

⑦ 向行政机关请求保护。少数股东在通过公司内部机制不足以维护自身权益的情况下，可以向对公司负有监管职责的行政机关寻求保护，行政机关应当履行监管职责，并在职权范围内对大股东、董事等公司机关的违法行为作出处罚。

2. 内部治理

股东大会、董事会、监事会、执行层等机关构成了公司内部治理的基本框架。内部治理包含了公司治理结构和内部治理机制两方面内容。治理结构是指公司治理活动中所形成的机构设置和权力结构，内部治理机制则体现了治理结构中权力和责任的配置，可以说在公司治理实践中，完善的治理结构是基础和平台，而良好的治理机制则是公司治理的灵魂。

内部治理机制实质上就是一种契约制度下的权力安排，它通过一定的治理手段，合理配置剩余索取权和控制权，形成科学的自我约束机制和相互制衡机制，以协调利益相关者之间的利益和权力关系，促进他们长期合作，保证企业的决策效率。在公司治理结构中，股东大会、董事会、监事会和经理层之间形成各司其职、互相激励与约束的关系，其中股东大会是公司最高权力机构，它由具有投票权的全体股东组成，股东作为所有者，享有决定公司的经营方针和投资计划、发行股票和公司债券以及公司合并或解散等公司重大决策时的投票权，享有公司剩余索取权。董事会是由股东大会选举出来的由全体董事所组成的常设的公司最高决策机构和领导机构。董事会受股东大会的信任委托，负责公司财产的经营，代表全体股东的利益，向股东大会负责，与股东大会是一种信托关系；董事会作为公司的最高决策机构享有广泛的权力，如对公司经营方针和投资方案的有决定权，有对公司经理人员的任免权等。公司董事会为了有效地对公司的活动加强管理，它通过与经理人员签订合约，聘用经理人员负责企业的生产经营管理活动，于是董事会与经理阶层也形成了委托与代理之间的关系。为了保证董事和经理正当和诚信地履行职责，公司治理结构中还专设了监事会，其主要职责主要是监督董事和经理人员的活动，如检查公司的财务，对董事和经理人员执行公司职务时违反法律、法规和公司章程的行为进行监督等。

4.1.4 公司财务治理

公司治理决定公司所有重大权利与责任的制度安排，而财务治理主要关注公司治理整体框架下的财权配置问题。财务治理是公司治理的核心，也是公司治理的深化。财务治理的基本构成与公司治理结构相一致的，是公司高级管理层对财务控制的权利和责任关系的一种制度安排，是股东大会、董事会、经理人员、监事会之间对财务控制权的配置、制衡、激励和监督机制。

财务治理属公司内部治理，其治理主体是股东大会、董事会、经理层，董事会是治理主体的核心。治理客体即治理的对象及其范围是企业的财务控制权力、责任及其权力边界，财务控制权是治理客体的核心。财务治理目标是明确财务控制权力和责任，建立财务决策科学机制，降低企业经营风险，实现企业价值最大化。

公司治理框架下遵循的是所有权、经营权的分立原则,而财务治理遵循的则是财务决策权的分享原则。首先要解决决策权在各治理主体之间的分层管理、各主体的治理权限,现在世界大多数国家,包括我国现行的公司治理结构是以董事会为中心构建的,董事会对外代表公司进行各项主要活动,对内管理公司的财务和经营,因此股东大会依据出资者所有权依法享有最终决策权,对企业实行重点控制。董事会应该具有实际财务决策权。经理所具有的是实现财务决策权,即财务执行权,是在董事会授权范围内的财务决策执行方面的权力。如表4-1所示。

表 4-1 公司财务治理的决策权安排

治理主体	治理对象	治理目标	治理特征	治理权限	治理途径
股东大会	董事会	严格决策程序防范决策失误	重点控制	最终决策权	监事会、独立董事制度
董事会	经理层		全面控制	实际决策权	独立董事制度专业委员会
经理层	执行部门	严格操作程序提供准确信息	具体控制	执行决策权	企业规章操作程序

事实上,决策权虽然有执行、实际和最终三层法律意义上的含义,但在企业实践中,最为具体的表现就是某一项或者某一类事务的审批权最终在哪一级。股东大会虽拥有最终决策权但不可能拥有相应的精力和时间来对全部的事项进行决策。因此在股东大会、董事会、经理人员和监督机构之间必须确立一种企业财务科学决策机制,对公司的所有者、经营者及其相关利益主体之间的财务决策权力及其相应的责任与义务进行制度安排,保证公司重大财务决策的准确性和成功率。决策机制包括五个方面的具体内容:①财务决策权力。在公司治理的基础上,财务决策权力根据决策内容、性质,由股东大会、董事会、经理层分享;②财务决策组织。由股东大会授权批准,董事会的成员中必须有一定比例的非执行董事和独立董事,董事会下设参与决策过程的专业委员会;③财务决策程序。财务决策必须经过董事会、专业委员会的专门议程,重大财务决策由股东大会审议批准;④财务决策的执行。由经理层具体执行决策,决策执行环节中的有关事项,控制决策执行过程,对执行信息质量负责;⑤财务决策监督。由股东大会授权监事会按照规定的权力和组织安排,全面监督决策程序、决策执行情况。以上①②问题主要是财务治理结构方面的问题,③④⑤问题主要是财务治理机制方面的问题。

4.2 公司财务分层治理结构

理论上,公司治理结构是指公司治理活动中所形成的权力结构,其具体表现形式为公司治理的组织机构设置,以及各机构之间的权力配置。完善的公司治理机构是实现良好治理的基础和平台。我国的公司治理结构,主要由股东大会、董事会、监事会和经理层等具体治理机关构成,这些治理机关之间形成的权责配置构成了公司内部治理的基本框架(如图4-4所示)。

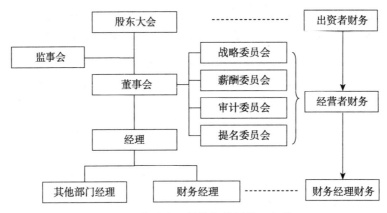

图 4-4　公司治理结构与分层管理架构

4.2.1　公司财务的分层治理

从公司法人治理结构看，公司财务管理是分层的，管理主体及相对应的职责权力是不同的，公司财务已突破传统财务部门财务的概念，从管理上升到治理层面，并且互相融合互相促进，这种分层管理关系有利于明确权责，同时从决策权、执行权和监督权三权分离的有效管理模式看，可以分为出资者财务、经营者财务和财务经理财务。现具体内容讲述如下。

（1）出资者财务。出资者以股东大会和董事会决议的方式，依法行使公司重大财务事项的决议权和监督权。在现代企业制度下，资本出资者与企业经营者的分离日趋明显，即所有者并不一定是企业的经营者。而经营者作为独立的理财主体，排斥包括所有者在内的任意干扰。因而，所有者作为企业的出资者主要行使一种监控权力，其主要职责就是约束经营者的财务行为，以保证资本安全和增值。

（2）经营者财务。经营者以董事会、经理层为代表的高管层，依据公司章程和授权条款，行使对公司重大财务事项的决策权。董事会是由股东大会选举出来的由全体董事所组成的常设的公司最高决策机构和领导机构。董事会作为公司的最高决策机构，享有很大的权力，在财务上表现为：对公司经营方针和投资方案有决定权；对公司的年度财务预算方案、决算方案、公司的利润分配方案和弥补亏损方案、公司增减注册资本以及发行公司债券的方案具有制定权；享有公司合并、分立、解散方案的拟定权；对公司高层经理人员享有任免权等。

企业法人财产权的建立使企业依法享有法人财产的占用、使用、处分和相应的收益权利，并以其全部法人财产自主经营，自负盈亏，对出资者承担资本保值和增值的责任。经营者（以董事长、总经理为代表）财务作为企业的法人财产权的理财主体，其对象是全部法人财产，是对企业全部财务责任，包括出资人资本保值增值责任和债务人债务还本付息责任的综合考察。因此经营者财务的主要着眼点是财务决策、组织和财务协调，从财务决策上看，这种决策主要是企业宏观方面、战略方面的。

（3）财务经理财务。财务经理的职责定位于公司财务决策的日常执行上，它行使日常财务管理，以现金流转为其管理对象。专业理财以 CFO 为代表的财审团队行使对公司财务决策的执行权，主要负责日常财务管理活动及执行统一的财务制度。

为了保证董事和经理正当且诚信地履行职责,公司治理结构中还专设了监事会,其主要职责主要是监督董事和财务经理人员的活动,如检查公司的财务,对董事和财务经理人员执行公司职务时违反法律、法规和公司章程的行为进行监督等。

财务治理研究的重点关键在于如何在出资者层面、经营者层面,要求构建合理、定位清晰、权责明确、相互牵制的财务决策机制。

4.2.2 股东大会

股东作为公司的所有者享有《公司法》所规定的各项法定权利,各国公司法对股东法律保护程度不同,股东享有的权利不完全一致。按照我国《公司法》的规定,股东的权利可以归纳为:①投票表决权;②股权转让权;③知情权和质询权;④新股优先认购权;⑤股利分配请求权;⑥剩余财产分配请求权。

《OECD公司治理原则草案》中强调公司治理结构应保护股东权利,股东的基本权利包括:①安全的股权登记方法;②及时、定期地获得公司相关信息。如果资本结构使某些股东的控制权和其股权不成比例,那么应予以披露;③参与股东大会并进行投票表决。股东应及时、充分地获悉股东大会日期、地点、议事日程、表决事项;股东应有机会向董事会进行提问;股东可亲自投票或委托他人投票,并具有同等的效力;④选举董事会成员;⑤分享公司剩余利润。股东有权参与并充分获悉公司重大事项的决策,比如公司章程或重要规定的修改;增发股份;公司重要资产的出售。公司控制市场应以有效和透明的方式进行运作。明确规定和披露资本市场上争夺公司控制权的制度和程序,以及购并、重要资产出售等特殊交易,从而使投资者了解其权利。交易应当在透明的价格和公平的环境下进行,以保护所有股东的利益。反收购措施也不应使管理层逃避对股东的诚信责任。

作为最普遍的组织形式——公司制,股东的组成类型非常广泛,包括个人、机构投资者、集团、政府、外资机构等,这些个人和组织分散各地,要求各异,无法同时参与到公司的具体事务中,因此需要专门的权力机关代表全体股东行使权利。股东大会即是代表全体股东利益行使股东权利的最高权力机关。

1. 股东大会的职权

股份有限公司股东大会由全体股东组成,股东大会是公司的最高权力机构。

股东大会行使下列职权:①决定公司的经营方针和投资计划;②选举和更换非由职工代表担任的董事、监事,决定有关董事、监事的报酬事项;③审议批准董事会的报告;④审议批准监事会或者监事的报告;⑤审议批准公司的年度财务预算方案、决算方案;⑥审议批准公司的利润分配方案和弥补亏损方案;⑦对公司增加或者减少注册资本作出决议;⑧对发行公司债券作出决议;⑨对公司合并、分立、解散、清算或者变更公司形式作出决议;⑩修改公司章程;⑪公司章程规定的其他职权。

2. 股东大会形式

股东大会分为年度股东大会和临时股东大会,年度股东大会每年至少召开一次,如果发生临时重大事件,董事会、监事会以及持有公司10%以上股份的股东可以提议召开临时股东大会。

3. 投票表决机制

股东大会投票表决一般采用多数通过的议事规则，即必须经出席会议的股东所持表决权过半数通过。但对于重大事项如修改公司章程、增加或者减少注册资本，以及公司合并、分立、解散或者变更公司形式的决议，必须经出席会议的股东所持表决权的 2/3 以上通过。

股东投票的基本原则是一股一票，但随着公司规模的迅速扩大和业务的不断发展，即管理事项的日益复杂，原有的一股一票规则已过时了。一些国家设计了更加灵活的投票方式。以美国为例，包括如下内容：

累计投票，是指在选举董事会或监事人选时，股东所持的每一股份都拥有与当选的董事和监事总人数相等的投票权，股东既可以把所有的投票权集中选举一人，亦可以分散选举数人，最后按得票之多寡决定当选董事和监事。

不按比例投票，即公司发行在外的股票分成两个以上的类别，某一类股票具有比其他类股票更多或更少的投票权。

分类投票，即公司发行在外的股票为了达到某特定目的而由各类别股作为单独单位进行投票。采用这种方式通过一项决议，必须得到双重多数的同意，即不仅要得到出席股东大会的多数股权持有者同意，而且要得到各类别股中多数股权持有者的同意，只有当这两个多数都满足，才能通过该项决议。

偶尔投票，即在公司股票分成两个以上类别时，当发生公司章程规定的偶然事件时，上市股票具有特定的投票权，在公司偶发事件解决后这类股票又恢复到原有状态。

按照我国《公司法》的规定，股东大会采用同股同权的原则，即一股一票原则，但是在选举董事、监事时，为保障中小股东能够选出其董事和监事代表可以采用累计投票制。

4.2.3　董事会

董事会是介于公司股东（股东大会）与执行层（经理人）之间的治理机构，是公司治理结构的核心环节。董事会由股东大会选举产生，是股东大会的代表和受托人。董事会负责执行股东大会的决议，并在股东大会授权范围内行使决策权。

董事会是否属于经营者，取决于董事会功能的不同定位。如果董事会的设立和董事的选拔仅仅是为了满足法律上的程序要求而存在，那么董事会必定是形式上的，不会对企业经营决策发生作用，从这个意义上讲董事会不属于经营者，仅仅是出资者的形象代表，如果董事会依照法律法规、公司章程行使决策、监督职能，董事会被认为是经营者。目前在我国上市公司中，尽管依据法律要求，董事会应当对企业经营中的各种重大事项进行决策，但由于信息不对称和多种原因，各种类型的董事会都存在。但从国际上公司治理机制演化的角度来看，董事会的职责和权力不断趋于强化，趋势表明董事会越来越成为公司治理的决策核心主体，董事会已经成为经营者阵营的主体之一。

1. 董事会的职责

董事会的关键职能或责任范围是什么？理论观点是多样的。就研究者而言，强调董事会最重要的角色是作为高管人员行为和业绩的监督人；资源依赖的理论家则认为董事会的存在就是通过他们的成员与其他组织形成的网络，来帮助公司取得关键性的资源，如资本和商业伙伴；管理专家强调公司董事们所扮演的关键性服务角色是为管理高层提供战略性建议，并提高公司的对外声誉；法律学者却强调董事会必须履行作为公司监督人的法律责任，包括代表股东利益，挑选和更换首席执行官（CEO），并维护法律，防止任何违法的行为。据调查，美国公司的董事们大都把工作重点放在"审查 CEO 的业绩上"，而且令人惊讶的是内部董事比外部董事更强调对股东负责，而外部董事比内部董事更注意对员工负责的重要性。CEO 们普遍认为董事会的核心责任是做好战略规划和决定 CEO 的更换。

而在各种理论观点基础上，董事会能够行使的主要职能和范围，取决于各方面的法律规定和实践能力两方面的约束和限制。

《OECD 公司治理原则草案》中强调，董事会应履行以下关键职能：①制定公司战略、经营计划、经营目标、风险政策、年度预算，监督业务发展和公司业绩，审核主要资本开支、购并和分拆活动；②任命、监督高层管理人员，在有必要时，撤换高层管理人员；③审核高层管理人员的薪酬；④监督和管理董事会成员、管理层及股东在关联交易、资产处置等方面的潜在利益冲突；⑤通过外部审计、风险监控、财务控制等措施来保证公司会计和财务报表的完整性及可信性；⑥监督公司治理结构在实践中的有效性；在有必要时进行治理结构改进；⑦监督信息披露过程。

在美国法学研究所起草的《公司治理结构的原则》中将上市公司董事会的职权列举如下：挑选、评价、更换高级管理人员，决定其薪酬；监督公司的业务经营活动；必要时可以授权其下属委员会履行其职权；审查、批准公司的财务目标、公司重大计划和行动方案，公司编制财务报表所使用的审计、会计准则和惯例，并在必要时予以修正；审查批准或拟订确定公司计划、重大交易和行动；为公司高级管理人员提供建议和咨询，指导、审查各委员会和高级管理人员的工作；向股东汇报工作；管理公司业务。

我国《公司法》规定，董事会对股东会负责行使下列职权：①负责召集股东会，并向股东会报告工作；②执行股东会的决议；③决定公司的经营计划和投资方案；④制定公司的年度财务预算方案、决算方案；⑤制定公司的利润分配方案和弥补亏损方案；⑥制定公司增加或者减少注册资本的方案；⑦拟订公司合并、分立、变更公司形式、解散的方案；⑧决定公司内部管理机构的设置；⑨聘任或者解聘公司经理（总经理）（以下简称经理），根据经理的提名，聘任或者解聘公司副经理和财务负责人，决定其报酬事项；⑩制定公司的基本管理制度。此外，根据《中国上市公司治理准则》，董事会还承担如下职责：在股东大会授权范围内，决定公司的风险投资、资产抵押及其他担保事项；制定公司章程的修改方案；管理公司信息披露事项；向股东大会提请聘请或更换为公司审计的会计师事务所；听取公司经理的工作汇报并检查经理的工作法律、法规或公司章程规定，以及股东大会授予的其他职权。

2. 董事会类型

不同的理论文献对董事会功能和类型界定不尽相同，下面不同的分类反映了不同国家的治理环境不一致，董事会的类型和参与经营决策的权力大小也不相同。

（1）全美董事联合会咨询委员会（NACD）根据功能将董事会分成四种类型

①底限董事会：仅仅为了满足法律上的程序要求而存在。

②形式董事会：仅具有象征性或名义上的作用，是比较典型的"橡皮图章"机构。
③监督董事会：检查计划、政策、战略的制定、执行情况，评价经理人员的业绩。
④决策董事会：参与公司战略目标、计划的制订，并在授权经理人员实施公司战略的时候按照自身的偏好进行干预。

（2）根据董事会扮演的角色分类

有些研究者认为按照董事会参与战略管理的程度不同，可以把董事会扮演的角色分为比较极端"看门人"型和"领航人"型。当董事会只起"看门人"的作用时，战略管理的大部分职能转移给经理层，董事会起到的只是审批和事后控制的保障作用，如对高管人员的业绩进行评价，以决定他们的报酬和聘任。董事会发挥"领航人"作用时，战略管理的核心职能由董事会主导，经理层只部分参与到战略方向的确定和方案拟订中，并主要负责战略实施工作。尽管这两种类型肯定都有各自的适用性，但近年来的公司实践更多地肯定和倾向于董事会发挥"领航人"的作用。

在这两种基本类型基础上，依据董事会对经理层之间的管理控制程度大小，董事会可分为三种类型，如表4-2所示。

表4-2　董事会按管理控制程度大小分类

	看 守 型	包 办 型	分 工 型
特点	符合股东大会最低要求，符合经理层最高要求	不符合股东长远利益，但符合股东短期利益；最可能得到股东信赖；经理层最为反对	一种理想型，但最大问题式董事会和经理层之间的权力划分模糊、易变
董事会与经理层控制与合作关系	放手式合作，人事权控制	全面控制，以控制代替合作	分工合作、合理控制
董事会权力	权力最小	权力最大	权力边界不明确
适用环境	适用于经济稳定增长及长期合作相互了解的情况	适用于经济不稳定增长及初次合作共事	适用于一切时期及各种条件，但最难把握

（3）董事会的模式

根据法系不同，各国的董事会制度一般可以分为三种模式：单层制董事会、双层制董事会和业务网络式董事会。其中，英美法系国家的一般采取单层制董事会；大陆法系国家以德国为代表多采用双层制董事会；日本则采用业务网络式董事会。

单层制董事会由执行董事和独立董事组成，这种董事会模式是股东导向型的。董事会下设若干职能委员会，对公司内部某一特定领域进行监督和管理。其中，审计委员会、薪酬委员会和提名委员会是最为基本的三个机构，分别对公司内部的财务审计、高级经理的薪酬制度以及董事的提名负责。

双层制董事会一般由一个地位较高的监事会监管一个代表相关利益者的执行董事会。这种董事会是社会导向型的，德国、奥地利、荷兰等均采用这种模式，处于较高地位的监事会全部由非执行的成员组成，而董事会则全部由执行董事组成，主席是CEO。监事会具有聘任、监督和在必要时解聘董事会成员的权力。以德国为例，公司股东大会选举产生监事会，监事会中要求有一部分职工代表，监事会任命董事会成员，监督董事会执行业务，并在公司利益需要时召集股东大会。董事会按照法律和章程的规定，负责执行公司业务。

在这种模式下,监事会和董事会有上下级之别,监事会为上位机关,董事会为下位机关。

业务网络模式特指日本的治理结构。日本公司治理的特点是公司之间通过内部交易、交叉持股和关联董事任职等方式形成非正式的网络关系,公开上市公司的董事会规模非常大,甚至达到 30~35 人,通常董事会一般执行程序仪式化的功能,而其中的权利掌握在主席、CEO 手中。

3. 董事会的构成

高效董事会的根本基础是董事会成员的"利益趋同"从而"理念趋同"。董事会的决策过程依赖于一个可选择的组织形式,包括"非委员会制"和"委员会制"。"非委员会制"是低级形式、初级阶段,一般适用于人数少于 7 人的董事会;"委员会制"是高级形式、高级阶段,一般适用于人数多于 7 人的董事会,这种委员会也被视为董事会中的董事会。"非委员会制"是指董事会决策某一方面的事务时(如投资、预算、人力资源),是每个董事都参与决策的决策机制。委员会制就是从董事会成员中挑选一部分人,成立一个专门的委员会,经董事长授权,专门处理某一方面的问题。

在董事会之下设立各个专职的委员会利弊互见。设立下属委员会的优势在于:一是节约决策成本,缩短决策时间;二是提高决策的专业化程度,使更多的董事只参与自己擅长的领域的事务决策;三是董事会内部减少了独裁化程度。设立下属委员会的缺陷在于:第一,要求董事会具有较多的董事人数。像在规模较小的上市公司,如果董事会人数较少,设立诸多的委员会不但不能起到实质性的推动作用,反而导致机构臃肿,降低决策效率;第二,在独立董事较少的情况下,即使设立各个下属委员会,也很难改变公司的内部人控制特征;第三,设立董事会下属委员会,要求董事会中有较多的各个领域的专才,在上市公司缺乏这方面人才或整个社会体系中缺乏大量的这方面专业人才的环境下,设立下属委员会相对而言较为困难。由于存在上述的各项优势和困难,所以是否要在董事会下设立专业的委员会和究竟设立多少个委员会,往往因各国制度、各团体观点和各公司规模大小而异。

常见的专门委员会有审计委员会、提名委员会、薪酬委员会、投资委员会、预算委员会、技术委员会、战略委员会、高管人员评估(人力资源)委员会等,其中最重要也最常见的就是审计委员会、薪酬委员会、提名委员会。其中,提名委员会的主要职责是研究董事、经理人员的选择标准和程序,并向董事会提出建议,广泛搜寻合格的董事和经理人员的人选,对候选人和经理人进行审查并提出建议。

还有的公司设立了专门的治理委员会,如英特尔公司设立的公司治理委员会负责对公司治理问题(董事会、股东、经理层在决定公司方向和作为时的关系)进行审查,向董事会提交有关报告,适度地审查和发布公司治理的指引和建议。其他没有设立公司治理委员会的公司,大多通过执行委员会或董事事务委员会来解决这类问题,如通用汽车公司由董事事务委员会负责定期审议该公司的公司治理原则并提出建议。

中国上市公司董事会下委员会的制度建立始于 2002 年年初,中国证监会、国家经贸委发布了《中国上市公司治理准则》,要求上市公司董事会要按照股东大会的有关决议,设立战略决策、审计、提名、薪酬与考核等专门委员会。尔后,中国证监会发布了《董事会专门委员会实施细则指引》,目前我国上市公司越来越多地采用委员会制。

4.2.4 监事会

按照我国《公司法》的规定，监事会是股东大会领导下的公司的常设监察机构，执行监督职能。监事会与董事会并立，独立地行使对董事会、总经理、高级职员及整个公司管理的监督权。监事会对股东大会负责，对公司的经营管理进行全面的监督，包括调查和审查公司的业务状况，检查各种财务情况，并向股东大会或董事会提供报告，对公司各级干部的行为实行监督，并对领导干部的任免提出建议，对公司的计划、决策及其实施进行监督等。

对监事会人员的构成，我国《公司法》规定，监事会成员不得少于三人。监事会应当包括股东代表和适当比例的公司职工代表，其中职工代表的比例不得低于1/3。监事会中的职工代表由公司职工通过职工代表大会、职工大会或者其他形式民主选举产生。

从我国目前监事会的实际运行情况看，监事会制度并没有发挥其应有的监督作用，主要表现在：①监事会成员虽然由股东和职工代表构成，但股东代表通常为公司内部股东，职工代表通常为控股股东的亲信；②监事会缺少必要的监督激励手段，监事会的利益与控股股东的利益趋同化，即使发现公司的违规行为，监事会也没有动力保护社会公众投资者的利益；③法律对监事会的定位不清晰，表面上与董事会平级，而实际上其职权缺乏可操作性，流于形式，从而沦为董事会和经理层的"橡皮图章"。

4.2.5 经理层

公司治理结构中经理层由总经理、副总经理、财务负责人等人员组成。依据我国《公司法》的规定，经理由董事会聘任或者解聘。经理对董事会负责，行使下列职权：主持公司的生产经营管理工作，组织实施董事会决议；组织实施公司年度经营计划和投资方案；拟订公司内部管理机构设置方案；拟定公司的基本管理制度；制定公司的具体规章；提请聘任或者解聘公司副经理、财务负责人；聘任或者解聘除应由董事会聘任或者解聘以外的负责管理人员；公司章程和董事会授予的其他职权。

《上市公司章程指引》在以上八条之外，增加了两条：①拟定公司职工的工资、福利、奖惩，决定公司职工的聘用和解聘；②提议召开董事会临时会议；各个上市公司根据公司经营特点和需要制定公司章程，确定本公司的总经理职责。

4.3 公司财务治理机制

公司治理机制是为保护投资者利益作出的一系列制度安排。这种制度安排将股东会、董事会、监事会等治理机构有机联系在一起，指导其有效运作。如果说治理结构是公司治理的静态表现，那么治理机制则体现了公司治理的动态调节过程。治理机制可分为外部治理机制和内部治理机制。外部治理机制是指通过外部治理环境包括控制权市场、经理人市场和产品竞争市场等对公司内部控股股东和管理人员的激励约束机制。内部治理机制则是通过内部权力配置与制度安排实现对管理人员的激励与约束机制。

内部治理机制是公司治理体系的核心与灵魂，也是公司控制的直接工具。外部治理机制的作用必须通过内部治理机制才能传达至企业的具体决策，公司绩效的改变最终依赖于内部治理机制的作用。内部治理机制依托公司的内部治理机构发挥作用，即股东大会、董事会、监事会等机构的权力设计与分配是内部治理机制发挥作用的主要方式。从公司财务治理的角度，财务治理机制是内部治理机制的核心。

财务治理机制是内部治理机制在财务权力安排上的具体表现，财务治理机制的核心在于决策权、监督权的分配与激励制度的安排，从公司财务管理的角度，表现为财务决策权和财务监督权的安排以及管理层激励制度。其中，本节主要讨论财务决策机制和财务监督机制，管理层激励制度将在本章第 4.4 节介绍。如图 4-5 为财务治理机制的框架。

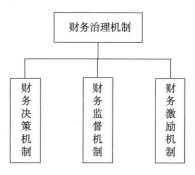

图 4-5　财务治理机制

4.3.1　财务决策机制安排

决策机制是公司治理的核心机制，关注决策权力在公司各治理主体之间的分配格局，清晰科学地界定在决策过程中的各决策主体的选拔方式、定位、组织、职责、程序，提高企业治理效率。决策机制包含企业全部资源配置的决策权，公司开展经营活动的过程，其实就是其运用和行使各种权力调配企业全部资源的过程。一般来说，根据权力的特质不同，可以将公司的权力分为人事权、财权和经营权三种。这里的"财权"并非仅限于财务权，而是泛指体现在资金运动和财产上的各种权力，即通常所说的财务决策权力，在公司的权力结构中，财务决策权力是一种最基本、最主要的权力，因为公司的各种经营活动最终都会通过资金和资产的相互交换或转移加以完成并在财权上有所体现。因此以财务决策权力为中心，在公司治理结构组织之间的权力分配和关系以及决策流程安排成为公司治理框架中的一个重要问题，也就是本章的核心财务治理问题之一。

1. 财务决策权力分层安排

公司财务决策机制关注的是决策权力在公司内部（各权力机关及组成部分）之间的分配格局，其理论基础是决策活动分工和层级制决策。由于公司内部治理的权力系统是由股东大会、董事会、监事会和经理层组成，并依此形成了相应的决策分工形式和决策权分配格局，因而公司财务决策机制实际上是层级制决策。这种层级制决策是与公司内部决策者的职责分工与权力分立相联系的。层级制决策活动分工的产生与有限理性假设有关系，其表现在：一方面，作为层级组织中最高层决策者的决策活动能力有限；另一方面，限于每个决策者的决策活动能力的有限性，应将不同决策能力的决策者有效地分配于不同的用途，以达到节约使用决策活动能力这种稀缺资源的目的。

财务层级制决策的产生在公司治理中还应被看成是权力的分立与制衡的结果。公司法人治理结构在股东会、董事会、经理层之间形成不同的权力边界，并使得每一权力主体被赋予不同的财务决策权。财务决策机制设计应满足三个主要特征：①存在一个核心决策者。无论公司存在多少层次和决策权如何分解，必须存在一个核心决策者。②权力边界清晰。

每一决策层都应清楚其权力范围,知道有权对什么财务问题作出决策,无权对什么财务问题作出决策,权力边界清晰是层级组织决策机制运行的基础。③下级服从上级。下级决策者的行为是上级决策者行为的分解。

一个有效的决策机制一定是适度的授权和监控的层级制决策体系。在公司治理层面,第一层次的决策是股东大会的决策,这是公司最高权力机构的决策,属于出资者财务范畴。第二层次的决策是董事会决策,是公司常设决策机构的决策。经理层是第三层次的决策主体,是公司决策的执行者。这两个层级都属于经营者财务范畴。在这三层决策主体之间又存在多个授权关系:第一是股东大会对董事会的授权,将企业的经营决策权授权给董事会;第二是董事会对董事长的授权,授权董事长在董事会闭会期间,执行一定金额内的决策事项;第三是董事会对专业委员会的授权,董事会根据决策事项的性质和专业素质要求不同,将不同的决策建议权和初审权或者决定权授权给专业委员会;第四是董事会对以总经理为代表的经理层的授权,主要是对公司的营运业务的决策权。

在这三级决策主体中,董事会是核心决策主体。因为在实践经营中,股东大会不可能真正发挥决策主体的决策管理作用。首先,从股东大会这一组织形式和实现方式来看,由其来作为公司实际的决策机构就有其局限性和非效率性。股东会的召集成本很高,表决程序复杂,而且召集次数有限并存在严重的时滞性;其次,公司的经营管理决策属于企业管理事项,需要一定的专业知识和企业家才能,两权分离的本来目的就是把资本委托给专业人才进行管理,股东更多的干预会影响公司经营的效率,故将股东大会作为决策机构不合理。

此外,也有观点认为应该借鉴美国的 CEO 运作经验,将总经理作为公司的核心决策主体,将董事会的职能侧重于对总经理的监督,即关注公司的财务报告和经理人员的考核评价。但是,依据我国《公司法》规定和在内部人控制现象严重、经理市场尚未成熟、激励机制不能尽快发挥作用的现实条件下,中国公司还不能实施美国那种将绝大部分决策权赋予 CEO 或总经理一人的制度。而通过董事会这样一个中间层来作为核心决策主体,可以有效地避免一股独大和内部人控制带来的问题,其前提是强化董事个人及整个董事会责任,增强董事会的独立性。因此,将董事会作为核心决策主体,这是基于我国目前外部市场对公司治理制约作用不强条件下的一个现实选择。

2. 财务决策权力分类安排

一般的专业理财(即财务经理财务)范畴,财务决策分为筹资决策、投资决策和分配决策(股利决策)。而从经营者理财来看,Myers(1977)把企业资产分为当前业务(Assets in Place)和增长机会(Growth Opportunities),董事会对企业增长机会负责,经理层对当前业务负责。

影响企业增长机会的决策权力包括企业的战略调整、控制性资本收支决策事项、批准财务预算和会计制度等,这些决策权限必须掌握在董事会手中。

董事会作为一个战略管理层负责公司的战略调整,其责任是从股东的角度、公司未来盈利能力增长的角度来对公司现行战略与发展提出疑问。例如,对于当期经理层实现的利润是否已是企业现有资源的最大函数值,可否通过经营业务的拓展,现有业务方向的调整、事业部竞争战略选择来提升企业价值,技术创新、研究与开发费用是否能够与企业未来盈利增长能力所匹配、组织调整是否可以增加团队生产效益、成本结构是否合理、战略联盟扩张、对人力资源的开发和依赖程度是否在企业可以控制的风险范围之内、筹资与投资策略是否与现行的资本市场相协调、与其他标杆企业相比企业的劳动和福利政策是否有吸引力、有无未使用和停用资产、环保、社会关系等。如果市场环境发生变化时，董事会能够这样对现有战略的有效性进行评价，而不仅仅是就财务业绩论财务业绩比较自己过去、同行的业绩，而是能够对已选择的战略方向的结果和其他能够减少风险增加未来持续盈利能力的战略方案进行比较，及时调整战略，这样的董事会才能够正确的发挥战略决策层的职能。

对于资本性收支变化决策权，具体表现为对内投资、对外投资和资产处置、出售对外投资等资本运作行为，这些投资行为形成的相应资产表现为企业未来的增长机会；并且企业要基于增长管理的考虑决定企业的资本结构，合理安排投资所需的资金，包括银行贷款、发行新债、增发新股。这些权力从理论上讲绝对不属于经理层，如果需要强调决策的及时性，也应该由董事会将部分决策权授权董事长，代行董事会的资本性收支决策权。投资决策成为公司治理层面最重要最关键的决策内容。

相应地，董事会将与当期业务盈利相关的具体管理事项授权经理层，这些影响企业当前业务的事项主要是经理层在既定的战略下对企业资产的具体周转效率的管理和销售的拓展，例如，营运资本政策选择权。这样以经理层为核心的企业管理系统就主要为企业当期业务的盈利能力负责，在行业风险和市场竞争没有巨大变化时，当期业务的盈利能力应该是呈稳步增长状况，因此董事会可以以一个当期业务为单元，作为对经理层进行评价、考核和续聘的依据。

3. 投资决策授权安排

投资决策特别是长期投资决策属于企业战略规划，决定企业未来的增长和回报，是财务决策中的重要内容。投资决策权在各级财务治理主体之间的权力分配和决策程序安排可以描述如下：①财务投资决策权力应该在公司治理的基础上，根据投资决策内容、性质，由股东大会、董事会、经理层和监事会分享。可以说股东大会拥有投资最终决策权，董事会应该具有实际投资决策权。经理层所具有的是投资决策执行权，或拥有在董事会授权范围内的投资决策权。监事会则具有对投资决策的过程和实施过程的监督权，即监督权。其中如何安排股东大会和董事会之间在最终投资决策权和实际投资决策权的制衡关系，是治理结构安排的关键。②可以在由股东大会批准后，董事会下设投资决策委员会，或者在董事会成员中安排有一定比例的独立董事，以提高投资决策效率，平衡股东之间在投资决策上的分歧。

（1）股东大会授权董事会

为提高公司的决策效率，股东大会给董事会一定形式的授权，如一定金额内的投资决策权、企业重组权、增资扩股权等。这种授权如运用得当，可提高上市公司的决策效率，提高公司应对瞬息万变的市场竞争环境的能力。但如果用得不妥，也会给公司经营带来极大的风险。这种授权范围在实务中通常是在公司章程中或董事会议事规则中予以明确。

（2）董事会下属投资委员会

为了提高投资决策的科学有效，许多公司设立了负责投资方面的委员会，一般可以是投资战略委员会、战略管理委员会，还有的公司把投资、战略、预算相结合，设立战略预算委员会。无论哪种设置方式，都是对董事会负责的非常设的议事机构，在董事会领导下开展工作，主要研制重大发展战略与投资项目。该委员会的提案交由董事会审议决定。

从目前我国上市公司已经设立的投资战略委员会的功能与性质分析，投资战略委员会的定位大致有以下两种类型。

①咨询顾问型投资委员会。具体而言，即按照公司治理结构的制度设计，董事会下设立的投资战略委员会是对董事会负责、对出资人负责的咨询性质的机构，不是决策性质的机构。最终决策要由董事会或者股东大会作出，而不是投资战略委员会作出。当然，委员会很多是指定由独立董事参与的，因而其意见也并非是可采纳可不采纳的性质。如果董事会的决策有悖公平、公正原则，独立董事及其领导的委员会可以通过外部途径披露有关信息并干预董事会决策。

②顾问与决策结合型投资委员会。相对于单纯的智囊议事机构，这种战略投资委员会其显著的特点是通过一定的授权制度，合理地配置公司长期投资决策权限，使董事会的工作效率大大提高。

（3）董事会授权总经理

在投资决策过程中，总经理负有更多的事前审议和事后执行决策、监督报告的职责。公司投资项目决策应建立可行性研究制度；公司投资管理部门将项目可行性报告等有关资料提交公司经理办公会审议并提出意见，如果该投资项目在总经理权限内，经总经理办公会审议后即可实施，否则提交董事会审议通过后实施；投资项目通过后，总经理应负责确定项目执行人和项目监督人，并执行和跟踪检查项目实施情况；在实施过程中，总经理应当根据董事会或者监事会的要求，及时报告相关重大事项：①公司生产经营条件或环境发生重大变化；②公司投资项目执行及资金运用情况；③投资项目实施过程中可能引发重大诉讼和仲裁事项。项目完工后，还要按有关规定接受项目审计。

4. 投资决策程序控制

由于投资具有相当大的风险，一旦决策失误，就会严重影响企业的财务状况和现金流量，甚至会使企业走向破产。因此，投资决策必须从公司战略方向、项目风险、投资回报比、公司自身能力与资源分配等方面加以综合评估，筛选出成功可能性最大的项目并制订实施计划，应当制定投资决策程序与规则。重大投资决策的基本程序包括以下几个步骤。

（1）投资项目的提出

应该把公司总体战略作为出发点对公司的投资战略进行规划。依据公司的投资战略来对各投资机会加以初步分析，把握所投资行业的行业成长性、竞争情况。投资方向初步确定以后，在投资方案设计前应进行广泛的信息分析与收集工作，从财务决策支持信息系统中调出并补充收集有关总市场规模、年度增长率、主要或潜在对手的产品质量、价格、市场规模等信息，分析自己的优劣势，选择合适的投资时间、投资规模、资金投放方式，制订出可行的投资方案。

企业的股东、董事、经营者都可提出新的投资项目。一般而言，企业的最高当局提出的投资，多数是大规模的战略性投资，其方案一般由生产、市场、财务等各方面专家组成的专门小组写出。基层或中层人员提出的，主要是战术性投资项目，其方案由主管部门组织人员拟订。新的投资项目首先要经过经理层审批通过，若经理层通过了该项目，则进入到投资项目的论证阶段。

（2）投资项目的论证

投资项目的论证主要涉及如下几项工作：一是把提出的投资项目进行分类，为分析评价做好准备；二是计算有关项目的预计收入和成本，预测投资项目的现金流量；三是运用各种投资评价指标，把各项投资按可行性的顺序进行排队；四是编制项目可行性报告。

项目正式立项后，由项目小组，负责对项目进行进一步可行性分析。通过对以下方面的评估确定项目的可行性：①相关政策法规是否对该业务已有或有潜在的限制；②行业投资回报率；③公司能否获取与行业成功要素相应的关键能力；④公司是否能筹集项目投资所需资源。如项目不可行，通报相关人员并解释原因，如项目可行，则向董事会或项目管理委员会递交可行性分析报告。

如董事会通过了投资项目的可行性分析报告，则投资管理部应聘请顾问公司对投资项目的实施进行进一步的论证。并开始投资项目的洽商，以确定其实际可行性。项目小组确认项目的可行性以后，编制项目计划书提交总经理保留参考并指导项目实施。项目计划书的主要内容为：①项目的行业（市场规模、增长速度等）背景介绍；②项目可行性分析；③项目业务目标；④业务战略和实施计划；⑤财务分析；⑥资源配置计划；⑦项目执行主体。

（3）项目的评估与决策

这一阶段主要是综合论证投资项目在技术上的先进性、可行性和经济上的合理性、营利性。一般由企业组织相关的各方面专家一同完成。其论证所形成的可行性报告是整个投资项目的基础，应确定建设方案，包括建设规模、建设依据、建设布局和建设进度等内容。项目评估一般是委托建设单位或投资单位以外的中介机构，对可行性报告再进行评价，作为项目决策的最后依据。项目评估以后，将项目投资建议书报有关权力部门审议批准。从决策主体来看，投资额较小的项目，有时中层经理就有决策权；投资额较大的投资项目一般由董事会决策，总经理办公会议在提供的项目背景资料和项目建议书的基础上对项目实施最后决策（提交总经理办公会议的项目计划书应先由法律顾问审核，以免除法律风险）；投资额特别大的投资项目，要由董事会甚至股东大会投票表决。投资项目一经批准，也就正式作出了投资决策，进入到项目的实施阶段。

（4）项目实施与评价

在投资项目的实施过程中和实施后都要对项目的效果进行评价，以检查项目是否按照原先的计划进行，是否取得了预期的经济效益，是否符合公司总体战略和公司的投资战略规划。

4.3.2 财务监督机制

财务监督机制是公司的利害相关者针对公司经营者的经营或决策行为所进行的一系列客观而及时的审核、监察与督导的行动。从财务监督机制设计的角度，公司治理结构既是决策权的分层安排，也是彼此相互监督的有机整体。各层级的治理结构都有相互监督的义务与责任，以保证整个治理结构的协调运作。事实上，参与公司治理的每个主体都存在相互制约、相互监督的关系。政府、社会公众、外部审计机构、媒体等外部主体都可以起到对公司的外部监督作用。从公司内部治理的角度，董事会、监事会、内部审计部门、独立董事能够起到内部监督的作用。

1. 审计委员会

审计委员会是董事会下设的专门委员会之一，主要负责与公司会计财务相关的审计监督与沟通。《中国上市公司治理准则》要求上市公司董事会要按照股东大会的有关决议，设立战略决策、审计、提名、薪酬与考核等专门委员会。审计委员会、薪酬与考核委员会中独立董事应占多数并担任负责人，审计委员会中至少应有一名独立董事是会计专业人士。审计委员会的主要职责是：检查公司会计政策、财务状况和财务报告程序；与公司外部审计机构进行交流；对内部审计人员及其工作进行考核；对公司的内部控制进行考核；检查、监督公司存在或潜在的各种风险；检查公司遵守法律、法规的情况。尔后，中国证监会发布了《董事会专门委员会实施细则指引》。其中明确要求，审计委员会是董事会按照股东大会决议设立的专门工作机构，主要负责公司内、外部审计的沟通、监督和核查工作。审计委员会成员由3~7名董事组成，独立董事占多数。审计委员会的主要职责是：①提议聘请或更换外部审计机构；②监督公司的内部审计制度及其实施；③负责内部审计和外部审计的沟通；④检查公司会计政策、财务状况和财务报告程序；⑤对公司的内部控制进行考核；对重大关联交易进行审计；⑥公司内财务部门、审计部门包括其负责人的工作进行评价；⑦公司董事会授予的其他事宜。

审计委员会对董事会负责，委员会的提案提交董事会审议决定。审计委员会应该配合监事会的监事审计活动。

（1）美国《萨班斯—奥克斯利法》对审计委员会职责的新规定

安然公司、世通公司舞弊欺诈案件暴露后，美国通过了《萨班斯—奥克斯利法》（Sarbanes-Oxley Act），其中第301节对审计委员会做出了规定：法案要求美国证监会在法案自2002年7月30日生效之后的270天内制定新的法规，要求所有在美上市的公司设立一个完全由独立董事所组成并至少包括一名"财务专家"的审计委员会，对于达不到下列要求的公司将禁止它们上市：①上市公司审计委员会的每位委员根据必须具有"独立"资格性质。②审计委员会必须直接承担派任、留任、报酬和监督那些为上市公司执行和认证放行审计报告的会计师事务所的责任，而这些会计师事务所必须直接向审计委员会报告。③审计委员会必须建立一定的程序系统，来完成与会计处理、内部会计控制、内部审计、员工匿名举报可疑的会计问题及审计处理等相关申诉事项的受理、执行和保留纪录等任务。④审计委员会必须被授权，在执行任务需要时，可聘请独立咨询顾问和其他顾问；并赋予审计委员会更多任用和解雇会计师的权限。⑤上市公司必须负责提供审计委员会合适的财务和资金保证。

关于审计委员的独立性，新法案有几点说明：①该委员会除了职务收入外，不得收受来自上市公司及其子公司的顾问、咨询或者其他报酬；②该委员会成员不得担任上市公司及其子公司的任何职务；③该委员会隶属董事会，由独立董事组成，有权独立聘请或解聘审计机构，不受高级管理人员的干预，而董事会也必须听取该委员会的意见。除了上述条款之外，SEC将扩展现有的与审计委员会相关的信息披露要求，并要求增加披露上述豁免条款的运用、审计委员会在年度报告中的声明、委托书中关于审计委员会独立等内容。

（2）审计委员会在公司监督机制中的作用

① 审计委员会与独立会计师的关系

财务报告是投资人能否对公司的管理层保持信心的重要工具，注册会计师负责审计公司的财务报告，并对该报告是否遵守了公认会计准则发表意见。管理当局负责日常经营管理，从而与注册会计师保持着密切的业务联系，这种关系可能影响审计独立性，导致注册会计师向管理当局方面倾斜。同时管理当局可能利用其对注册会计师的选择权或审计收费等手段来影响注册会计师独立性，或购买审计意见。审计委员会可以避免会计师事务所与管理层之间的利益冲突，减少管理层对外部审计师活动的影响和干扰，提高注册会计师审计的独立性，为注册会计师公正执业创造有利的条件，充分发挥外部审计的独立鉴证功能。首先，审计委员会对会计师事务所是否具备独立性作出评价，且向公司管理当局及审计部征询对注册会计师独立性的看法，以与注册会计师的答复作双向比较。其次，负责审计费用的支付，对有关审计收费的协议表示满意，并确信审计费用足以确保公司获得完整而全面的审计服务。最后，审计委员会应当站在公正的立场上，支持注册会计师提出的正确建议，积极与注册会计师就审计中的如重大的审计调整、与管理当局的不同意见、执行审计业务过程遭遇的困难及在审计中所发现的不法行为等重大事项进行协调。

② 审计委员会与内部审计的关系

我国新修订的《审计署关于内部审计的规定》中指出，设立内部审计机构的单位，可以根据需要设立审计委员会。审计委员会设立以后，审计部隶属于审计委员会，形成审计委员会对审计部的一种监督关系，即对审计部的组织章程、工作计划、审计结果等进行复核；审计部直接向审计委员会报告，对审计中发现的一些问题，除及时给予纠正以外，对一些难以解决和严重违规的共性和个性问题，定期进行归纳、整理，并提交公司审计委员会讨论，由审计委员会通过下达审计意见书和决定书的形式，作出最终处理。审计部的工作评价和报酬支付由审计委员会决定。这种模式提高了审计部的独立性和权威性，使其工作范围不受管理当局的限制，并确保其审计结果受到足够的重视，提高审计部的效率。随着审计委员会职责的扩展，为了有效地履行其全面监管的职能，就必须充分利用审计部的资源优势，更好地履行职责。进一步讲，内部审计部门是审计委员会最佳的信息来源，审计委员会成员由于以外部独立董事为主，他们未能实地参与公司的经营管理过程，而审计部通过对公司日常经营的监督、评价，可满足审计委员会这方面的需要。值得注意的是审计委员会对审计部的指导、监督，应当建立在不干涉审计部正常开展工作的基础上，应分清各自的职责。

③ 审计委员会与监事会的关系

审计委员会隶属于董事会，全部是由董事组成，其中独立董事占多数，其所提交的议案先通过董事会的讨论。监事会则是与董事会保持平行地位的机构，由股东代表和职工代表组成。审计委员会的主要监督对象是管理层，也就是所谓的经理层。监事会向全体股东负责，有检查公司财务、监督和检查董事、经理及其他高级管理人员的行为等职责；监事会不参与决策过程，侧重于事后监督。审计委员会则要参与决策过程，更侧重于事前监督。在中国目前环境下，应处理好审计委员会与监事会的关系，发挥审计委员会和监事会的双重监督作用。在监督公司管理当局的问题上相互合作，审计委员会配合监事会的监事审计活动；审计委员会作为董事会的下设委员会，也是监事会的监督对象。

2. 独立董事制度

独立董事又称作外部董事（Outside Director）、独立非执行董事（Non-Executive Director）。独立董事独立于公司的管理和经营活动，以及那些有可能影响他们做出自己独立判断的事务之外，不能与公司有任何影响其客观、独立地做出判断的关系，在公司战略、运作、资源、经营标准以及一些重大问题上能够做出自己独立的判断。他既不代表出资人（包括大股东），也不代表公司管理层。独立董事的监督与制衡已被西方企业确立为一个良好的法人管理模式的机制。在美国企业的董事会构成中，外部董事很多，有时甚至超过一半。如美林集团董事会由16位董事组成，其中5位是现任美林集团经营班子的核心成员，另外11位董事均为独立人士，其中包括纽约证券交易所主席及一些专营公司的总裁。

在中国，1988年H股公司率先按香港联交所的要求设立独立董事。1997年12月中国证监会发布的《上市公司章程指引》中专列了公司根据需要，可以设立独立董事的条文。2001年8月，中国证监会在广泛征求意见的基础上发布了《关于在上市公司建立独立董事制度的指导意见》，这是我国首部关于在上市公司设立独立董事的规范性文件。

越来越多的实证研究表明，"独立董事与较高的公司价值相关，具有积极的和独立董事的公司比那些具有被动的非独立董事的公司运行得更好，国际机构投资者将日益需要公司的董事会中包含越来越多的独立非执行董事"（世界银行，1999）。

（1）独立董事作用

① 有利于公司的专业化运作。独立董事们能利用其专业知识和经验为公司发展提供有建设性的建议，为董事会的决策提供参考意见，从而有利于公司提高决策水平，提高经营绩效。

② 有利于检查和评判。独立董事在评价CEO和高级管理人员的绩效时能发挥非常积极的作用。独立董事相对于内部董事容易坚持客观的评价标准，并易于组织实施一个清晰的形式化的评价程序，从而避免内部董事"自己为自己打分"，以最大限度地谋求股东利益。

③ 有利于监督约束，完善法人治理结构独立董事在监督CEO和高级管理人员方面也有重要的作用。较之内部董事，这种监督会更加超然和有力。Weisbach的经验研究表明，"外部董事占主导地位的董事会，比之于内部董事占主导地位的董事会更易在公司业绩滑坡时更换经理"。在英美的外部监督模式中，独立董事的这种监督功能就尤为重要。

（2）独立董事选聘制度

独立董事制度要发挥作用，关键在于保证独立董事的"独立"性。这主要取决于选聘方式、选聘条件。独立董事的选聘方式可以采取如下三种：①独立董事必须由股东大会选举产生（可以考虑差额选举），不得由董事会任命；②由股东大会和董事会指定某一董事为独立董事，该董事必须符合独立董事最低限度的条件，同时，当该董事不再具备独立的条件时；股东大会和董事会均可以取消这种指定；③设立一个提名委员会，负责针对董事会规模和构成向董事会提出建议，建议新董事提名的程序，向董事会提名新董事候选人和经理候选人、独立董事会候选人。美国的HERMES建议提名委员会至少应该包括3名董事，且多为独立的非执行董事，董事长和高级独立非执行董事一般应是该委员会成员，而且成员名单应在公司年度报告中予以披露。有些公司以董事事务委员会来代替提名委员会，如通用汽车公司。通用汽车公司的董事事务委员会负责委派各名董事进入各个委员会，但在委派前，应当咨询首席执行官，并考虑各个董事自己的意愿。有的公司设立专门的独立董事任命和提拔委员会，如英国英格兰银行率先建立一个提拔非执行董事的建议推荐型机构——非执行董事提拔委员会，用来促进对非执行董事的举用和任命。

不管采用什么方法，独立董事的任命都必须经过正式的程序来产生，而且独立董事的任命必须有特定的任期，重新任命不能是自动的，同时应规定退休年限。在我国，规定上市公司董事会、监事会、单独或者合并持有上市公司已发行股份1%以上的股东可以提出独立董事候选人，并经股东大会选举决定。《上市公司治理准则》规定，提名委员会可以研究董事、经理人员的选择标准和程序并提出建议；广泛搜寻合格的董事和经理人员的人选；对董事候选人和经理人选进行审查并提出建议。

为确保独立董事的独立性，我国规定如下人员不得担任上市公司独立董事：①在上市公司或者其附属企业任职的人员及其直系亲属、主要社会关系；②直接或间接持有上市公司已发行股份1%以上或者是上市公司前十名股东中的自然人股东及其直系亲属；③在直接或间接持有上市公司已发行股份5%以上的股东单位或者在上市公司前五名股东单位任职的人员及其直系亲属；④最近一年内曾经具有前三项所列举情形的人员；⑤为上市公司或者其附属企业提供财务、法律、咨询等服务的人员；⑥公司章程规定的其他人员；⑦中国证监会认定的其他人员。

4.4 经营者激励

4.4.1 激励相容原理

在市场经济中，每个理性经济人都会有自利的一面，其个人行为会按自利的规则进行行动。所谓激励相容，是指如果能有一种制度安排，使行为人追求个人利益的行为，正好与企业实现整体价值最大化的目标相吻合，这一制度安排就是"激励相容"。

激励相容理论要求经营者在追求个人利益的同时，行为的客观效果达到了激励机制设计者想要实现的目标，即更好地实现了投资人想要达到的目的。一种有效的安排就是在代理人与委托人之间形成利益制约关系，即针对企业经营者设计合理的薪酬计划，譬如赋予其一定的剩余索取权，使得代理人的收入取决于自己为实现委托人利益最大化而付出的努力程度。代理人越努力，委托人所得的剩余收入就越多，代理人获得的薪酬也就越高。

在现代企业中，企业的所有者和经营者分离，需要设计相应的激励相容机制，其主要思路是将经营者的报酬与企业的利润相结合。但这并不是一件简单的事情，因为企业利润既包括当前利润，也包括未来利润；既包括可操纵利润，也包括不可操纵利润。为了防止经营者追求短期效益而忽视企业长期发展，很多企业在经营者的薪酬结构中加入与企业未来利润密切相关的报酬，如按股票价格给予经营者奖金，或者授予一定数额的公司股票。

股权激励作为一种长期激励方式开始于20世纪70年代的美国，在90年代得到长足的发展。股权激励包括股票期权、员工持股计划、限制性股票激励计划等形式。一般观点认为，股权激励计划可以把职业经理人、股东的长远利益、公司的长期发展结合在一起，可以在一定程度上防止经理人的短期经营行为，以及防范"内部人控制"等侵害股东利益的行为。股权激励对于改善公司治理结构、降低代理成本、提升管理效率、增强公司凝聚力和市场竞争力能够起到非常积极的作用。

4.4.2 薪酬委员会

1. 薪酬委员会的作用与职责

薪酬委员会是董事会的下设的专门委员会之一，主要负责公司的管理层薪酬方案的制定。美国对薪酬委员会的设置是从1978年美国证券交易委员会（SEC）建议上市公司设立薪酬委员会开始的，此后，薪酬委员会制度在欧美等国迅速发展，在制定激励薪酬与制衡经理人权力膨胀、维护股东利益方面发挥了一定的作用。

薪酬委员会可以避开管理层对高管薪酬方案进行设计，并向董事会提出建议，因而可以更好地考虑股东的长远利益。薪酬委员会的独立性至关重要，独立性是保证高管薪酬方案公平性和合理性的基本前提。按照美国公司惯例，薪酬委员会通常由独立董事组成。按照我国的《上市公司治理准则》，上市公司董事会可以按照股东大会的有关决议，设立战略、审计、提名、薪酬与考核等专门委员会。专门委员会成员全部由董事组成，其中审计委员会、提名委员会、薪酬与考核委员中独立董事应占多数并担任主席。

按照我国《上市公司治理准则》的规定，薪酬委员会负责：研究董事与经理人员考核标准，进行考核并提出建议；研究和审查董事、高级管理人员的薪酬政策与方案。

按照美国的相关规定，要求薪酬委员会建立高管人员薪酬激励的观念，确保薪酬富有竞争力并与公司业绩、股东价值保持一致；评估主管人员薪酬水平；确定最能够使主管人员致力于公司目标的薪酬组合，在年度薪酬与长期激励性薪酬之间建立一种适当的平衡关系；行使高管人员薪酬计划，尤其是涉及权益薪酬的计划；评估董事薪酬；评估高层管理人员的工作表现；负责高管薪酬方案的执行，以及相关信息的公开和披露。

2. 薪酬委员会履行职责过程中应注意的问题

（1）对股东负责。薪酬委员会应该持对股东负责的态度履行相应职责，定期向股东大会提交薪酬委员会报告，介绍薪酬委员会的工作情况及薪酬方案的调整计划，并向股东解释薪酬方案的实施对公司影响。一些特殊的股权激励方案还需要提请股东大会讨论通过，例如，股票期权激励计划，在美国的一些州只需要在董事会通过即可，而在另一些州则需获得股东大会通过。按照我国目前的法规要求，上市公司的股权激励方案也应提交股东大会审议通过。

同时对股东负责也体现在薪酬方案的设计应该充分考虑高管利益与股东利益的挂钩，薪酬计划需要与代表股东利益的指标挂钩，如每股收益、股价等。同时，长期激励计划可以促使高管人员更关注股东的长期利益。

（2）可以外聘咨询顾问或专家。薪酬方案的设计是非常复杂的工作，委员会受人员和知识结构的限制，可能无法解决薪酬方案制订的所有问题，因此，可以聘请第三方咨询机构和人力资源专家，提高工作效率，制订更为专业和有效的薪酬方案。

（3）外部环境的变化。外部环境的变化可能会降低原有的薪酬方案的有效性，例如，会计准则的变化，会使原来制定的激励目标失去可比性，因此，薪酬委员会要针对外部法律、政策以及市场环境的变化适时调整薪酬方案，优化公司的高管激励措施。例如，从 2005 年 6 月开始，美国的新会计准则要求在编制财务报表时需要将股票期权计入成本，受此影响，实施股票期权的公司可能会降低账面利润，从而影响公司未来的股价。所以越来越多的公司开始降低股票期权的使用而增加限制性股票。

4.4.3 经营者激励的方式

企业的激励方式有多种，这里简单介绍一些典型的模式，很多现行的模式都是从这些基本模式变化而来或者结合使用的。

（1）年薪制：年薪制本身既有激励作用，又有约束作用。对于股份制企业，年薪制的激励对象是董事长和总经理。由于董事长主要负责资产的保值增值，总经理主要负责利润的增长，所以，董事长的年薪主要根据净资产变动指标来确定，总经理的年薪主要根据利润变动指标来确定。不过，由于年薪制是以一个生产经营周期，即以年度为单位确定经营者报酬的收入分配制度，也就容易使经营者在任期到期时采取短期化措施，以获取高额报酬；同时年薪制的业绩指标容易受到宏观经济波动、市场环境等不可控因素的影响，造成经营者报酬计算的偏差。另外，经营者的年薪、津贴和奖金都是以现金形式发放，年薪与津贴按规定应列入企业成本，奖金则从税后利润中支取，这也相应降低了企业资产利润率和股东权益。

（2）业绩股票：是指在年初确定一个较为合理的业绩目标，如果激励对象到年末时达到预定的目标，则公司授予其一定数量的股票或提取一定的奖励基金购买公司股票。业绩股票的流通变现通常有时间和数量限制。另一种与业绩股票在操作和作用上相类似的长期激励方式是业绩单位，它和业绩股票的区别在于业绩股票是授予股票，而业绩单位是授予现金。

（3）股票期权：是指公司授予激励对象的一种权利，激励对象可以在规定的时期内以事先确定的价格购买一定数量的本公司流通股票，也可以放弃这种权利。股票期权的行权也有时间和数量限制，且需激励对象行权时支出现金。目前在我国有些上市公司中应用的虚拟股票期权是虚拟股票和股票期权的结合，即公司授予激励对象的是一种虚拟的股票认购权，激励对象行权后获得的是虚拟股票。

（4）虚拟股票：是指公司授予激励对象一种虚拟的股票，激励对象可以据此享受一定数量的分红权和股价升值收益，但没有所有权，没有表决权，不能转让和出售，在离开企业时自动失效。

（5）股票增值权：是指公司授予激励对象的一种权利，如果公司股价上升，激励对象可通过行权获得相应数量的股价升值收益，激励对象不用为行权付出现金，行权后获得现金或等值的公司股票。

（6）限制性股票：是指事先授予激励对象一定数量的公司股票，但对股票的来源、抛售等有一些特殊限制，一般只有当激励对象完成特定目标（如扭亏为盈）后，激励对象才可抛售限制性股票并从中获益。

（7）延期支付：是指公司为激励对象设计"一揽子"薪酬收入计划，其中有一部分属于股权激励收入，股权激励收入不在当年发放，而是按公司股票公平市价折算成股票数量，在一定期限后，以公司股票形式或根据届时股票市值以现金方式支付给激励对象。

（8）经营者/员工持股：是指让激励对象持有一定数量的本公司的股票，这些股票是公司无偿赠予激励对象的，或者是公司补贴激励对象购买的，或者是激励对象自行出资购买的。激励对象在股票升值时可以受益，在股票贬值时受到损失。

（9）管理层/员工收购：是指公司管理层或全体员工利用杠杆融资购买本公司的股份，成为公司股东，与其他股东风险共担、利益共享，从而改变公司的股权结构、控制权结构和资产结构，实现持股经营。

（10）账面价值增值权：具体分为购买型和虚拟型两种。购买型价值增值权是指激励对象在期初按每股净资产值实际购买一定数量的公司股份，在期末再按每股净资产期末值回售给公司。虚拟型价值增值权是指激励对象在期初不需支出资金，公司授予激励对象一定数量的名义股份，在期末根据公司每股净资产的增量和名义股份的数量来计算激励对象的收益，并据此向激励对象支付现金。

4.4.4 经营者薪酬结构

不同国家对经营者薪酬的设计结构并不相同，以美国的上市公司高管薪酬情况为例，管理者的薪酬通常可以分为基本薪酬、年度业绩薪酬、福利计划和长期激励计划四个部分[①]。

1. 基本工资

基本工资是高管人员的基本收入，具体金额主要由公司的规模和风险程度决定，激励功能较低。基本工资是由薪酬委员会定期评估确定，确定的依据包括本行业竞争对手的薪酬状态，以及公司在行业中的地位、薪酬结构规划、未来的成长速度等因素。对于新兴产业内的成长型公司，公司股权上升空间较大，公司高管人员的薪酬通常主要从股票期权等长期激励中获利，因此此类公司的基本薪酬部分通常较低。例如，雅虎公司的基本工资仅为市场水平的50%或者更低。

2. 年度奖金

年度奖金是基于公司、部门业绩或个人业绩完成情况确定的。年度奖金通常一年或者半年发放一次，按照事前制定的业绩目标完成情况确定具体金额。按照业绩基准可以分为公司业绩的年度奖金、基于部门业绩的年度奖金和基于个人业绩的年度奖金。

3. 福利计划

薪酬体系中的福利计划包括公司提供给高管的养老金计划、医疗计划、高级俱乐部会员资格、免费旅游、专用交通工具、高管退休金以及"金色降落伞"等。其中，"金色降落伞"是对高管人员的一种保障性约定，它规定当公司被并购时，管理人员如果被辞退就可以获得的一笔巨额离职金。

4. 长期激励计划

长期激励计划包括股票期权、股票持有计划、虚拟股票等。在长期激励计划中，股票

---

① 彭剑锋，崔海鹏等. 高管薪酬. 北京：机械工业出版社，2009.

期权是最常用的一种方式,即授予公司高管人员在特定时期内(如 3~5 年),按照某一预定价格购买本公司股票的权利,这种权利通常不允许转让。利用股票期权,可以很好地激励管理人员关注公司的股票价格,实现管理层与股东利益趋向一致,同时,由于公司对期权的行权期限、价格、行权条件等进行灵活设计,例如,规定在较长的年度内,分批有条件地兑换期权。从而增加管理层跳槽的机会成本。可见,期权激励可以无形中在一定时期内"锁住"高管人员。

在美国上市公司的薪酬机构中,长期激励占有绝对比例,占到整个薪酬结构的60%以上,构成高管薪酬的主要部分。年薪和奖金在整个薪酬结构中约占27%,福利以及其他形式只占约 10%。而在长期激励计划中,股票和期权激励是两种最常用的方式。

4.4.5　经营者激励与企业业绩的关系

将经营者激励与企业业绩相联系是公司激励机制设计和解决代理问题的通行做法,即将经营者激励建立在一定的业绩评价方法基础之上。企业业绩的衡量可以采用不同的方法,通常包括三类:一是会计方法,即通过会计指标,如净利润、资产报酬率、净资产收益率等,来评价经营者行为。这种方法简单易用,但容易受会计方法的影响,不能准确地反映股东价值的变动,也容易使经营者过多地关注短期利润而非长期发展。二是市场价值方法,即通过股票价值来评价管理行为并决定经营者报酬水平。这种方法的优点是建立了经营者报酬与股东价值之间的更为直接的联系,但其缺点也比较明显,如受到资本市场波动的影响,不能区分股票价值变动是由于外界环境因素还是经营者自身的行为所致。三是相对业绩评价方法。即以公司资本收益率与企业加权平均资本成本之差,或者公司与同行业其他企业的业绩差额,作为经营者业绩的评价方法。

激励程度与企业业绩是否高度相关,是体现高管薪酬制度设计合理性的重要标准。但这种看似简单的联系在企业实践中却往往很难做到。因为①管理者通常可以通过自身的权力影响薪酬方案的制订过程。管理者对薪酬的影响程度主要受两个维度的影响:一是所有权结构。CEO 拥有的股份越多,对董事选举的影响越大。如在股权集中的公司,公司 CEO 和董事长往往即为公司大股东,他具有影响董事提名和薪酬委员会成员的权力,对薪酬方案的设计具有直接的影响。二是董事会的组织结构。内部董事的比例越高,CEO 的影响力可能会更高,租金索取程度也会更高。②管理者薪酬本身仅是经营者激励中的一部分,在职消费、权力和声誉等精神激励也是经营者激励的重要部分。薪酬的下降,管理者可以通过增加在职消费、扩大企业规模等得更高的非货币性激励进行弥补。

因此,在考虑建立经营者激励与企业业绩联系的同时,必须加强薪酬委员会的独立性以及对经营者非货币性激励方式的监督和控制。

本章小结

基于广义的公司治理概念,可以将公司治理划分为内部治理和外部治理两个方面。本章主要针对内部治理展开介绍,包括治理结构与治理机制两个方面。完善的公司治理机构是实现良好治理的基础和平台。我国的公司治理结构主要由股东大会、董事会、监事会和经理层等具体治理机关构成。各治理机关之间形成的权责配置构成了公司内部治理的基本框架。

治理机制可分为外部治理机制和内部治理机制。外部治理机制是指通过外部治理环境对公司内部控股股东和管理人员的激励约束机制。内部治理机制则是通过内部权力配置与制度安排实现对管理人员的激励与约束机制。

财务治理机制是内部治理机制在财务权力安排上的具体表现，财务治理机制的核心在于决策权、监督权的分配与激励制度的安排，从公司财务管理的角度，表现为财务决策权和财务监督权的安排以及管理层激励制度。

思考题：

1. 你认为一个健全的公司治理有哪些标志？
2. 企业财务治理的要义是什么？
3. 出资者财务、经营者财务和财务经理财务的概念与制度意义是什么？
4. 财务决策机制的制度要求有哪些？
5. 财务激励与约束机制的制度要求有哪些？

华帝控制权聚变

2015年10月22日，华帝股份发布公告称，经董事会决议，聘任潘垣枝担任公司新总裁。这意味着，继潘叶江担任华帝董事长之后，潘氏家族已经获得了华帝股份董事长、总裁的职位，取得了公司决策和管理方面的控制权。此前潘氏家族曾不断增持华帝股份，直接和间接持有华帝共27.99%的股份，相对其余六位创始人持有12.54%的股份而言，说明潘氏家族获得了控股权地位。这也暗示着，华帝股份目前的所有权和管理权实际上都已经集中在潘氏家族手中，打破了"华帝创业七雄"的"团控"模式，转而进入了潘氏家族的集中控制模式。

该信息公开之后，舆论媒体涌现出两种截然不同的声音。一种观点认为，虽然潘氏家族拥有华帝股份的控股权，但是潘叶江获得董事长席位时，创业元老李家康和黄文枝两位董事投弃权票了，这说明华帝内部控制权实际上是潘氏家族强势上位，将留下"宫斗"隐患。另外一种观点则认为，华帝股份的控制权易主实际上是危局之下的治理结构调整，通过所有权和管理权的集中化，将有利于推行战略变革，为公司摆脱业绩下滑的困境、步入新的增长轨道提供制度保障。

实际上，华帝股份内部创始人团队的"宫斗"在过去两三年所有权集中于潘氏家族的过程中并未表现出激烈之势。而是在2015年前三季度业绩下滑之际，相继进行了董事长和总裁的更替，分别由创业元老之一潘权枝的儿子潘叶江和弟弟潘垣枝担任，管理控制权进一步集中于潘氏家族。虽然更替过程也许有分歧，但是从公司长远发展的角度而言，这或许是华帝结束"创业七雄"泛家族化控制,变为潘氏家族控制、进而推动公司战略变革的不二之选。

回归"团控"治理模式

1992年,"创业七雄"黄文枝、邓新华、黄启均、关锡源、杨建辉、李家康、潘权枝每人均衡持股创办了中山华帝燃具有限公司。这种合伙制创业团队保证了初创时期各种资源和能力的有效整合,使华帝得以在快速发展的燃具市场中取得辉煌业绩。在公司创建初期,合伙制团队形成的权力制衡、目标一致和充分信任是一种独特的战略优势,而这种团队的形成通常都是基于情感化和泛家族化的互动关系。实际上,创业七雄在共同创办华帝之前,彼此之间正是由于这种泛家族化的朋友关系,才具有充分的信任度,他们在企业内各司其职、各尽其长,这有利于保证华帝公司高层团队的合作共创关系。

创业七雄对公司的团控模式一直持续到1999年,当年10月28日,七位创业股东集体退任董事,将经营管理权交由职业经理人队伍打理。其中,最为关键的事件当属聘用职业经理人姚吉庆担任总经理,这一度被媒体热传为民营企业所有权和经营权两权分离的最佳经典案例。两权分离,不仅为华帝进入资本市场传递出规范公司治理模式的有利信号,同时从根本上为华帝的成长带来了很多现代公司治理理念和管理模式,为公司发展打下了坚实的基础。

两权分离实际上是解决泛家族化创业团队在现代公司管理体制方面能力约束的治理机制选择,然而这种模式隐含着"所有者—经营者"之间的"委托—代理"问题。在21世纪初中国职业经理人市场刚刚萌芽,而民营经济蓬勃发展的历史时期里,还非常少见成功的案例。华帝股份在2004年9月正式公开上市,而在2002年职业经理人姚吉庆已经辞职,华帝股份的总经理由创业七雄之一的黄启均担任。

经营权外放、后又收回到创业者手中的过程,充分体现了两权分离机制在泛家族化所有权的公司治理体系中的问题之所在。泛家族化所有权分布通常是较为均衡的,华帝股份当时的股权主要集中在控股公司——中山市九洲燃气具实业有限公司,其100%的股权都是由华帝的七位创始人所持有。2004年华帝股份上市时,算上直接和间接持有的股份,七位创始人最大股东是黄文枝(持有9.04%),第二是邓新华(6.44%),第三是潘权枝(4.93%),黄启均、关锡源、杨建辉、李家康四人各持有4.71%。相对均衡的所有权形成了股东大会投票权的制衡作用,因此如果七位股东有异议,任何议题都将难以落实。这是泛家族化所有权制衡对于决策机制和效率的权力制约效应,而这在市场变化越来越快、决策效率要求越来越高的竞争情境下,已经难以形成治理优势。

潘氏家族逐步接管

潘氏家族在华帝股份的管理权涉入在2013年就已经开始。自华帝股份2004年上市以来,潘权枝一直未直接担任董事,其儿子潘叶江在2013年开始担任副董事长兼董事,2014年又担任副总裁兼副董事长,2015年担任董事长,同年潘权枝弟弟潘垣枝担任总裁。2013年潘氏家族开始增持股份,同时加大管理权涉入,到2015年潘氏家族一共持有华帝股份27.99%的股权。这意味着,潘氏家族完成了所有权和管理权的集中化,华帝股份基本结束了创业七雄的均衡控制状态。

为什么潘氏家族要不断增持所有权并掌握管理权?一个公司治理结构变革的背后通常跟其战略变革有关。华帝过去五年三季度的业绩发生明显的下滑趋势,根据Wind资讯提供的数据,从2011—2015年三季度的利润总额同比增长率来看,2013年达到顶峰,而2014

年开始下降，2015年甚至出现了严重的负增长。经营业绩的不乐观反映了公司发展战略必须做出重大调整，以应对未来的市场竞争，而战略变革需要较为集中的决策意向以及执行力。潘氏家族控制了所有权和管理权之后，两权合一，形成了家族内部的合力，因此减少了委托—代理问题，这是传统家族企业的治理优势的核心特征。

如果从企业传承的角度来看，像华帝一样所有权和管理权分散的泛家族化控制的企业大致有三种传承路径。其一，核心家族出现并引入其下一代成员，在所有权和管理权方面进行更大程度的涉入，以保证充分的家族控制。正如华帝股份案例一样，实现所有权和控制权的传承继任。但是当家族成员无法胜任时，还是需要聘任优秀的职业经理人。其二，维持泛家族化所有权的均衡配置。各个家族内部可以实现既有所有权的传承，同时利用外部劳动力市场，聘任优秀的职业经理人负责经营管理，继而通过所有权的传承实现各个家族内部财富的传承，这是大部分变为公众化公司的家族企业所采用的模式。其三，泛家族化所有权均衡配置，各个家族内部既可以实施所有权的传承，也开放管理权的传承，但这种形式的传承就需要解决一些重要问题，比如哪个家族的二代更能胜任？如何筛选优秀的家族管理者？这种传承模式就是优先考虑泛家族内部的管理权继任人选，如果都无法胜任，那最终依靠的还是外部劳动力市场。

[资料来源：梁强. 董事会. 2015(12).]

思考题：
1. 华帝股份的控制权变化路径可以带来哪些启示？
2. 家族企业应如何从财务控制的角度加强其控制权？

第 5 章　财务预警与风险管理

5.1　风险与财务风险

5.1.1　风险的概念与分类

　　风险是指一定条件下和一定时期内未来结果的不确定性。企业风险是指企业在生产经营过程中，由于企业内外各种不确定性或不可控因素的影响，从而使企业生产经营的未来实际结果与企业预期基本目标之间产生差异的可能性。

　　风险并不等同于危险，危险的结果只能是绝对的损失或伤害，而风险则既可能带来损失也可能带来收益，不确定意味着一切皆有可能。这恰恰是风险让人畏惧但又不甘放弃的根本原因。那么企业的风险又是从何而来呢？任何会对企业的未来财务状况和经营结果产生影响的因素都有可能成为风险推手，大到国际经济环境动荡，小到财务人员的录入错误，可以说风险缘由无处不在。

　　对企业风险形态进行科学的分类，可以清晰地把握企业风险的各种征兆。对企业的风险存在多种分类标准，但主要是按风险能否分散将风险划分为系统性风险和非系统性风险。系统性风险，亦称不可分散风险指由于外部因素的变化给一定时期一定区域内所有企业都带来经济损失的可能性，这些因素包括政策变更、通货膨胀、汇率调整、经济周期等。在一定时期和一个较广的范围内，这种风险影响所有企业，如全球金融危机带来了银行等金融机构的风险，同时也使全球制造业、房地产、服务等非金融的公司都同样面临极大风险。对于投资者和公司来说，这种风险是无法通过多元化投资消除的。非系统性风险亦称可分散风险，指的是某些因素对个别公司造成经济损失的可能性，这些因素既可以包括行业、地域等企业外部因素，也可以包括公司重大经营决策、日常生产组织等企业内部因素。这种风险可通过产业、区域投资多元化来抵消，因此非系统性风险也可定义为通过多样化投资可被分散的风险。

　　按风险成因可以将企业的风险划分为经营风险和财务风险。经营风险也叫商业风险，是指由于生产经营上的原因带来的收益不确定性。造成经营风险的原因有两大类：一类是企业外部因素，如自然灾害、经济不景气、通货膨胀等不可控因素；另一类是市场需求和成本等因素的不确定性，尤其是固定成本因素决定的经营杠杆的客观存在，当产销量变动时，利润将以经营杠杆系数的幅度上升或下降。尽管经营杠杆本身不是利润不稳定的根源，但它扩大了市场和生产等不确定因素对利润的影响，经营杠杆系数越大，利润的波动幅度就越大，这意味着企业经营风险也就越大。降低风险的基本方针就是要降低经营杠杆系数。

财务风险特指企业在生产经营中的财务活动（包括投资、融资等活动）与财务治理财务制度中所面临的风险。这是本章讨论的主体内容。

5.1.2　财务风险的内容与表现

企业的经营过程表现为商流、资金流、信息流和人力资源流相互交织运动的过程。现代企业的资金流（财务活动）是一个复杂的系统过程，有时与商流、信息流相伴而行，有时也发生脱离物流运动的独立运动，如企业对外汇进行套期保值。从另一个角度考虑，企业的一项重大财务活动可能也是一项重大的经营活动，如企业公开发行股票，这项活动的风险和运作就主要是从财务方面加以策划与实施。所以，财务风险是一个多视角、多变量、多层次的复合性概念。既有财务"规模"上的风险问题，也有财务"结构"上的风险问题；既有静态财务风险问题，也有动态上的财务风险问题；既有财务业务过程管控上的风险问题，也有财务结果上的"偏离预期"风险问题；既有资产负债表风险、盈利能力风险，更有现金流量表风险；既有企业内部财务风险，也有外部因素导致的财务风险；既有财务数据上的风险，也有财务制度风险（包括财务制度残缺与财务制度失灵）。

应该说企业风险不仅仅局限于财务方面，但是企业的所有风险都最终表现在财务报表和财务运行上。企业财务风险也可以按照不同标志进行多种分类。

（1）按内容划分，财务风险包括负债（杠杆）风险、支付能力风险、投资风险、信用风险、利率风险与外汇风险等主要类别：①负债（杠杆）风险。对于公司来说，不能偿还到期债务是负债经营隐含的最大风险。这种风险既包括不能偿还到期债务本金的风险，也包括公司偏离最佳资本结构而导致资本成本上升的风险。②支付能力风险，是指公司现金流不足以满足必要经营支出和投资支出项目的风险，这类风险也叫现金流风险。即使一个盈利的公司也可能因为现金流无法满足其支付需求而面临危机。对于过度扩张与粗放经营的企业来说，这类风险是致命的。③投资风险，是指投资决策失误和投资过程控制失灵招致的投资失败。这是现代企业最大的财务风险之一。④信用风险，是指企业不能按期足额收回应收款项的风险。⑤利率风险，是指由于利率的波动性导致公司收或支的利息高（低）于预期值。⑥外汇风险，也称货币风险是指汇率变化而产生的资金回收与盈利方面的不利影响。

（2）从管理角度，财务风险可分为财务制度风险、财务业绩风险、财务流动性风险与财务信息风险。①财务制度风险表现为制度实际执行偏离法律制度规范要求的程度。企业必须严格遵循国家的法律法规、公司章程、战略规划与预算、管理流程、各项财务管理制度、其他规章制度等。制度的主要功能是控制风险。"上有政策、下有对策"是制度失灵的标志，是风险的导火线。②财务业绩风险表现为实绩业绩偏离目标、预算等标杆值的程度。财务经营业绩与财务目标、财务预算指标偶尔发生偏差，是十分正常的事情，但是如果目标值与实际状况长时间发生很大偏差或重大波动，这是企业危机的征兆。③财务流动性风险表现为企业的偿债能力或支付能力不足时，其现金流无法偿还到期债务或无法维持当前的运营水平所需的必要支出所导致的一种风险。④财务信息风险表现为信息不对称、信息失真、信息迟缓等导致决策上、控制过程和业绩评价方面的种种问题。

5.1.3 企业财务风险与企业战略、业务经营的共生性

企业战略是对企业整体性、长期性、基本性问题的谋划,处于一个不断发展变化的状态当中,受到企业所处的宏观和微观环境以及企业本身发展的影响。

财务风险的战略性。越来越多的人认为公司经营的基本目的在于创造财务上的业绩,公司的成功最终表现为财务上的成功。与此同时,实现企业战略、追求财务业绩的过程和结果充满各种不确定性,这些不确定性体现为包括财务风险在内的多种风险因素。如前所述,从公司战略的角度出发,对财务风险的关注应包括制度风险、信息风险、业绩风险、现金流风险等。需要特别说明的是,尽管公司的价值在很大程度上通过金融市场来反映,但是实现企业价值最大化目标还是要看企业能否在商品市场、商业经营上赢得有利可图的客户和产生持续的营业收入,这是实现价值目标的根本问题,也是由公司内涵价值概念决定的。可见企业生存的主宰是在金融市场,但是生存的方式、获利的途径则是由商品市场上的表现所决定的,所以财务管理理论必须和公司商品经营战略相联系。基于此,财务风险管理也必然与企业战略密不可分(如图5-1所示)。

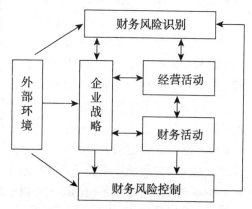

图 5-1 企业战略与经营活动、财务风险的关系

财务风险的综合性。企业的投资、生产经营、融资等战略决策既可能直接影响财务风险,也可能通过作用于经营活动而影响财务风险。例如,企业在投资中选择了多元化战略,这必然要求企业有大量的资金投入,如果战略方向错误,就会直接造成资金黑洞。而且多元化战略反映在经营过程中,需要与多重客户和供应商建立合作关系,又会涉及产品销售和原料供应等细节问题,如果形成过多坏账或者原料占用了太多资金,同样会影响企业的支付能力,形成财务风险。

财务风险的传导性。"蝴蝶效应"(The Butterfly Effect)是20世纪70年代,美国一位名叫洛伦兹的气象学家在解释空气系统理论时说,亚马孙雨林一只蝴蝶翅膀偶尔振动,也许两周后就会引起美国得克萨斯州的一场龙卷风。"蝴蝶效应"指的是初始条件十分微小的变化经过不断放大则对其未来状态会造成极其巨大的差别。有些小事可以糊涂,有些小事如经系统放大则对一个组织、一个国家来说会发生致命后果。企业内部的财务风险"微小隐患",同样存在这类"蝴蝶效应"的传导机理,对企业持续经营、财务安全产生极具破坏性的后果。

5.2 企业财务预警方法

5.2.1 财务预警方法概述

风险预警,即对一个人、一个组织甚至一个国家可能面临的风险情况给予提醒和警告。

企业经营无时无刻不处于包括财务风险、市场风险、法律风险等在内的各种风险之中，正所谓"千里之堤、溃于蚁穴"，因此必须建立预警制度，在面临复杂多变的市场环境和内部不可控因素的条件下，尽可能的预先察觉经营中的危机，并采取有效应变措施，化解风险消除危机。

针对财务风险展开的预警就构成了企业财务预警分析，即通过对企业财务报表及相关经营资料的分析，利用及时的财务数据和相应数据化管理方式，将企业已面临的危险情况预先告知企业经营者和其他利益相关者，并分析企业发生财务危机的原因和企业财务运营体系隐藏的问题，以提早做好防范措施的财务分析系统。

企业产生财务危机的原因多种多样，既可能是由于企业经营者决策失误，也可能是管理失控导致，还可能是由于外部环境恶化等。但任何财务危机都有一个逐步显现、不断恶化的过程，因此，正所谓防微杜渐，在财务系统的正常运作中，就应对企业的财务运营过程进行跟踪、监控，及早地发现财务危机信号并着手应变，以避免或减弱对企业的破坏程度。通过财务预警方法的分析，对财务运营做出预测预报，无论从哪个立场分析都是十分必要的。它除了能够预先告知经营者、投资者企业组织内财务营运体系隐藏的问题之外，还能清晰告知企业经营者应朝哪一个方向努力可以有效地解决问题，让企业把有限财务资源用于最需要或最能产生经营成果的地方。

财务预警方法根据不同的标准可以分成不同类别。

1. 按分析时利用指标或因素的多少不同划分

按分析时利用指标或因素的多少，可分为单变量预警分析和多变量预警分析。

单变量分析是指通过对每个因素或指标进行分析判断，与标准值进行比较，然后决定是否发出警报以及警报的程度；多变量分析则是根据不同指标、因素的综合分析的结果进行判断。

2. 按分析判断时采取的主要依据不同划分

按分析判断时采取的主要依据，可分为指标判断和因素判断。

指标判断是建立风险评价指标或指标体系，划定指标预警标准以及警报区域，然后根据指标值落入警报区域的状况来确定是否发出警报以及警报的程度；因素判断则是以风险因素是否出现或出现的概率作为报警准则。在实际中，可将风险因素按一定方式进行重要度排序，以重点因素作为主要的报警因素，或通过某种方法得到风险因素的出现概率，然后与报警概率进行比较，做出判断。

3. 按预警分析所采用的分析方法不同划分

按预警分析所采用的分析方法，分为定性分析和定量分析。

定性分析是根据分析者对企业财务运行状况、组织管理的综合评判得出预警结论。一批学者都将管理失误作为公司经营失败的主要原因，如战略决策失误、法人治理结构不合理、权力过于集中、缺乏内部控制机制或机制没有得到有效执行、会计及财务控制不严、对竞争反应太慢、负债杠杆过度等，所以财务预警从这些病因开始。定量分析主要通过财务指标和各种模型的计算与分析得出预警结论。这种分析方法的动因是无论什么样的原因造成企业经营失败，都会在事先有蛛丝马迹可循，这些迹象有些表现为异常的财务指标，有些表现为不正常的其他可量化的影响因素。这类方法包括财务指标分析法、财务杠杆系数分析法、概率分析法、敏感性分析法、盈亏平衡分析法、实证分析方法等具体运算方法。

5.2.2 定性预警分析

1. 标准化调查法

标准化调查法又称风险分析调查法，即通过专业人员、咨询公司、协会等，就企业可能遇到的问题加以详细调查与分析（如表 5-1 所示），形成报告文件供企业经营者使用的方法。这种报告文件从一两页到上百页。之所以称其标准化，并不是指这些报告文件或调查表格具有统一的格式，而是指它们所提出的问题具有共性，对所有企业或组织都有意义并普遍适用。普适性是这种方法的优点，但换个角度来看，对特定的企业而言，标准化调查法形成的报告文件无法提供企业的特定问题和损失暴露的个性特征。并且报告文件是专业人员根据调查结果，以自己的职业判断为准对企业的情况给予定位，这有可能出现主观判断错误的情况。另外，该类表格既没有要求对回答的每个问题进行解释，也没有引导使用者对所问问题之外的相关信息做出正确判断。

表 5-1 标准化调查表

项目	调查内容	备注
业绩	1. 现状：好、一般、不好 2. 前景：增长、下降、稳定、不明 3. 交易对象、行业前景：增长、下降、稳定、不明 4. 对外资信：高、一般、低、不明	
同行业对比	1. 规模、地位：大、中、小、独立 2. 同行业间的竞争：激烈、一般、无 3. 销售实力的基础：销路、客户、商标、商品组织、广告、特殊销售法 4. 生产实力的基础：特殊技术、特殊设备、特殊材料、特殊产品、特殊生产组织	
经营上的问题与原因	1. 问题：销售不振、收益率差、成本高、生产率低、人力不足 2. 销售不振的原因：不景气、竞争激烈、行业衰退、销售力弱、产品开发慢、生产率低 3. 收益率低的原因：价格低、成本高、高利率 4. 生产率低的原因：效率低、人力不足、管理不善、现代化程度低、多品种少量化 5. 成本高的原因：材料费高、开工不足、工资等费用高	
前景	1. 方针：扩大、维持现状、转换、不明确 2. 扩大方向：整体规模、新增范围、人员 3. 具体方法：多样化、新产品、新销路、专业化 4. 重点基础：产品开发、设计、设备、技术、增强销售力、劳务人事、成本、质量	

2. "四阶段症状"分析法

企业财务运营情况不佳甚至出现危机，肯定有其特定的症状，而且是逐步加剧的，我们的任务是及早发现各个阶段的症状，对症下药。可以认为企业财务运营病症大体分为四个阶段，各阶段危机症状如图 5-2 所示。如企业有相应情况发生，一定要尽快弄清病因，采取有效措施，摆脱财务困境，恢复财务正常运作。

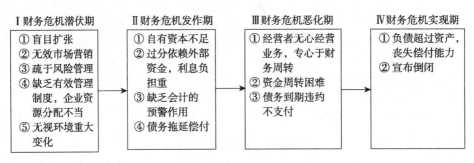

图 5-2　企业财务营运症状与危机的四个阶段

3. "三个月资金周转表"分析法

判断企业"病情"的有力武器之一是看是否制定三个月的资金周转表来考虑资金周转问题。这种方法关注企业是否经常检查结转下月余额对总收入的比率、销售额对付款票据兑现额的比率等,这对维持企业的生存极为重要。

这种方法的理论思路是当销售额逐月上升时,兑现付款票据极其容易。可是反过来,如果销售额每月下降,已经开出的付款票据也就难以支付。而且,经济繁荣与否和资金周转关系甚为密切,从萧条走向繁荣时资金周转渐趋灵活,然而,从繁荣转向萧条,尤其是进入萧条期后,企业计划就往往被打乱。销售额和赊销款的回收都不能按照计划进行,但是各种经费往往超过原来的计划,所以如果不制订特别细致的计划表,资金的周转就不能不令人担忧。

这种方法的实质是企业面临的理财环境是变幻无穷的,要避免发生支付不能的危机,就必须仔细计划,准备好安全度较高的资金周转表,假如连这种应当办到的事也做不到,就说明这个企业已经呈现紧张状态了。

这种方法的判断标准是:①如果制定不出三个月的资金周转表,这本身就已经是个问题了。②倘若已经制好了表,就要查明转入下一个月的结转额是否占总收入的20%以上,付款票据的支付额是否在销售额的60%以下(批发商)或40%以下(制造业)。

4. 流程图分析法

企业流程图分析是一种动态分析。这种流程图对于识别企业生产经营、财务活动中的关键点特别有用。运用流程图分析可以暴露潜在的风险,在企业整个生产经营流程中,即使仅一两处发生意外,都有可能造成损失,使企业难以达到既定目标,而如果在关键点上出现堵塞和发生损失,将会导致企业全部经营活动终止或资金运动中止。图 5-3 是企业财务流程的基本图示。

在图 5-3 中,每个企业都可以找到一些财务控制关键点。哪些关键点上容易发生故障,损失的程度怎样,有无预先防范的措施等,这是一种潜在风险的判断与分析。当然,企业还可以把类似流程图画得更详细一些,以便更好地识别可能的风险。一般而言,在关键点处采取防范措施,才可能降低风险。

流程图分析法有其明显的局限性。它是建立在过程分析的基础上,是一种防范手段,应与识别损失的其他方法同时使用。

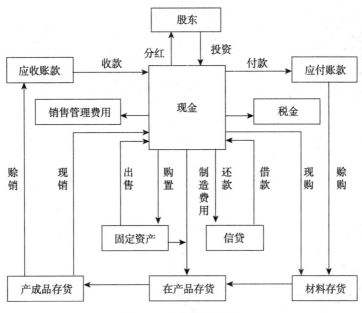

图 5-3 企业财务流程

5. 风险指数法

世界著名征信公司邓白氏国际信息公司根据调查对象的信用风险指数确定信用等级的方法，称为客户风险指数法。邓白氏国际信息公司将企业的风险级别分成 6 级，各级的标准和风险程度如表 5-2 所示。

表 5-2 邓白氏的企业风险指数等级表

风险指数	等级	风险程度	建议控制方法
	RS1	最小	进行信用交易，放宽付款条件
	RS2	低	进行信用交易
	RS3	中等	进行信用交易，但要监控
	RS4	高于平均值	进行信用交易，但要严格监控
	RS5	明显	寻求担保
	RS6	高	现金交易

风险指数计算时选择的关键要素（特征指标）为 12 个，每个指标按 10 分制评分，指标越好，评分越高。每个指标按其重要程度设定权重，该权重用百分数表示，全部指标权重之和等于 100%。各指标的得分乘以相应权重，然后加总，就得出该客户的风险指数，对比表 5-2，就可以确定其风险等级。风险指数法所选择的 12 个关键要素如表 5-3 所示。

表 5-3 邓白氏的企业风险指数计算表

关键要素	分数	权重	权重分
付款能力			
资金流动能力			
债务权益比率			

续表

关键要素	分数	权重	权重分
主要负责人简历			
法律诉讼			
合法结构			
运作时间			
销售能力			
盈利能力			
财务增长区域			
厂房所有权			
雇员人数			
总计			
平均信用风险指数			
调整			
最终风险指数			

5.2.3 定量预警分析

1. 定量预警分析的发展

利用公司的财务报告数据来评价公司的业绩和财务状况有着久远的历史。Fitzpartrick 于 1932 年进行了一项单变量的破产预测研究，他以 19 对破产和非破产公司作为样本，运用单个财务比率将样本划分为破产和非破产两组，发现判别能力最高的是净资产收益率与股东权益除以负债这两个比率。但一直到 1966 年才有人沿着他的这条思路继续研究财务危机的预测问题。Beaver 在 1966 年发表的论文里首先使用 5 个财务比率作为变量，分别对 79 家经营失败和 79 家经营成功的公司进行了一元判定预测，发现债务保障率（现金流量/负债总额）能够最好地判定公司的财务状况（误判率最低），其次是资产负债率，并且离经营失败日越近，误判率越低，预见性越强。

由于采用不同比率预测同一公司可能会得出不同的结果，1968 年，Altman 提出了多变量模型即运用多种财务指标加权汇总产生的总判别分（称为 Z 值）来预测财务危机。由于该模型是以制造行业中等资产规模（70 万~2 590 万美元）的企业为样本，对小企业适用性不大。1972 年，Edmister 专门针对小企业建立了小企业财务危机预警分析模型。此后回归分析、聚类分析、数学规划等方法陆续应用在财务危机预测中。进入 20 世纪 90 年代，西方的理论界及企业界对上述的线性方法提出了质疑，因为它们的有效性依赖于严格的假设条件，如变量的多元正态分布、独立性及等协方差矩阵等。只有当这些假设条件得到满足，这些方法才有很好的效果。因此，财务预警方法的发展正在经历巨变，近年来对人工神经网络的研究表明，由于它的非线性、非参数、自适应学习等特征，可作为模式识别的一个强有力的工具。

2. 单变量分析方法

单变量分析指的是运用单一变数、用个别财务比率来预测财务危机的方法。

（1）财务比率法。财务比率法是 William Beaver 在比较研究了 79 个失败企业和相同数量、相同资产规模的成功企业后提出的，他在计算了各财务报表项目的平均值之后，对流动资产项目中的重要项目作了如下说明：①失败企业有较少的现金而有较多的应收账款；②当把现金和应收账款加在一起列在速动资产和流动资产之中时，失败企业与成功企业之间的不同就被掩盖住了，因为现金和应收账款不同，它们是向相反的方向起作用的；③失败企业的存货一般较少。

William Beaver 的这些结果说明，在预测企业的财务危机时，应特别关注现金、应收账款和存货三个流动资产项目，对于现金和应收账款较少，而存货较多的企业，分析时应特别警觉。此外，财务比率法也可以根据企业所处的阶段、行业及其特点，选用其他的财务指标，包括速动比率、流动比率、资本结构比率、存货周转率、收入结构比率、资本回报率、利润边际率、资产周转率等，并且在静态指标的基础上，还可引入动态指标，如销售变动率（应收账款变动率/销售变动率）等。目前通常用来作为企业发生财务危机征兆的指标有债务保障率、资产收益率、资产负债率等。

企业的现金流量、净收益和债务状况不能改变，并且表现为企业长期的状况，而非短期因素。根据这一方法，跟踪考察企业时，应对上述比率的变化趋势予以特别注意。

（2）"利息及票据贴现费用"判别分析法。日本经营咨询诊断专家田边升一，在其所著《企业经营弊病的诊治》一书中，提出了检查企业"血液"即资金的秘诀之一是"利息及票据贴现费用"判别分析法。

"利息及票据贴现费"判别分析法，即用企业贷款利息、票据贴现费占其销售额的百分比来判断企业正常（健康）与否。制造业中，如果这种百分比的数值为 3%，则属情况一般，如果是 5%，就表明资金周转较困难；到了 7%，就会发生拖欠职工工资的现象；而这个百分比的数值上升到 10% 时，则企业势必要倒闭了（如表 5-4 所示）。

表 5-4　利息及票据贴现费用判别法的标准值　　　　　　　　　　　　　　%

制造企业	3	5	7	10
批发商	1	3	5	7
企业状况	健康型	维持现状型	缩小均衡型	倒闭型

（3）企业股市跟踪法。这种方法适用于上市公司。一般而言，企业的外部相关利益主体无法像企业内部经营者一样熟知企业的全部真实情况，仅通过企业对外报送的财务报告或临时公告等方式来了解企业的变化。由于很可能发生会计信息失真，相关利益主体更愿意以企业发行的股票价格为分析因素，尤其对于小股东或小债权人，在考虑监督成本必须小于收益的原则下，可以简单地认为企业股票价格的持续下降是企业经营失败的前兆。

虽然这种方法具有简单易行的优点，其缺点也是显而易见的，首先，它只适用于上市公司，不具普遍性；其次，股票价格波动的影响因素太多，经营状况的好坏只是其中的一个主导因素，如果市场有效性较弱，股票价格就更加不能反映企业的真实财务状况和经营成果。

3. 多变量分析方法

（1）企业安全率模式。通过计算企业的安全率，可以了解企业财务经营结构现状，并寻求企业财务状况改善方向。企业安全率是由两个因素交集而成：一是经营安全率；二是资金安全率。

① 经营安全率。经营安全率用安全边际率表示（见式 5-1）。

$$\text{安全边际率} = \text{安全边际额} \div \text{现有(预计)销售额}$$
$$= (\text{现有或预计销售额} - \text{保本销售额}) \div \text{现有(预计)销售额} \quad (5\text{-}1)$$

例如，ABC 公司明年预计销售额 2 500 万元，变动成本率 60%，固定成本 800 万元，则：

$$\text{保本销售额} = 800 \div (1-60\%) = 2\ 000\ \text{万元}$$
$$\text{安全边际率} = (2\ 500 - 2\ 000) \div 2\ 500 = 20\%$$

② 资金安全率。资金安全率的计算方法是资金安全率=资产变现率−资产负债率，其中资产变现率=资产变现金额/资产账面金额，资产负债率=负债总额/资产总额，这样可以得到公式

$$\text{资金安全率} = (\text{资产变现金额} - \text{负债总额}) / \text{资产账面总额} \quad (5\text{-}2)$$

在计算资金安全率时，所谓的"资产变现金额"，就是企业立即处置其所有资产后可以变成现金的总数。在计算资产变现值之际，要以资产负债表所列的各项资产一一加以估算加总而得。通常来看，资产负债表上的现金和银行存款可用账面金额；应收款项除扣除呆账准备外，还需要扣除一些催收账款费用；存货则需把账面金额减掉一些呆滞及其他损失；房屋及土地则可用市场同类可比价格。

仍以 ABC 公司为例，公司资产账面价值为 1 000 万元，经仔细核定确认将企业资产按变现价值估算约为 900 万元；他人资本 600 万元，自有资本 400 万元，合计为 1 000 万元，则资产变现率=900/1 000= 90%，资产负债率=600/1 000=60%，资金安全率=90%−60%=30%。

③ 两比率结合的预警分析。企业进行财务预警分析时，可将资金安全率与安全边际率结合起来判断企业的经营情况和财务状况是否良好（如图 5-4 所示）。

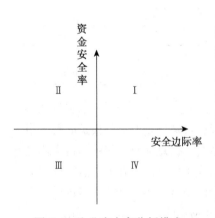

图 5-4 企业安全率分析模式

当两个指标共同确定的经营安全率落在第Ⅰ象限时，表示企业经营状况良好，应该采取有计划经营扩张策略。经营安全率落在第Ⅱ象限时，表示企业经营财务状况尚好，但是市场销售能力明显不足，应全盘研究对策，以加强企业总体销售实力，创造企业应有利润。经营安全率落在第Ⅲ象限时，表示企业经营已陷入经营不善的境地，随时有关门的危机，经营者应下决心立即采取措施，进行有效的重整。经营安全率落在第Ⅳ象限时，表示企业财务状况已露出险兆，经营者应将改善财务结构列为首要任务，要求企业全员有总体现金观念、自有资金比例提高，并积极进行开源节流。此时对市场营销应采用适度的成长策略，并且要求营销部门对顾客做必要的筛选，提高信用政策的标准，以防止不良销售损失加速企业财务状况的恶化。

继续关注上例 ABC 公司，公司安全边际率为 20%，资金安全率为 30%，其代表的经营安全率落在第Ⅰ象限，表示 ABC 公司经营状况良好。一般说来，当两个安全率指标均大

于零时，企业经营状况良好，可以适当采取扩张的策略；当资金安全率为正，而安全边际率小于零时，表示企业财务状况良好，但营销能力不足，应加强营销管理，增加企业利润的创造能力；当企业的安全边际率大于零，而资金安全率为负时，表明企业财务状况已露出险兆，积极创造自有资金、进行开源节流、改善企业的财务结构成为企业的首要任务；当企业的两个安全率指标均小于零时，则表明企业的经营已陷入危险的境地，随时有爆发财务危机的可能。

（2）多元线型函数模式。此方式是从总体宏观角度检查企业财务状况有无呈现不稳定的现象，及早未雨绸缪，做好财务危机的规避或延缓危机的发生。多元线型函数模式在财务管理文献上主要有以下几种。

① Altman 的 Z 计分模型。该模型是运用五种财务比率，进行加权汇总产生的总判别分（称为 Z 值）来预测财务危机的模型。1968 年，Altman 发表了一篇使用 Z 计分模型来预测财务危机的模型，此后该模型也被作为一种方便的综合经营业绩的评价方法普遍使用，其计算公式为

$$Z = 0.717X_1 + 0.847X_2 + 3.11X_3 + 0.420X_4 + 0.998X_5 \qquad (5-3)$$

其中，Z 值为判别分；

X_1 为营运资金/资产总额，用于衡量企业流动资产净额相对于资产总额的比例；

X_2 为留存收益/资产总额，用于衡量企业一段时间内的累计获利能力，其中"留存收益"数字来自资产负债表；

X_3 为息税前收益/资产总额，该比率剔除了税收和杠杆因素影响，用于衡量企业资产的生产能力；

X_4 为股东的权益资产/负债总额，用于衡量企业在负债超过资产，企业无偿债能力之前其资产可能的跌价的程度；

X_5 为销售额/资产总额，用于衡量企业资产取得销售收入的能力。

Z 计分模型中的财务比率 X_1、X_2、X_3、X_4 和 X_5 以绝对百分率表示，比如，当"营运资金/资产总额"为 30% 时，X_1 则表示为 30。按照这一模式，Z 值越低，企业就越可能破产。通过计算某个企业连续若干年的 Z 就能发现企业发生财务危机的先兆。回归分析结果表明：当 $Z < 1.20$ 时，企业属于破产之列；当 $Z > 2.90$ 时，企业属于不会破产之列；当 $1.2 < Z < 2.90$ 时，企业属于"灰色区域"或"未知域"之列，也就是说难以简单地得出是否肯定破产的结论。

下面给出甲公司、乙公司 2016 年度财务报表相关数据（如表 5-5 所示），依据模型（表 5-5）计算 Z 值如下。

表 5-5　甲公司、乙公司 2016 年度相关财务数据　　　　　　　　单位：万元

	甲公司	乙公司
营业收入	3 200	2 820
营业成本	2 440	2 190
息税前利润	192	86
利息	44	66
税前利润	148	20

续表

	甲公司	乙公司
现金	100	258
应收账款	1 488	2 100
存货	580	80
流动资产	2 168	2 438
非流动资产	1 262	3 490
总资产	3 430	5 928
流动负债	2 030	3 080
营运资金	138	−642
长期借款	220	480
长期应付款	140	350
长期负债	360	830
实收资本	824	898
留存收益	216	120
净资产	1 040	1 018

根据以上资料，可以计算得之：

$$Z_{甲} = \frac{138}{3\,430} \times 0.717 + \frac{216}{3\,430} \times 0.847 + \frac{192}{3\,430} \times 3.11 + \frac{1\,040}{2\,390} \times 0.420 + \frac{3\,200}{3\,430} \times 0.998 = 6.37$$

$$Z_{乙} = \frac{-642}{5\,928} \times 0.717 + \frac{120}{5\,928} \times 0.847 + \frac{86}{5\,928} \times 3.11 + \frac{1\,018}{3\,910} \times 0.420 + \frac{2\,820}{5\,928} \times 0.998 = 2.225$$

按照计算结果，$Z_{甲} > 2.9 > Z_{乙}$，甲企业应该很安全，但是乙企业存在风险隐患。虽然 Z 计分模型存在种种缺陷，如果运用得当，它仍然是一个有效的管理工具。在美国，Altman 模型作为预防破产的工具得到很高的评价，在短期预测中具有很高的准确度。

② 日本开发银行的"利用经营指标进行企业风险评价的新尝试"。20 世纪 70 年代，日本也利用与 Altman 模型相类似的分析方法，致力于研究开发企业业绩评价、风险估计的方法。日本开发银行调查部发表的"利用经营指标进行企业风险评价的新尝试——利用多变量分析的探索"虽然没有 Altman 的名字，但分析方法却与他的思路如出一辙，所不同的只是构成 Z 的各独立变量的选择有明显的差异。他们选择了东京证券交易所 310 家上市公司作为研究对象，分成优良企业和不良企业两组，进行了财务困境预测，建立了破产模型计算公式为

$$Z = 2.1X_1 + 1.6X_2 - 1.7X_3 - X_4 + 2.3X_5 + 2.5X_6 \tag{5-4}$$

其中，X_1 为销售额增长率；X_2 为总资本利润率；X_3 为利息率；X_4 为资产负债率；X_5 为流动比率；X_6 为粗附加值生产率（为折旧费、人工成本、利息与利税之和与销售额之比）。

模型中 X_3 和 X_4 的系数是负数，表明他人资本分配率和资产负债率越小，风险越小。判别函数的 Z 值越大，企业越是"优秀"，相反，则是"不良"的象征，并认为 Z 处在 0~10 的数值里，定为可疑地带，即是灰色区域。

③ 模糊综合评判法。从上面的各种分析法可以看到，财务风险的分析预测是一个多因素的过程，其反映本质特性的指标很多，除了有直接可以量化的指标外，也有大量的难以

用数值确切表达的指标。如信用风险"很大"，领导者"有才能"，员工的素质"较高"，规章制度"比较"完善等模糊概念。同时在指标体系或变量模型中，还存在特征、口径不一致的问题，缺乏可比性。因而我们利用模糊数学的方法来解决这个问题。但是，使用该方法的计算量较大，为了快捷处理数据信息，需利用计算机来完成该项预测过程。

模糊综合评判法步骤如下所述。

Ⅰ．确定评判因素（评价指标）集。设定企业财务预警指标体系为评价指标集合。记为：$S=\{S_1, S_2, S_3, \cdots, S_n\}$。

Ⅱ．确定评价指标的权重集：根据各个指标因素的重要程度对各指标赋予相应的权数，其大小应与影响因素对总体影响程度大小相一致，从而组成评价指标因素的权重集合。记为：$A=\{a_1, a_2, a_3, \cdots, a_n\}$且$\sum a_i$，$a_i>0$。具体可根据专家评定或管理者、财务经理的职业判断或实际经验来确定。

Ⅲ．设定评价结论，并确定各个评价结论的数值区域。在模糊集合中，其中的元素与模糊集合存在一定的隶属程度，即隶属度。100%的隶属关系则记为隶属度$V=1$，100%不存在隶属关系则记为$V=0$，隶属度的取值区间为$V \in [0,1]$，在财务风险预警管理中，指标体系中的各指标与风险之间的关系用隶属度来表示。隶属度的取值集即为各指标的风险等级档次集。记为：$V=\{V_1, V_2, V_3, \cdots V_m\}$，$V_j \in [0, 1]$，$j=（1,2,3,\cdots,m）$。式中$V_j$可视为$S$中各指标对不同级别风险档次的隶属度，$m$的值可根据实际情况而定。

Ⅳ．对预警指标评价结论值进行模糊统一。某个指标的评价结论值是该指标在某一时期内各个月（年）的结果在这个评价结论的数值区域内所出现的比例。其计算方法是先统计某个指标在某个时期内各个月（年）的结果在各个评价结论数值区域的次数，然后用该次数去除以该时期所包含的总月数（年数），所得的值即为该指标的各个评价结论值。同一指标的结论值之和等于1。

Ⅴ．模糊综合评判决策。其方法是进行模糊变换，做出综合评价结论。也就是按照模糊数学中的最大隶属度原则，分析综合评价结论值，选取评价结论值最大的评价结论作为标准进行报警，并据以决策。

我们从模糊矩阵评判中得到结果，取其最大值所对应的风险等级状态，各种风险状态发出不同程度的警报来报警。警报的发出可采取计算机"亮灯"的方式，例如，当企业的财务状况发生变化，计算机自动进行模糊运算，当最大值对应的风险状态为正常状态时亮"绿灯"，低度风险状态时亮"蓝灯"，高度风险状态时亮"黄灯"，处于危机状态时亮"红灯"。这样财务预警系统与计算机结合，可以随时警示风险状态，促使管理者及时调整策略，减少损失或危机发生的可能性。

4. 风险阈值的边界预警

这个预警分析系统一般有两个要素：先行指标和扳机点。先行指标是用于早期评测运营不佳状况的变动指标。扳机点是指控制先行指标的临界点，也就是预先所准备的应急计划必须开始起动之点，一旦评测指标超过预定的界限点，则应急计划便随之而动。例如，根据应收账款周转率太低的信息，可以让经营者了解企业信用交易政策及顾客管理已经存在问题，应设法改善；进一步再用应收账款账龄分析法可以了解哪些顾客账款回收有困难，应全力催收以保全企业债权的安全性。

扳机点的敏感度强弱取决于所选指标是否能对企业的资产安全性、投资回报率、盈利稳定性或其他一些风险关注点产生先兆性及决定性影响。监控指标应针对企业的各主要经营业务和重要风险事项设立。具体监控措施如下：若监控指标发出的预警信号是"黄灯"，即 5%<监控指标实际值高于（或低于）监控值的幅度≤15%，表示有可能发生风险，内部审计部门应严密监控；若监控指标发出的预警信号是"红灯"，即监控指标实际值高于（或低于）监控值的幅度>15%，表示监控指标已处于风险状况，极可能发生风险，风险管理部门在严密监控的同时，应及时向责任主体负责人质询，并判断是否有必要进行干涉，查明或证实波动的原因。风险管理部门对确证的问题写出专项报告上报董事会风险管理委员会和其他相关高级管理人员，风险委员会在评估确认后，督促企业管理层落实与整改。

随着管理进一步精细化和信息系统的应用，监控指标可考虑实时（Real Time）开展，风险管理部门应分析监控指标值变动的原因，分析是由哪些因素造成的。其主要分析方法有：①纵向趋势分析：对监控指标实际值的本期数据与上期、年初、同期及标准值比较；②横向对比分析：对监控指标实际值进行与同业同等规模企业的排序比较；③关联关系分析：对监控指标实际值的相互关系、动（静）态的变化进行分析。

下面的预警标准出自一家 A 股上市公司，该公司推行曲线管理制度。

（1）曲线管理的比较标准：上年同期实际情况、当期预算标准、历史最好水平。当期预算标准为确保目标，历史最好水平为赶超标准。

（2）在曲线管理中，针对实际运行曲线与目标曲线之间的偏差，设置两大控制线：预警控制线和调整控制线。其中，预警控制线：与目标曲线相差 5%。整改控制线：与目标曲线相差 10%。

在曲线控制中，对分子公司、事业部目标指标曲线按月做出评价：偶然落到预警控制线之外，应向公司做出说明；连续 2 次落到预警控制线之外，公司将发出警告（或亮黄灯）；连续 3 次落到预警控制线之外，公司将发出严重警告（或亮红灯），并限期达到要求。

（3）在曲线控制中，对分子公司、事业部目标指标曲线严重偏离目标落到调整控制线之外的处理：偶然落到调整控制线之外，应向公司做出专题报告，公司将发出警告（或亮黄灯）；连续 2 次落到调整控制线之外，又无正当理由，公司将发出严重警告（或亮红灯），并限期达到要求。连续 3 次落到调整控制线之外，公司将派出工作队帮助分子公司、事业部进行整改。如果分子公司、事业部目标指标严重偏离实际情况（包括正方向和负方向偏离），由公司做出调整决议。

5.3 财务风险管理

5.3.1 企业风险管理的制度安排

1. COSO 的全面风险管理框架

说到风险管理，本书首先介绍 COSO 提出的全面风险管理框架（Enterprise Risk Management，ERM）。它明示"全面风险管理是一个过程。这个过程受董事会、管理层和其他人员的影响。这个过程从企业战略制定一直贯穿到企业的各项活动中，用于识别那些可能影响企业的潜在事件并管理风险，使之在企业的风险偏好之内，从而合理确保企业取得既定的目标。"ERM 框架有三个维度：第一维是企业的目标；第二维是全面风险管理要素；第三维是企业的各个层级。第一维企业的目标有四个，即战略目标（与整体目标一致）、经营目标（资源的使用效率）、报告目标（报告的可靠性）和合规目标（满足法律法规的要求）。第二维全面风险管理要素有八个，即内部环境、目标设定、事件识别、风险评估、风险对策、控制活动、信息和交流、监控。第三个维度是企业的层级，包括整个企业、各职能部门、各条业务线及下属各子公司。ERM 三个维度的关系是，全面风险管理的八个要素都是为企业的四个目标服务的；企业各个层级都要坚持同样的四个目标；每个层次都必须从以上八个方面进行风险管理。

相比这个 ERM 框架，现行财务学原理上的风险与风险管理理念、内容和技术都存在太大的局限性，因为财务教材上关于风险的描述不仅几乎只有数据，缺乏从战略的高度"总揽全局"，而且大多讨论的是具体的流动性风险和具体的风险"减低"技术等，所以财务上风险的把握需要嫁接 ERM 框架，提升财务风险管理的治理性、战略性、全面性、系统性、差异性和过程性。

首先，ERM 框架使董事会在企业风险管理方面扮演更加重要的角色，最高决策层是风险管理的主角。企业风险管理的成功与否在很大程度上依赖于董事会，董事会需要慎重决策公司应有的"风险偏好"。在此基础上公司所属的每一个业务单元、分部、子公司的管理者都需要在风险识别、风险控制上良好表现各自的目标，并与企业的总体目标相联系，也就是说风险管理既是一个公司治理问题，也是管理问题。

其次，ERM 把风险明确定义为"对企业的目标产生负面影响的事件发生的可能性"（将产生正面影响的事件视为机会），该框架可以涵盖信用风险、市场风险、操作风险、战略风险、声誉风险及业务风险等各种风险，并且将其目标概括为战略目标、经营目标、报告目标和合规性目标四类。所以这种风险是一种从战略着眼，以目标主导的风险观，这是现行财务学对风险分析最大的"短板"，单纯的流动性风险分析极大地限制了财务分析的战略成分。

最后，由于 ERM 框架引入了风险偏好、风险容忍度、风险对策、压力测试、情景分析等概念和方法，因此该框架在风险度量的基础上，有利于企业的发展战略与风险偏好相一致，实现了增长、风险与回报的协同关联。

总之，ERM 对风险的治理、财务、运营的多维视角分析，融战略于风控之中，充分体现了"全面"的含义。但是这个 ERM 框架毕竟还只是框架，也并不是完美无缺的，而且离可操作的企业风险控制制度还有相当距离，为此必须实现财务理念、战略管理、风险控制的有序对接，具体要求如下所述。

第一，以 SMART 原则构建企业适宜的风控制度体系。风险控制制度先行，制度的建设除了要依循 ERM 框架结构外，还要符合 SMART 原则的要求，即风险控制规则必须是明确可行的（Specific）、可以计量的（Measurable）、可以达成的（Attainable）、与责任相关的（Related），以及具有明确的时间限制（Time-bound），以确保内控制度条款上内容的针对性和可操作性。与此同时，需要导入"重要性原则"等理念，过于全面、事无巨细的工作思路本身就意味着很大的执行风险。

第二，将公司战略转化为公司全方位、立体的目标体系。既然风险的要义就是企业战略目标、经营目标、报告目标和合规性目标的实现程度，这就有赖于财务上通过计划规划系统、全面预算管理系统、业绩评价系统、授权制度等明确提出切实可行的目标，否则风险管理就没有导向，缺少标杆。

第三，构造灵敏的风险预警系统。在目标确立后的实施过程中，还需要配备完善、灵敏的反映战略目标实现程度的财务管理信息系统，及时反映风险状况的预警系统。

第四，固化风险处理流程和预案。风险的种类和具体性质各有不同，公司根据风险的不同情况，制定不同的风险管理策略、流程和预案，如风险的全部承担策略、部分和全部转移策略、退出消除策略。

所以财务战略风险管理的核心可以简要概括为"制度""目标"与"流动性"。

2. 中央企业全面风险管理指引

2006年国资委印发《中央企业全面风险管理指引》(以下简称《指引》)，要求中央企业遵照执行[①]。《指引》中对全面风险管理的定义是：企业围绕总体经营目标，通过在企业管理的各个环节和经营过程中执行风险管理的基本流程，培育良好的风险管理文化，建立健全全面风险管理体系(包括风险管理策略、风险理财措施、风险管理的组织职能体系、风险管理信息系统和内部控制系统)，从而为实现风险管理的总体目标提供合理保证的过程和方法。企业开展全面风险管理工作，既应注重防范和控制风险可能给企业造成损失和危害，也应把机会风险视为企业的特殊资源，通过对其管理，为企业创造价值，促进经营目标的实现。

根据《指引》对全面风险管理的界定，中央企业需要通过全面风险管理实现以下目标：确保将风险控制在与总体目标相适应并可承受的范围内；确保内外部，尤其是企业与股东之间实现真实、可靠的信息沟通，包括编制和提供真实、可靠的财务报告；确保遵守有关法律法规；确保企业有关规章制度和为实现经营目标而采取重大措施的贯彻执行，保障经营管理的有效性，提高经营活动的效率和效果，降低实现经营目标的不确定性；确保企业建立针对各项重大风险发生后的危机处理计划，保护企业不因灾害性风险或人为失误而遭受重大损失。

为了实现全面风险管理目标，需要采用以下风险管理的基本流程：收集风险管理初始信息；进行风险评估；制定风险管理策略；提出和实施风险管理解决方案；风险管理的监督与改进。《指引》还说明，企业开展全面风险管理工作应与其他管理工作紧密结合，把风险管理的各项要求融入企业管理和业务流程中。具备条件的企业可建立风险管理三道防线，即各有关职能部门和业务单位为第一道防线；风险管理职能部门和董事会下设的风险管理委员会为第二道防线；内部审计部门和董事会下设的审计委员会为第三道防线。

根据《指引》的要求，各中央企业需要每年编制年度全面风险管理报告，由国资委相关部门汇总分析后向有关领导报送《中央企业全面风险管理年度汇总分析报告》。随着近年来中央企业全面风险管理工作的推动，报送全面风险管理报告的中央企业已经由2008年的50%左右达到了100%。

---

① 本节有关全面风险管理的描述摘自国资委2006年发布的《中央企业全面风险管理指引》。

3. 内部控制基本规范

为了加强和规范企业内部控制，提高企业经营管理水平和风险防范能力，促进企业可持续发展，维护社会主义市场经济秩序和社会公众利益，根据国家有关法律法规，2008年财政部会同证监会、审计署、银监会、保监会制定了《企业内部控制基本规范》（以下简称《基本规范》）[①]。

根据《基本规范》的定义，内部控制是由企业董事会、监事会、经理层和全体员工实施的、旨在实现控制目标的过程。内部控制的目标是合理保证企业经营管理合法合规、资产安全、财务报告及相关信息真实完整，提高经营效率和效果，促进企业实现发展战略。企业建立与实施有效的内部控制，应当包括内部环境、风险评估、控制活动、信息与沟通和内部监督五大要素。

2010年4月26日，财政部、证监会、审计署、银监会、保监会五部委又联合发布了《企业内部控制配套指引》，该配套指引包括《企业内部控制应用指引》《企业内部控制评价指引》和《企业内部控制审计指引》，连同此前发布的《基本规范》，标志着适应我国企业实际情况、融合国际先进经验的中国企业内部控制规范体系基本建成。《基本规范》自2009年7月1日起先在上市公司范围内施行，鼓励非上市的其他大中型企业执行。2011年1月1日起包括《基本规范》和配套指引在内的内部控制规范体系首先在境内外同时上市的公司施行，自2012年1月1日起扩大到在上海证券交易所、深圳证券交易所主板上市的公司施行；在此基础上，择机在中小板和创业板上市公司施行；同时，鼓励非上市大中型企业提前执行。

5.3.2 公司治理、组织管理与财务风险管理

1. 公司财务风险管理的原则

（1）全面风险管理原则

全面风险管理是针对公司各层次的业务单位、各类风险的全面控制和管理，管理上不能留有任何"死角"。这种管理原则要求把公司所有经营活动都纳入风险控制范围之内，把营运流程中的各种业务风险、制度风险、财务风险等不同类型的风险，把公司各个部门如管理层、业务部、技术部等不同管理对象纳入统一风险管理范围，并将承担上述业务管理的责任人也纳入统一的管理体系中，并根据全部业务的相关性对风险进行控制和管理。

（2）全员风险管理原则

这是指公司每个岗位都是风险管理岗位，每位员工都应该具有风险管理义务和责任，自觉在业务和管理活动中执行公司的制度。在风险管理中必须让所有的员工认识到：风险控制不仅仅是风险管理部门的工作，无论是董事会还是管理层，无论是风险管理部门还是业务部门，每一位员工在处理每一项工作时都要考虑风险因素。

（3）全程风险管理原则

全程风险管理原则要求对风险的管理不仅仅是事后的查漏补缺，而是要求对风险的管

---

① 本节有关内部控制的描述摘自五部委2008年发布的《内部控制基本规范》。

理贯穿于所有业务的每一个过程，这就是全程风险管理原则。全程风险管理原则要求我们在制定风险管理制度和执行细则时，要"细致入微，面面俱到"而不能"只重结果，不重过程"。

2. 公司风险管理系统

行之有效的风险管理系统主要有以下三个方面。

（1）培植成熟的风险管理理念。要充分认识到现代企业经营实际上也是风险经营，风险管理是公司核心竞争力之一。现今的公司都谋求做大、做强，这既是战略问题又是风险理念问题。可以肯定片面的强调做大，企业就会在发展战略中忽视风险管理系统的建设，从而在激烈的市场竞争中削弱控制自身经营风险的能力，最终降低综合竞争力，难以实现持续稳定的发展。因此要培植科学、成熟的风险管理理念，必须把风险管理上升到战略层面、核心竞争力的高度来认识。应该把风险管理理念融入企业经营战略目标，谋求发展速度、盈利水平与风险控制的动态平衡，形成协调的企业风险管理文化。

（2）架构健全的风险管理组织体系。在公司的风险管理系统中，建立健全的组织结构就是指公司必须有完整的、独立于业务之外的风险管理组织，独立开展风险预警和控制工作。只有建立起健全的组织结构，才能落实风险管理中的权责关系，才能保证风险管理活动的正常开展。如成立风险管理委员会、独立的风险控制和稽核部门，以及由业务人员分级组成的风险控制小组。包括如下内容。

① 成立董事会直接领导的风险管理委员会，负责监控总经理及业务领导班子的管理运作风险，对公司重大风险管理事项进行决策，制定公司风险管理和考核制度。也有的公司是交由董事会的审计委员会对整个公司风险管理政策、组织、程序和方法进行定期审核和检查。但有的企业该委员会对总经理或其委托的高级管理人员负责，主要履行以下职责：研究提出风险管理工作报告；研究提出跨职能部门的重大决策、重大风险、重大事件和重要业务流程的判断标准或判断机制；研究提出跨职能部门的重大决策风险评估报告；研究提出风险管理策略和跨职能部门的重大风险管理解决方案，并负责该方案的组织实施和对该风险的日常监控；负责对风险管理有效性评估，研究提出风险管理的改进方案；负责组织建立风险管理信息系统；负责组织协调风险管理日常工作；负责指导、监督有关职能部门、各业务单位以及全资、控股子企业开展风险管理工作等。

② 在日常风险管理上，应设立专职的风险总监（公司副总），配合总经理一起领导各级风险控制小组进行日常风险控制。

③ 风险管理部。成立独立的风险控制管理机构，接受风险管理委员会的领导，对公司各业务和管理环节进行独立的风险预防与控制。风险管理部作为专业的职能风险管理部门，是公司风险管理的常设机构和具体执行部门，在公司层级化、专业化、多纬度的风险管理组织架构下整体统筹公司的风险管理事务。在权力与组织流程上该部门应该不受其他业务与行政管理部门制约，保证风险预警操作处理系统的权威性和独立性。该机构的职责包括：接受审计（风控）委员会的领导和监督，并向其定期汇报全公司风险水平和控制状况；与外部支持系统直接联系，反馈信息，接受其监督和帮助；与内部数据处理部门、危机管理部门以及各业务职能部门密切合作，全面搜集、处理有关信息，系统地进行风险识别、衡量、控制等；负责风险知识的普及，提高员工的风险意识；对各职能部门和所辖企业制定

具体的风险管理对策目标，定期检查监督，对风险事件及时发出预警信号，会同各部门研究后提出预警措施。

风险管理部在进行财务风险和其他风险管理的过程中，需要与财务部、审计部、战略发展部等职能部门合作，其他有关职能部门应接受风险管理职能部门和内部审计部门的组织、协调、指导和监督。

（3）采用先进的风险预警模型或风险分析工具。现在一批国内外公司都有适合自己组织结构、业务特征的风险监视和度量模型与分析工具，虽然这些模型和工具各具特色，但是应该具备一些共同特征：①分析模型功能强大、指标量化；②模型考虑了公司范围内各层次、单元的各类风险，把各层次、各类、各单元风险纳入到统一的风险监控体系中，对各类风险再依据统一的标准进行测量并加总，具有风险综合管理功能；③明确界定公司各种业务的风险容忍度，据此这种模型和工具能够适时或定期（如每天）对公司各种业务带来的风险进行监控和量化，并具备自动提示和预警功能。

（4）采用闭环型的、权变式的风险管理流程

这是指风险管理应该经过风险预警辨别、评估、防控与处置等环节，在这些过程中根据风险的影响因素和影响程度分别采用不同的管理方式。

5.3.3 财务战略储备、财务弹性与资金链

1. 财务战略储备

财务战略必须稳健，而且唯有足够的现金储备公司才能面对复杂多变的市场环境和内部不可控因素，才能及时应对各类风险与危机。从投资战略和经营战略分析，财务战略储备是必备的防火墙与应对突发危机必备装置。企业战略越激进这个装置的"质量"必须越高。建立财务战略储备理念与制度是战略危机管理观和忧患意识的最好体现，足额的财务储备是屏蔽战略风险的财务安排。

财务战略储备应该具备的特点是：①剩余现金和迅速获取现金的能力。②长期处于预留状态，具有非特定目的。比如现在的银行存款绝大部分目的是偿还某笔特定的银行贷款或者某项明确的投资需求而储备的，这类具有明确特定用途的现金储备不能列作"战略存储"。③因其战略特征，这部分储备必须由公司决策层和高管直接掌控。的确，这笔战略储备是属于流动资金、或者准流动资金，但是其支配权肯定要"上收集中"。④具有很高的流动性和机会成本。正因其极强的流动性，安排财务战略储备是以较高的机会成本为代价的，甚至要放弃一些眼前的现实收益。

企业财务战略储备的具体项目应该包括现金、未动用的股权融资能力、多余且变现能力强的资产和低杠杆资本结构等：①多余的现金即自由现金流量（FCF）。能够作为财务战略储备来考虑的只有 FCF。FCF 是"OCF 扣减预计资本性支出后的余额"，它是充分考虑到公司的持续经营或必要的投资增长对现金需求后的余额。故此也有不少人把 FCF 译成"超额现金流量"（Surplus Cash Flow）"多余现金流量"（Excess Cash Flow）。"正"或"负"FCF 是战略稳健与激进的重要标志。负的 FCF 肯定是过度投资造成对融资"供血"的依赖。正的 FCF 才是超过有效投资需求后的现金结余，正的 FCF 是量入为出，保有结余的财务战略安排，也即 FCF 成为"最高质量"战略储备品。②未动用的股权融资能力。③多余且极易

变现的资产或股权，如储备的土地，流动性强但是无须战略增持的子公司股权或股票。④保守的财务杠杆。财务杠杆是资本结构的显示器。企业维持较低的负债率的财务策略，既是最可靠的风险管理策略，也是始终保持再融资能力的一种战略储备。正如有学者指出不要愚蠢地认为你的企业或所在的行业存在某种最佳资本结构。最佳资本结构只存在你的公司的预储备（Preserve Commitment）和后储备（Post-Reserve Commitment）工作阶段。公司现实的资本结构要么处于相对保守稳健，要么处于相对激进。⑤能够迅速转为现金的表外融资能力。

2. 财务弹性。

与财务战略储备特别相近的另一个财务战略性命题是"财务弹性"，或财务灵活性（Financial Mobility），这是指财务上资产和资本的可调整余地、资本结构的灵活性。比如长期债务在时间上可以展期或提前偿还，反映在债务的时间安排上的灵活性；可转换债券可以由债券转为股票，这是融资方式上的弹性。可以看出确保财务弹性也是稳健经营理念的体现，这一点与财务战略储备的理念是相通的和一致的。但是两者不是同一概念，实现"稳健财务"的具体方式区别明显。

5.3.4 财务风险的应对

根据《中央企业全面风险管理指引》，企业根据自身条件和外部环境，围绕企业发展战略，确定风险偏好、风险承受度等，可以选择风险承担、风险规避、风险转移、风险转换、风险对冲、风险补偿、风险控制等适合的风险管理工具应对风险，财务风险也可以使用风险规避、风险转移、风险转换、风险对冲、风险补偿等方法进行应对[①]。

1. 风险规避

风险规避是指企业回避、停止或退出蕴含某风险的商业活动或商业环境，避免成为风险的所有人。

财务风险也可以通过避免涉及可能产生风险的环境和业务而实现风险规避。比如，为了规避应收账款无法收回的风险，公司可以通过 5C 评估法等对客户进行评估，即使会牺牲部分销售收入，也要放弃与信用不好的客户进行交易。又如，为了避免金融衍生品交易潜在的巨大损失，公司可以通过制度约束回避衍生品交易，只进行必要的套期保值，以免出现类似中航油新加坡公司航油衍生品交易的巨大损失。

2. 风险转移

风险转移是指企业通过合同将风险转移到第三方，企业对转移后的风险不再拥有所有权。

财务风险也可以通过合同转移给第三方，不过这种转移不会降低风险，只是将之转移给其他主体承担。比如，并购业务较多的公司，为了避免并购失败给公司带来重大损失，可以选择：事先并购建立基金；参加相关的社会保险；与被并购方签订业绩承诺，规定被并购方无法实现承诺时需提供的补偿。

---

① 本节有关风险应对的几种方式的定义摘自 2016 年注册会计师全国统一考试辅导教材《公司战略与风险管理》。

3. 风险转换

风险转换是指企业通过战略调整等手段将企业面临的风险转换成另一个风险,风险转换的手段包括战略调整和衍生产品等。

对于财务风险来说,风险转换不会直接降低风险,而是在减少某一风险的同时,增加另一风险。例如,公司如果当前受到的业绩压力较大,需要尽快增加销售收入,那么就可以选择放松客户的信用标准,通过应收账款的形式增加销售收入。此时销售收入过低的风险得以缓解,但是应收账款无法回收的风险随之增大。

4. 风险对冲

风险对冲是指采取各种手段,引入多个风险因素或承担多个风险,使这些风险能够互相对冲,也就是使这些风险的影响互相抵消。资产组合就是风险对冲的典型做法。

具体到财务风险,最常见的风险对冲就是使用金融衍生品,比如套期保值。传统意义上的套期保值(Hcdgc)就是买入(卖出)与现货市场数量相当、但交易方向相反的期货合约,以期在未来某一时间通过卖出(买入)期货合约来补偿现货市场价格变动所带来的实际价格风险。新套期保值指的是利用期权投资策略,结合传统的期货套期保值的模式。加入了期权的套期保值不仅可以为现货而且还可以为期货进行套期保值。此时买入或卖出的都是未来一定时间内以一定价格进行操作的权力,当实际市场波动与预期相同时,则行使权力,否则就放弃权力。

5. 风险补偿

风险补偿主要是指事前(损失发生以前)对风险承担的价格补偿。

对于财务风险,同样可以采用风险补偿的方式加以规避。比如,商业银行在贷款定价中,需要对客户进行评估,对不同客户的贷款利率进行区别对待,优质客户可以获得一定利率优惠,而信用等级较低的客户,商业银行可以不予合作或在基准利率的基础上调高利率。又如,当需要采用现金流折现评估某项资产价值时,评估主体可以通过调整折现率的方式体现出对风险的预先估计,从而为将来可能发生的风险做好准备。

本章小结

本章将财务预警与财务风险管理置于公司整体战略规划和全面治理的大背景中,进行了深入探讨。财务风险与企业的发展战略和经营活动密切相关,战略具有导向作用,经营则是具体实施过程,它们共同决定了财务风险的位置、程度、应对措施等,而财务风险反过来又会对企业战略和经营活动产生反作用。这种互动关系的发展变化总会体现在经济结果上,因此财务风险可以分为两个层面:一是制度层面的风险;二是经济结果层面的风险,主要包括负债风险、财务业绩风险和支付能力风险。针对财务风险进行管理首先就需要能够识别财务风险,这需要用到财务预警分析方法。无论是定性还是定量分析方法,都希望能够在事前通过一些蛛丝马迹提前预知企业可能面临的风险,但准确估计未来是不可能的,所以每种方法都有自己的局限性。目前企业在应用中多是将定量与定性分析相结合,进行综合评价。

企业如果想要很好的控制和应对风险,应从风险源头入手,即完善的公司治理和适当的企业战略。公司治理是一个外延宽泛的概念,直接与财务风险管理相关的是包括风险管理委员会、风险控制委员会、风险管理部等在内的风险管理体系。它们之间明确的职责划分和良好的沟通合作能够为财务风险管理奠定坚实基础。战略选择对财务风险的影响体现在投资、经营、筹资等各方面,企业既要充分考虑重大经营决策带来的经济利益,同时与利益相伴而来的风险也不容忽视。为了防范企业出现财务危机的风险,每个企业都要对财务战略储备、财务弹性与资金链进行制度认知,在财务战略上进行必要安排,尤其是对自由现金流进行实时监控十分必要,特别是要注意资金链的安全。识别和监控风险的基础上,企业应使用风险规避、风险转移、风险转换、风险对冲、风险补偿等方法,恰当地应对企业所面临的财务风险。

思考题:

1. 为什么财务风险特别具有战略的特性?
2. 你是如何理解财务制度风险的?应该如何识别?
3. 公司治理机制中如何更好地嵌入风险管理要素?
4. 财务风险预警为什么需要定量与定性方法结合使用?
5. 你如何评价 Altman 的 Z 计分模型的?你认为怎样的企业比较适合使用这个模型?
6. 你是如何理解企业财务战略储备的?
7. 你认为风险规避、风险转移、风险转换、风险对冲、风险补偿等方法的应对财务风险的适用条件是什么?

煤炭央企子公司首现债务违约

钢铁、煤炭,这些产能过剩行业的债券违约风险正在逐渐加大。继 2015 年 10 月首家钢铁央企——中钢集团出现债务违约后,首家煤炭央企子公司——中煤集团山西华昱能源有限公司也于 2016 年 4 月 6 日正式宣告债务违约。

4 月 6 日下午,银行间市场清算所股份有限公司发布公告称:2016 年 4 月 6 日是中煤集团山西华昱能源有限公司(以下简称华昱能源)2015 年度第一期短期融资券(代码:041564019,简称:"15 华昱 CP001")的付息兑付日。截至今日日终,我公司仍未收到中煤集团山西华昱能源有限公司支付的付息兑付资金,暂无法代理发行人进行本期债券的付息兑付工作。

上述公告意味着华昱能源正式违约。不过,目前这样的词是不是要避免?(案例公司的情况有变化,我看网上说 13 号人家就把钱还上)发行人华昱能源和主承销商浦发银行还未发布违约公告。

公开资料显示:"15 华昱 CP001"债券于 2015 年 4 月 7 日发行,发行规模为 6 亿元,利率为6.3%，期限一年，到期应兑付本息共计约6.38亿元。主承销商为上海浦东发展银行股份有限公司（以下简称浦发银行）。

华昱能源的控股股东是中国中煤能源集团有限公司。中煤集团持有华昱能源49.46%的股份，后者是国务院国资委管理的大型能源企业，是中国第二大煤炭生产企业。

不过，在华昱能源的控股股东看来，华昱能源的情况并不算太差。中煤集团董事会秘书周东洲称，出现这种违约主要还是煤炭市场的行情不好，煤价一直在低位徘徊，造成公司业绩亏损。目前华昱能源生产经营都是正常的，华昱能源、中煤集团等各方面都在想办法来解决这个事情。

对于接下来采用何种方式进行融资偿还债务，周东洲称，目前还在研究中，新债还旧债也可能是一种方式，具体的偿还日期目前还不好说。

华昱能源债券的主承销商浦发银行内的相关人士也表达了类似的看法。相关人士称，华昱能源其实是有一定的融资能力，只是目前时间衔接上出了点问题。

不过，中债资信煤炭行业研究团队不太看好华昱能源的发展。该团队认为，华昱能源拥有的矿井均为整合而来，均面临较大的安全生产压力。目前华昱能源的成本售价已倒挂，短期内扭亏可能性较小。

华昱能源2015年度三季度公告称，由于国内经济增长进一步放缓，煤炭市场供大于求，公司净亏损了4.2亿元。

"15华昱CP001"在发行时，联合资信给予其AA^+的主体评级，债项评级为A^{-1}。2015年7月，联合资信的跟踪评级报告将发行人的主体评级由AA^+调整为AA，评级展望为稳定。4月5日晚间，联合资信称，鉴于"15华昱CP001"面临一定的兑付风险，将华昱能源的主体信用等级由AA下调为BBB，评级展望为负面。另外两期未到期的中期票据也同时被下调为BBB，"15华昱CP001"的债项等级调整为A^{-3}。

对华昱能源来说，9月还有一道坎。华昱能源曾于2011年9月7日发行"11金海洋MTN1"，发行规模为9亿元，利率为6.56%，到期日是2016年9月8日。此外，华昱能源还有一个2017年年底到期的"12金海洋MTN1"，其于2012年年底发行，发行规模为8.5亿元，利率为5.53%。

中债资信煤炭行业研究团队此前的分析报告称，华昱能源整体经营获现能力较弱，截至2015年9月月末，公司资产负债率和全部债务资本化比率分别为86.04%和82.06%，处于行业较高水平，偿债指标表现明显弱化。

截至2015年9月末，华昱能源的现金类资产为12.49亿元，按2014年年末的受限货币资金达3.59亿元估算，目前其可动用现金资产仅为8.9亿元，中债资信预计其从银行渠道新增贷款已非常困难，且自身造血能力较差，未来债务偿还高度依赖直接融资周转。

（资料来源：澎湃新闻.煤炭央企子公司首现债务违约：华昱能源6亿元短融无法兑付，2016年4月7日.）

讨论题：请你给出华昱能源应对与处置债务违约的具体策略有哪些？

第6章 资本运营

6.1 资本运营概述

资本运营作为企业实现快速扩张、全球战略的一种重要经营方式,是以股权或实质控制权为工具,对企业的各种有形与无形资源,通过流动、重组、收购、优化配置等各种方式进行整合运营的管理方式。

资本运营(又称资本运作、资本经营)是与传统的"商品运营"相对应的一个概念。商品运营是在公司既定的股权结构下进行的产品(或劳务)市场与生产要素市场的运作。而资本运营的对象是资本,其核心是通过资本市场上的股权或控制权安排实现企业价值增值的管理行为。资本运营作为一种更高层次的资源配置方式,从财务理念以及运作方式上,都对只关注商品经营下的财务管理理论提出重大挑战,无论从经营目标、经营主体、经营内容和方式等方面都有别于商品经营。

(1)资本经营的财务目标——符合企业战略下的资本收益最大化。在资本运营理论中,企业是一个运用资本进行经营的单位,是资本生存、资本增值和获取资本收益的载体,通过各种资本运营方式获取资本收益或者说产权收益的最大化应该是资本运营追求的目标。当前的财务目标理论也存在资本收益最大化理论,但与资本运营中强调的资本收益不用,前者是在商品经营、资产经营是经营核心的逻辑下,由资产收益最大化演化而来的,资产收益最大化加上最佳债务杠杆的利用,带来资本收益的最大化;而后者则把资本看作可以任意转换或控制资产经营的一种可流动价值,运用开放的思维,比较整个社会资产经营的效率,投入经营效率相对较高的资产项目上。这种利益驱使形成的资本各种形式的流动就是资本经营。

(2)资本经营的财务主体——资本所有者。按照财务分层管理理论,财务管理主体分为出资者财务、经营者财务和财务经历财务,它们的管理特征分别是监督权、决策权和执行权。但在资本经营中,无论是兼并、收购还是重组,主要是涉及所有者主体之间控制权的交易。因此可以说,资本经营的主体是资本所有者或者出资人,而不是经营者。

(3)资本经营的对象——资本控制权。资本运营的一系列形式如兼并、联合、出售等都表现为对资本的投入、整合、价值增值的收回等,在这种价值流动的形式下面体现着资本运营的实质,即控制权或产权的经营。资本运营的过程实际上就是一个不断地获取或放弃控制权的过程,也就是所控制资产不断优化的过程,通过这一过程,企业实现资本收益的最大化,社会实现资源配置的优化。

(4)资本运营的形式——种类繁多的经营形式。资本运营主要通过对出资者产权的运作,实现产权收益的最大化,在具体形式上纷繁复杂,常见的主要方式包括IPO发行上市、再融资、私募股权投资、并购、资产重组等,虽然表现形式多样,但其实质可以概括为以股权或控制权为工具,进行的资源整合行为。

资本运营与商品经营是企业经营的两个车轮,相对独立,但更多的是相互依赖。商品经营始终是企业经营运作的基本形式,也是企业资本运营的基础。

6.2 IPO与再融资

6.2.1 IPO上市

首次公开发行股票(Initial Public Offering,IPO)是指公司通过证券交易所首次公开向社会公众投资者发行股票,以筹集权益资金的过程。IPO是公司第一次将其股票在公开市场上向社会公众销售,IPO之后公司股票可以实现在证券交易所挂牌交易。

首先,IPO是一种公开筹资权益资本的方式。通过向社会公众公开发行股份,筹集大量权益资本,可以迅速扩大公司的规模,解决公司发展的资金"瓶颈"。其次,IPO将促进公司管理平台的升级。公司IPO上市以后,公司管理将从原来的产业平台进一步发展到资本平台,从原来的只需关注产业、市场变化发展到更要关注资本市场、关注社会公众投资者利益。公司的管理层关注导向将发生重要转变,对企业管理水平的上升提出更高的要求。此外,在IPO过程中,公司的历史沿革、规范运作、治理结构等方面都需要进行清晰的梳理和规范,这有助于促进公司在规范管理方面实现重要跨越。最后,IPO过程也是风险投资和企业投资者的重要退出机制,上市后产生的财富效应对风险投资者、企业创业者而言都具有巨大的吸引力。因此,对公司的长远发展而言,IPO是一项重要的里程碑式事件。

6.2.2 我国企业IPO上市的制度安排

1. 主板市场的上市要求

目前,我国IPO上市采用保荐制度,即由保荐人(通常为具有保荐人资格的证券公司)负责拟上市公司的筛选,并向证券监督管理机构推荐,证券监督管理机构根据拟发行人的条件予以核准或不予核准。根据《首次公开发行股票并上市管理办法》的规定,发行人应具备以下条件。

(1)主体资格。发行人应当是依法设立且合法存续的股份有限公司。发行人自股份有限公司成立后,持续经营时间应当在三年以上,但经国务院批准的除外。发行人的注册资本已足额缴纳,发起人或者股东用作出资的资产的财产权转移手续已办理完毕,发行人的主要资产不存在重大权属纠纷。发行人最近三年内主营业务和董事、高级管理人员没有发生重大变化,实际控制人没有发生变更。发行人的股权清晰,控股股东和受控股股东、实际控制人支配的股东持有的发行人股份不存在重大权属纠纷。

(2)独立性要求。发行人的独立性要求是为了确保上市公司与其控股公司在业务、资产、人员、财务、机构等方面保持独立,以保护中小股东利益。

(3)规范运作。发行人运行应当规范,应当建立完善的公司治理制度、内部控制制度等,以确保上市公司的有效运营和财产安全。

(4)财务要求。最近三个会计年度净利润均为正数且累计超过人民币 3 000 万元。最近三个会计年度经营活动产生的现金流量净额累计超过人民币 5 000 万元;或者最近三个会计年度营业收入累计超过人民币 3 亿元;发行前股本总额不少于人民币 3 000 万元;最近一期末无形资产(扣除土地使用权、水面养殖权和采矿权等后)占净资产的比例不高于 20%;最近一期末不存在未弥补亏损。

2. 创业板市场的特殊要求

2009 年 10 月 23 日,深证交易所正式启动创业板开板仪式,首批 28 家创业板公司于 10 月 30 日在深交所挂牌上市,标志着我国的创业板市场正式成立并开市交易。

创业板定位于服务成长型创业企业,重点支持具有自主创新能力的企业。针对创业型公司自主创新能力强、业务模式新、规模较小、业绩不确定性大、经营风险高等特点,创业板企业的上市条件有所降低。根据《首次公开发行股票并在创业板上市管理暂行办法》创业板市场的发行人条件如表 6-1 所示。

表 6-1 创业板与主板市场的发行条件比较

条件	创业板	主板及中小企业板
主体资格	依法设立且持续经营三年以上的股份有限公司	依法设立且持续经营三年以上的股份有限公司
股本要求	发行后的股本总额不少于 3 000 万元	发行前股本总额不少于 3 000 万元,发行后不少于 5 000 万元
财务要求	(1)最近两年连续盈利,最近两年净利润累计不少于 1 000 万元,且持续增长;或者最近一年盈利,且净利润不少于 500 万元,最近一年营业收入不少于 5 000 万元,最近两年营业收入增长率均不低于 30%;净利润以扣除非经常性损益前后孰低者为计算依据	(1)最近三个会计年度净利润均为正数且累计超过人民币 3 000 万元,净利润以扣除非经常性损益前后较低者为计算依据; (2)最近三个会计年度经营活动产生的现金流量净额累计超过人民币 5 000 万元;或者最近三个会计年度营业收入累计超过人民币 3 亿元; (3)最近一期不存在未弥补亏损
资产要求	最近一期末净资产不少于 2 000 万元	最近一期末无形资产(扣除土地使用权、水面养殖权和采矿权等后)占净资产的比例不高于 20%
主营业务要求	发行人应当主营一种业务,且最近两年内未发生变更	最近三年内主营业务没有发生重大变化
董事、管理层和实际控制人	发行人最近两年内主营业务和董事、高级管理人员均未发生重大变化,实际控制人未发生变更	发行人最近三年内董事、高级管理人员没有发生重大变化,实际控制人未发生变更
募投项目	发行人募集资金应当用于主营业务,并有明确的用途	募集资金应当有明确的使用方向,原则上应当用于主营业务
同业竞争与关联交易	发行人的业务与控股股东、实际控制人及其控制的其他企业间不存在同业竞争,以及影响独立性或者显失公允的关联交易	除创业板标准外,还需募集投资项目实施后,不会产生同业竞争或者对发行人的独立性产生不利影响

与主板市场对发行人的要求相比，创业板市场对发行人的要求在主体资格、独立性、规范运作方面基本一致，只是在主体资格上，要求最近两年主营业务和董事、高级管理人员均没有发生重大变化，实际控制人没有发生变更，相对于主板市场上的三年期要求，要求略有降低。在财务要求方面，与主板市场相比，我国创业板市场对企业发行前的净利润要求有所降低，但与国外的创业板市场相比仍然偏高。近年来无论是主板还是创业板市场，IPO 发行主要强调信息披露的真实、准确、完整，不得有误导性陈述或重大遗漏。

6.2.3 IPO 的主要程序

从发行人的角度，主板市场与创业板市场的 IPO 程序基本相同，主要包括以下几个阶段。

1. 明确 IPO 目标

企业 IPO 上市的第一步是从投资人或管理层形成上市意向开始的，通过对企业基本情况的判断，并通过与财务顾问或证券公司初步咨询，分析公开发行并上市的可行性。进一步在投资人与管理层之间形成一致共识，明确 IPO 上市目标。

2. 确定 IPO 中介机构

明确上市目标之后，需要聘请专业的中介机构，包括证券公司、律师、会计师事务所以及资产评估机构形成上市专业团队。各中介机构从不同角度对发行人进行初步的尽职调查，然后按照双向选择的原则，确定合作关系。

3. 改制与重组

明确上市中介机构以后，由企业与各中介机构协商制订企业改制方案。通过改制与重组过程，将企业改组为股份有限公司形式，为规范运作和发行上市打下良好基础。股份制改组的主要方式包括三类：第一类是以发起设立的方式设立股份有限公司，按照设立过程中的资产剥离情况，又可以进一步分为整体改制、部分改制和合并改制。第二类是有限公司以整体变更的形式变更为股份公司，整体变更过程中对原有限公司的账面净资产按照一定的折股比例折算为股份公司的股本。整体变更过程中的账面资产不需要按照资产评估结果作账面调整，否则，无法连续计算持续经营年度。第三类是以公开募集设立的方式设立股份有限公司，这种方式是以原公司的投资人作为发起人，通过公开发行募集资金的方式设立股份有限公司，如兰花科创（600123）。目前第一类和第二类方式是我国企业股份制改组的主要形式。

股份制改组从形式上最终表现为完成股份公司成立并办理工商登记。其实质是通过股份制改组确定明晰的法人财产权，建立符合上市公司要求的、规范的公司治理结构与运行架构。改组过程中主要遵循以下原则：①突出公司主营业务，形成核心竞争力和持续发展的能力；②按照《公司法》《上市公司治理准则》的要求建立合理的治理结构、规范运作；③有效避免同业竞争，减少和规范关联交易。

4. 上市辅导

股份制改组完成以后，需要由保荐机构（通常为证券公司）对发行人的董事、监事、高级管理人员以及 5%以上持股股东和实际控制人（或其法定代表人）进行上市辅导。通过辅导程序，帮助拟发行人的管理层掌握发行上市、规范运作等方面的有关法律法规和规则，知悉信息披露和履行承诺等方面的责任和义务，并协助其建立起规范的组织制度与运行机制。辅导工作由证监会驻各地的派出机构负责监督实施，并负责相应的辅导验收。

5. 制作与提交 IPO 申报材料

我国目前的 IPO 发行制度采用保荐人制度，即企业的发行上市必须经具有保荐业务资格的保荐人推荐，保荐人的主要职责就是将符合条件的企业推荐上市，并对申请人适合上市、上市文件的准确完整以及董事知悉自身责任义务等承担保证责任。在保荐人以及各中介机构的协助下，拟发行公司需要按照《公开发行证券的公司信息披露内容与格式准则第 9 号的首次公开发行股票并上市申请文件》的要求制作招股说明书等申报材料，由保荐人保荐并向中国证监会申报。

6. 证监会核准发行申请

证监会根据发行人的申请材料，由相关职能部门对发行人的申请文件进行初审，并由发行审核委员会审核，证监会根据发行审核委员会的审核结果作出予以核准或不予核准的决定，并出具相关文件。股票发行申请未获核准的，自证监会作出不予核准决定之日起 6 个月后，发行人可再次提出股票发行申请。

7. 公开发行与上市

发行人自证监会核准之日起 6 个月内，应当由承销商组织公开发行股票。经过公开发布招股意向书等发行文件，进行初步询价与路演推介，根据初步询价和累计投标询价（中小企业板和创业板公司可不经过累计投标询价）的结果确定最终的发行价格和发行数量。经过网下机构投资者配售和网上公开发行募集资金，实现公开发行股份、募集资金到位。

公开发行完成之后，发行人向证券交易所提出上市申请，由证券交易所核准同意后，发行人股票在证券交易所挂牌上市。

6.2.4　IPO 定价与市场表现

1. IPO 定价机制

IPO 发行价格是新股发行过程中最关键的决策之一。发行价格决定了企业的融资额和发行风险，关系到发行人、投资者、承销商等多方利益，甚至还会影响到股票发行后二级市场的平稳性。

IPO 发行价格主要取决于 IPO 定价机制（或称发售机制）。目前，全球范围内主要使用四种 IPO 定价机制，包括固定价格机制、拍卖机制、累计投标机制和混合定价机制。其中，累计投标定价机制最为常用，以美国、英国为代表的主要境外成熟市场大多采用该种方式对新股进行定价；固定价格机制主要应用于新兴市场国家，如马来西亚、泰国等；拍卖机制则主要运用于日本、法国、中国台湾地区等。

固定价格机制是由承销商与发行人在发行前根据一定的标准确定一个固定的发行价格，由投资者根据该固定的发行价格进行认购。进一步划分，固定价格又分为允许配售与不允许配售两种方式。其中前者是指在股票定价时，承销商拥有自由分配股票的权利，即承销商可以对一些机构投资者实行配售；后者是指不实行配售，针对全体投资者的公开发行。

拍卖机制下，发行价格由投资者以投标的形式竞价得出。拍卖机制能够吸引更广泛的投资者群体，普通投资者与承销商的优质客户处于完全平等的地位，并且采取公允、透明的配售机制，减少了承销商与少数投资者控制公司股票配售的情况发生。但拍卖机制存在两个突出的问题：一是赢者诅咒，知情投资者只会给予合理的报价，并且会在股票报价过高的情况下退出拍卖，然而处于信息劣势的投资者却对定价合理与定价过高无区别能力，为了获取股票，报价往往过高，导致拍卖股票全部被非知情投资者所购买；另一个是"搭便车"行为，为了获得新股上市超额收益，在均一价格拍卖中，投机者往往报出高价以保证最终能够以发行价格获得股份，如果拍卖参与者中投机者比例较高，最终 IPO 定价将偏高。

累计投标机制是指承销商先向潜在的购买者推介股票，然后根据投资者的询价结果制定发行价格的定价机制。具体程序是：首先，承销商和发行人通过路演、询价的形式，向投资者（通常为机构投资者）收集对股票的需求订单和定价信息。其次，由承销商根据收集的询价信息建立一个询价记录，以记录新股发行的所有相关信息（包括每一个提交的报价以及对应的报价机构投资者名称及申购数量），这样，承销商可以掌握股票的需求情况及销售前景，使其能够根据市场需求对发行价格进行调整，形成最终的发行价格。最后，再根据询价记录的信息自主确定对投资者的股票发售与分配。

在累计投标方式下，投资者可以通过路演、与管理层交流、阅读招股意向书和研究报告等形式对发行人进行比较充分的了解，从而可以降低发行人与投资者之间的信息不对称程度。同时，承销商可以充分了解投资者对新股的需求程度，从而根据市场需求确定发行价格。累计投标机制为了保证投资者向承销商提供真实的需求信息，在发行新股时，承销商利用自由分配股股份的权利，向经常性投资者适当倾斜，经常性投资者可以获得比偶然性投资者更多的新股份额，这样经常性投资者就更愿意报出其真实的需求信息。因为如果他们提供的信息经常有误，将可能失去经常性投资者的待遇。

混合定价机制是指将上述三种基本定价机制结合起来的一种定价机制，如累计投标/固定价格、累计订单询价/拍卖、拍卖/固定价格等。其中累计投标/固定价格混合机制使用最为广泛，即在一次 IPO 过程中分别对不同的份额分别采用累计投标和固定价格两种方式，一般采用累计订单询价机制向境内外机构投资者配售一部分股票，另一部分额度则用固定价格发售给本地中小投资者。

按照我国《证券发行与承销管理办法》（2013 年修订）的规定，首次公开发行股票，既可以通过向网下投资者询价的方式确定股票发行价格，也可以通过发行人与主承销商自主协商直接定价等其他合法可行的方式确定发行价格。发行人和主承销商应当在招股意向书和发行公告中披露本次发行股票的定价方式。相对而言，我国目前的 IPO 定价方式既考虑了发行人与承销商的要求，也考虑到市场的意愿。

2. IPO 折价问题

IPO 折价（IPO Underpricing）是指 IPO 发行的新股上市之后，二级市场上的首日交易价格大于一级市场的发行价格的现象。相对于更高的二级市场交易价格，人们称一级市场的发行价格存在折价。折价问题的直接表现即为上市首日收益率为正。表 6-2 为 IPO 首日收益率统计情况。

表 6-2　IPO 首日收益率统计情况

年度	IPO 家数	平均首日收益率（%）
2007	118	195.31
2008	76	115.82
2009	111	71.28
2010	349	41.90
2011	282	21.08
2012	155	26.55
2013	2	27.69
2014	125	43.52
2015	232	46.55

数据来源：锐思金融研究数据库。

大量文献证明，IPO 折价现象几乎存在于所有国家的资本市场，针对这种现象，财务理论给出了许多解释。这些理论解释中，通常可以分为两类：一类从新股发行价过低的角度解释，如赢者诅咒假说、信号假说、承销商风险规避假说；另一类则从新股上市首日的过度反应角度解释，如投资泡沫假说。

（1）赢者诅咒假说

Rock（1986）认为，市场中的投资者可以分为两类，即掌握信息的知情投资者和未掌握信息的非知情投资者，知情投资者对发行的股票只会给予合理的报价，并且会在股票报价过高的情况下退出，然而处于信息劣势的非知情投资者却对定价合理与否并无区别能力。如果定价过高，那么全部的新股都将由非知情投资者获得（即遭受所谓的赢者诅咒）。认识到这一点，非知情投资者将降低投资新股的热情，并只投资定价较低的新股。为吸引广大的非知情投资者认购新股，防止发行失败，新股发行价格就需要低于正常价格。

（2）信号假说

这种解释认为，由于股票的风险和收益受制于公司的经营情况，因此真正了解 IPO 股票价值的是发行人而不是投资者。为了向投资者传递关于股票质量的信息，高质量的公司可以将 IPO 的价格定低，这种定价虽然会使发行公司在 IPO 时蒙受一定的损失，但将来公司按照较高的二级市场价格增发新股时，可以筹得更多的资金。而低质量的公司由于很可能无法通过未来的二级市场增发收回 IPO 低定价所付出的成本，因此很难模仿高质量公司的这种做法。这样，IPO 的抑价就成为发行公司向投资者传递公司质量信息的一个信号。

（3）承销商风险规避假说

担任新股发行的承销商比发行人拥有更多的新股发行市场信息，为了减少新股承销中的发行风险，投资银行会有意识地使新股定价偏低，以保证新股能被投资者充分认购，从而减少发行失败的可能性。特别地，实力和信誉不高的承销商在承销中定价偏低的程度较大。这样股票在上市后将上涨以恢复其实际价值。但是，这种解释对我国的 IPO 折价的解释力度不大，因为我国 IPO 市场上还没有过发行失败的案例，发行失败对承销商来说并没有较大压力。

（4）投机泡沫假说

投机泡沫假说认为二级市场对新股的估价是无效的，由于噪声交易者的参与，使新股估价存在过度反应，从而造成 IPO 折价现象。这种观点认为，造成 IPO 折价并非发行定价不合理，而是由于二级市场的定价虚高造成的，市场有效程度不同会造成不同市场的 IPO 折价程度有所不同。按照这种理论，我国市场的高 IPO 折价现象并非定价机制不合理，而是由于二级市场价格虚高引起的。

3. IPO 后的长期市场表现

从 20 世纪 90 年代初开始，一些学者对 IPO 后公司股票的长期市场表现进行了大量研究，发现 IPO 上市后的新股市场表现呈现长期弱势现象，即上市后 3~5 年的收益率水平低于市场平均水平。

Ritter（1991）对美国股市 IPO 发行新股上市后的长期走势进行了考察，在研究中，Ritter 选取了两组股票：一组为新股组合，选取从 1975—1984 年上市的 1 526 家首次公开发行的股票；另一组为已上市的股票的组合，该组合与前一组合在规模、产业等方面相匹配的已上市股票。通过对两个样本组合进行为期三年的比较，Ritter 发现新股样本组合在三年里的平均收益率为 34.47%，而相对应的样本组合三年的平均收益率为 61.86%，新股整体呈现出弱势表现。

Loughran 和 Ritter（1995）选取了更多的样本来验证美国股市 IPO 的长期的弱势表现，他们选取从 1970—1990 年在美国首次公开发行的 4 753 只股票构成的新股组合，同时选取与每一只新股在资产、市值上相匹配的已上市股票为另一组合，分别考察了这两种组合在新股上市后三年及五年里的走势，发现新股组合三年和五年平均收益率分别为 8.4%和 15.7%，而相对应的另一组合则分别为 35.5%和 66.4%，新股整体表现显著偏差。

针对我国资本市场的 IPO 长期市场表现问题，大量学者进行了研究，但是由于选择的样本期间与市场基准指数不同，结论也有所不同。有学者发现以流通市值加权指数为基准，中国新股的长期表现呈现显著的弱势效应，且随着 IPO 时间的变长弱势越严重。

6.2.5　再融资

公司上市以后，随着经营规模的扩大，投资机会相应增多，仍会面临资金难题。利用资本市场进行再融资是其快速扩张和解决资金难题的一项重要措施。公司上市之后的再融资方式主要包括公开增发与配股、非公开发行和债券融资。其中公开增发与配股以及非公开发行是我国资本市场上的主要再融资方式。

1. 公开增发与配股

（1）公开增发与配股概述

上市公司可以通过公开发行股份进行股权再融资，具体包括向不特定对象公开募集股份（以下简称公开增发）和向原股东配售股份（以下简称配股）。虽然公开增发与配股都属于股权融资行为，但是在发行规模、发行定价与发行风险方面二者有所不同。从募集资金规模上看，增发的筹资额要远高于配股。由于配股仅针对原股东且发行量受限，因此融资规模有限。在发行定价方面，增发的发行价格通常有最低保证，按照《上市公司证券发行管理办法》，增发价格应不低于公告招股意向书前二十个交易日公司股票均价或前一个交易日的均价，同时增发数量没有法定限制。而配股的发行价格由股东大会决定，通常比市场价低,并且发行量不超过配售股份前股本总额的 30%,因此融资量有限。但是,由于增发的发行规模通常较大,大规模到增发会引发市场对资金量的担心,并将其看作一种圈钱行为,因此增发更容易从而引起市场的反感。

从发行风险方面来看,公开增发的发行风险要低于配股。根据证监会 2006 年颁布的《发行与承销管理办法》,上市公司增发股票或者发行可转换公司债券,可以全部或者部分向原股东优先配售,优先配售比例应当在发行公告中披露。因此,增发股票同时可以向原股东进行优先配售。这样,增发既可以保障原股东的利益,同时也可以向公众公开募集,因此发行风险更低。而配股只能采用代销发行方式,代销期限届满,原股东认购股票的数量未达到拟配售数量 70%的,即为发行失败,发行人应当按照发行价并加算银行同期存款利息返还已经认购的股东。更大的发行规模、较高的灵活性,以及较低的发行风险是增发规模逐渐增加的重要原因。

(2)增发新股与公司价值

增发新股对公司股票价格的影响一直是理论界研究的热点之一。大量的实证研究表明增发公告具有显著的负向市场反应。有研究结果发现新股发行宣告日的股价有显著的负效应。有学者对英国 1986—1994 年上市公司增发新股公告效应的研究,结果为公告后两日内的平均超常收益率为 –2.9%。

从我国资本市场的经验证据来看,研究发现市场对增发的反应总体上是负面的。也有学者考察了股东大会决议公告日和增发公告日的增发股价反应,结果显示 A 股市场增发存在显著为负的公告效应。但是将样本分组之后,发现牛市行情中增发的股价反应比较小,且呈非负状态;而在熊市行情中,增发的股价反应相对较大,并且方向为负。

针对增发公告的负向效应,理论界提出了若干假说进行解释,包括如表 6-3 所示。

表 6-3　增发公告市场效应的理论假说

理论假说	主要观点
信息不对称假说	由于公司管理者与外部投资者之间存在信息不对称,管理者能比外部投资者更确切地知道公司的真实价值和未来成长机会。当管理者认为公司价值被低估时,就不愿意发行新股以保护原股东的利益;相反地,当管理者认为公司价值被高估时,则倾向于发行新股,这样新股东的利益会流向原股东。一个理性的市场会预见到管理者的这种机会主义行为,从而将发行新股看作公司股票价格被高估的信号
融资优序假说	即优先使用内部权益融资,即留存收益;其次是债务融资;最后是外部股权融资。发行股票意味着公司的盈利遭到非预期的下降,市场对增发就产生了否定的态度
价格压力假说	在非完全有效的资本市场上,不存在某一公司股票的完美替代品,因此公司股票面临向下倾斜的需求曲线,增发新股将会增加股票的供给,导致股价永久性下跌,且股价下跌幅度应该与增发规模正相关
自由现金流量假说	公司增发新股时,管理者能控制的自由现金流量大量增加,预期的代理成本也相应增加,从而导致二级市场股价下跌,并且下跌的幅度与公司自由现金流量的代理成本正相关

2. 非公开发行

(1)非公开发行的概念与特征

非公开发行又称定向增发,是指上市公司采用非公开方式,向特定对象发行股票的行为。非公开发行的对象通常为公司的大股东或战略投资者和基金公司、信托公司、财务公司、保险机构投资者、QFII以及其他机构投资者等。

与公开增发相比，定向增发的发行门槛低、发行风险小、发行费用少，监管机构的审核程序相对简单（非公开发行执行证监会发行审核委员会的特别程序，即5人出席，3人通过即可），发行速度更快，有助于提高企业融资或重组的效率。但与公开增发相比，由于发行对象要求不超过10人，因此发行数量和筹资金额有限。

（2）非公开发行的条件

与公开增发相比，非公开发行没有业绩要求，因此发行时间与发行对象更加灵活。具体发行条件如表6-4所示。

表6-4 公开增发、配股与非公开发行股票条件

	增　发	配　股	非公开发行股票
盈利能力	三年连续盈利，且三年平均净资产收益率不低于6%	三年连续盈利	—
现金分红	最近三年以现金方式累计分配的利润不少于最近三年实现的年均可分配利润的30%	—	—
发行数量	—	配股数不超过发行前股本的30%	发行对象不超过10名
价格	不低于公告招股意向书前20个交易日公司股票均价或前一个交易日的均价	—	不得低于定价基准日前20个交易日公司股票均价的90%
锁定期	自愿	自愿	控股股东、实际控制人及其控制的企业锁定36个月，其他投资者12个月

（3）非公开发行股票的发行价格

非公开发行股票是向特定对象发行股份的行为，发行价格应该由发行公司与发行对象协商确定。但是，如果发行股份的价格过低，可能会损害社会公众投资者的利益。为此，《上市公司证券发行管理办法》要求，非公开发行股票的发行价格，不得低于定价基准日前20个交易日公司股票均价的90%，定价基准日可以为非公开发行股票的董事会决议公告日、股东大会决议公告日，也可以为发行期首日。

在具体的定价机制上，针对不同类别的发行对象，发行价格的确定方式有所不同。公司实际控制人及其关联人、通过认购本次发行的股份取得上市公司实际控制权的投资者，以及董事会拟引入的境内外战略投资者的发行价格或者定价原则应当由上市公司董事会的非公开发行股票决议确定，并经股东大会批准。

对于其他类型的投资者，非公开发行前不确定发行对象和价格，以竞价方式确定最终的发行价格和具体发行对象。为使竞价过程更加公平和公开，要求询价对象不少于20家证券投资基金管理公司、不少于10家证券公司、不少于5家保险机构投资，并要求将认购邀请书发送给前20名股东。这在一定程度上有利于推动定向增发的发行价格进一步市场化，防止控股股东利用内幕交易侵占公众投资者的利益。

（4）非公开发行的基本模式

按照非公开发行的对象、交易结构，可以区分为以下几种模式。

① 纯融资目的型非公开发行。即通过非公开发行股份筹集资金,利用非公开发行较低的发行门槛发行股份筹集资金,主要特征是发行前不确定发行对象,发行对象通过询价方式最终确定。虽然这种方式融资量有限,但是可以快速解决企业面临的资金短期问题。

② 引进战略投资者型非公开发行。通过向指定的战略投资者特别是海外战略投资者发行股份:一方面通过发行股份筹资所需资金;另一方面可以保证公司发行后股权结构的稳定性。引进的战略投资者具体发行对象及其认购价格或者定价原则应当由上市公司董事会的非公开发行股票决议确定,并经股东大会批准。通常战略投资者的股份锁定期为 36 个月。

③ 资产重组型非公开发行。通过向控股股东或特定对象定向增发股份,购买非现金资产以实现资产注入或整体上市。非公开发行股份购买资产,将大股东的资产注入上市公司是最常见的整体上市形式之一,其结果将改变公司原有的业务模式。因此,与前两种方式不同,非公开发行股份购买资产属于重大资产重组行为,需报中国证监会并购重组委审批。这种方式的定向增发并非以融资为目的,而是一种企业资产重组的方式,通过发行股份购买资产实现优质资产注入或整体上市的目的。

④ 换股合并型非公开发行。这种类型的非公开发行股份是在并购交易中作为一种支付方式产生的。即通过向目标公司股东定向发行股份作为支付方式,换取目标公司的部分或全部股份。这种换股合并的结果是,目标公司的原有股东成为并购公司的部分股东,而目标公司则成为并购公司的子公司。换股合并可以避免并购中大规模的现金流出,大大减轻并购后的现金流压力,因而被广泛采用。

3. 债券融资

在资本市场上发行债券筹资是企业常见的融资方式之一。目前,我国企业主要的债券融资方式主要包括企业债券、公司债券、短期融资券和中期票据。四类债券的主要特点如表 6-5 所示。

(1) 企业债券

按照《企业债券管理条例》的规定,企业债券是指中华人民共和国境内具有法人资格的企业在境内依照法定程序发行、约定在一定期限内还本付息的有价证券,但金融债券和外币债券除外。

企业债券的发行由国家发改委进行审核,国家发改委受理企业发债申请后,依据法律法规对申请文件进行审核。符合发债条件的直接予以核准,否则向发行人提出反馈意见或作出不予核准的决定。企业债券得到国家发改委批准并经中国人民银行和中国证监会会签后,即可进行具体的发行工作。

企业债券的发行条件:①股份有限公司的净资产不低于人民币 3 000 万元,有限责任公司和其他类型企业的净资产不低于人民币 6 000 万元;②为保护债券投资人的利益,企业公开发行的企业债券,发行人累计债券余额不超过企业净资产(不包括少数股东权益)的 40%;③企业经济效益良好,发行企业债券前连续三年连续赢利,最近三年平均可分配利润足以支付企业债券一年的利息;④企业现金流状况良好,具有较强的到期偿债能力;⑤筹集资金的投向符合国家产业政策和行业发展方向,所需相关手续齐全;筹集资金用于固定资产投资项目的,应符合固定资产投资项目资本金制度的要求,原则上累计发行额不

表 6-5　各类债券的主要特点

	企业债	公司债	中期票据	短期融资券
发行主体	境内注册登记的具有法人资格的企业	沪深证券交易所上市公司及发行境外上市外资股的境内股份有限公司	具有法人资格的非金融企业	
监管机构	国家发改委主管，央行、证监会协管	中国证监会	银行间市场交易商协会	
审批制度	核准制	核准制	注册制	
募集资金用途	固定资产投资、收购产权/股权、替换银行贷款、补充营运资金	符合股东会或股东大会核准的用途，且符合国家产业政策	募集的资金应用于企业生产经营活动	
交易场所	银行间市场/交易所	交易所/银行间市场	银行间市场	
发行期限	一般 5~10 年	一般 3~7 年	一般 3~5 年	1 年以内
担保方式	第三方担保、资产抵押、无担保	第三方担保、资产抵押、无担保	无担保	无担保（大多数）
投资人	商业银行、证券公司、信托公司、基金公司、保险公司、个人投资者等	证券公司、信托公司、财务公司、基金公司、个人投资者等	商业银行、证券公司、信托公司、基金公司等	商业银行、证券公司、信托公司、基金公司、保险公司等
发行成本	较低	较高	低	低

得超过该项目总投资的 60%；用于收购产权（股权）的，比照该比例执行；用于调整债务结构的，不受该比例限制，但企业应提供银行同意以债还贷的证明；用于补充营运资金的，不超过发债总额的 20%；⑥债券的利率根据市场情况确定，但不得超过国务院限定的利率水平；⑦企业前一次发行的债券已足额筹集和已发行的企业债券或者其他债务未处于违约或者延迟支付本息的状态；⑧企业近三年没有重大违法违规行为。

企业债券的发行期限没有明确规定，原则上不能低于 1 年，通常为 5~10 年。发行利率及付息方式由发行人与承销商根据信用等级、风险程度、市场供求状况等因素协商确定，但必须符合企业债券利率管理的有关规定。《企业债券管理条例》中规定，企业债券的利率不得高于银行相同期限居民储蓄存款利率的 40%。从担保方式上，企业可以发行无担保信用债券、资产抵押债券或第三方担保债券。

企业债券发行完成后，可以申请在证券交易所上市交易，经证券交易所核准，可以上市挂牌买卖。除了在证券交易所上市外，企业债券也可以经有关机构审批，进入银行间债券市场交易流通。

（2）公司债券

这里所指的公司债券，是指发行人按照《公司债券发行试点办法》的规定，依据法定程序发行、约定在一年以上期限还本付息的有价证券。目前在我国公司债券尚处于试点阶段，仅适用于在沪、深证券交易所上市的公司及发行境外上市外资股的境内股份有限公司。

从发行人的角度，公司债券与企业债券都属于一种对外公开发行的长期债券。但是公司债券由证券监督管理部门负责核准，只在证券交易所挂牌上市的。由于主管机构的不同，发行条件也略有差异。公司债券的发行条件是：①公司的生产经营符合法律、行政法规和公司章程的规定，符合国家产业政策；②公司内部控制制度健全，内部控制制度的完整性、合理性、有效性不存在重大缺陷；③经资信评级机构评级，债券信用级别良好；④公司最近一期末经审计的净资产额应符合法律、行政法规和中国证监会的有关规定；⑤最近三个会计年度实现的年均可分配利润不少于公司债券一年的利息；⑥本次发行后累计公司债券余额不超过最近一期末净资产额的 40%。相对而言，企业债券政策导向性更强，并且对债券募集资金的使用方向设有部分限制，而公司债券则要更加灵活。

在利率的确定方式上，公司债券主要采用询价机制，由向网下机构投资者询价确定利率区间，然后由发行人和承销商协商确定债券的票面利率。公司债券发行对象主要为社会公众投资者，因此公司债券的发行更强调对债券持有人权益的保护和信息披露。在债券发行募集说明书中，要求发行人应当为债券持有人聘请债券受托管理人，在债券存续期限内，由债券受托管理人依照协议的约定维护债券持有人的利益。同时，明确规定债券持有人会议规则以及债券持有人会议的召开条件。

（3）短期融资券

短期融资券是企业在银行间债券市场发行和交易，约定在一定期限内还本付息，最长期限不超过 365 天的有价证券。短期融资券作为一种短期债务融资方式，是银行短期贷款的一种替代融资方式。通常采用市场化的方式确定发行利率和发行价格，具有发行速度快、发行规模大的特点。短期融资券的发行是在银行间债券市场进行的，其投资人主要为商业银行、证券公司等金融机构。短期融资券的发行由交易商协会负责发行注册。交易商协会设注册委员会，注册委员会通过注册会议决定是否接受发行注册。注册会议由 5 名专家委员参加，2 名以上（含 2 名）委员认为企业没有真实、准确、完整、及时披露信息，或者中介机构没有勤勉尽责的，交易商协会不接受发行注册。交易商协会接受注册的企业，注册期为两年，企业在有效期内可以一次发行或者分期发行短期融资券。

短期融资券的发行程序是：①公司作出发行短期融资券的决策；②办理发行短期融资券的信用评级，信用评级包括企业主体信用评级和当期融资券的债项评级；③向有关审批机构提出发行注册申请；④审批机关对企业提出的申请进行接受发行注册；⑤正式发行短期融资券，取得资金。短期融资券的发行规模有上限要求，即短期融资券的待偿还余额不得超过企业净资产的 40%。

短期融资券的发行门槛较低，没有资本金规模限制，也没有对发行企业的赢利和偿债能力的硬性指标限制，只要求详细信息披露的公司的相关信息，透明度是其最主要的核心条件。

（4）中期票据

中期票据是指具有法人资格的非金融企业在银行间债券市场按照计划分期发行的，约定在一定期限还本付息的债务融资工具。自 2008 年 4 月，开始首批发行中期票据。与短期融资券类似，中期票据也是在银行间债券市场发行。

中期票据的发行方式与短期融资券基本相同，采用交易商协会注册制发行，注册额度两年有效。注册制发行较企业债的核准制发行更为简化，因此也更受企业的欢迎。与短期融资券相比，中期票据的期限较长，通常在 3~5 年，是企业中长期贷款的替代融资方式。从融资成本来看，中期票据的利率水平通常低于同期贷款基准利率 1%~2%，承销费用也很低，一般为0.3%左右，因此中期票据的融资成本相对较低。按照对中期票据的发行规模的要求，待偿还余额不得超过企业净资产的40%。

与短期融资券一样，中期票据也没有资本金的最低限制，也没有对盈利能力和偿债能力的硬性要求，充分披露信息是其核心要求。尽管如此，从目前中期票据的发行主体来看，主要是资质较好的大型国有企业。

6.3 私募股权基金

6.3.1 私募股权基金概述

私募股权基金（Private Equity，PE），是指以非公开方式向少数机构投资者或个人募集资金，主要向非上市企业进行权益性投资，并通过被投资企业上市、并购或管理层收购等方式退出而获利的一类投资基金。与公开募集的基金相比，私募基金的发行对象并不是社会公众，而是银行、保险公司、养老保险基金等大型机构以及富有的个人投资者，投资起点较高，基金的持有人一般不超过200人。按照投资类型，私募股权基金可以分为创业投资、成长型投资、并购型投资，以及投资于上市公司股份的私募基金（Private Investment in Public Equity，PIPE）等。私募股权基金主要具有如下几个特征。

（1）私募股权基金的募集对象为特定机构和富有的个人，包括银行、养老基金、保险公司、大型集团公司等。募集对象具有较强的抗风险能力和自我保护能力，因此政府并不需要对其严加监管。

（2）私募股权基金主要通过非公开的方式募集，不通过广告或公共市场方式，而是由基金发起人与投资者通过私人关系、协商、召开专门基金路演会等方式进行。

（3）在投资方式上，私募股权基金主要采取权益投资方式，投资对象多为未上市、高成长的公司股权，也包括部分上市公司。投资的获利渠道主要有企业上市、转让给第三方企业以及转让给管理层。

（4）在投资期限上，一般为5~10年，甚至更长，属于中长期投资，并且大多数情况下投资期内不能中途退出，所有流动性较差。

6.3.2 私募股权基金的组织形式

目前，私募股权基金的主要形式包括公司制、契约制和有限合伙制。其中，有限合伙制是其最主要的组织形式，大约80%的私募股权基金均采用有限合伙的组织形式。

私募股权基金发展的早期以公司制的形式为主，第一个私募股权基金是1946年成立的"美国研究与发展公司"（ARD公司），就属于公司制的私募股权基金。公司制私募股权基金受《公司法》的约束，并需要建立公司制的治理结构和组织机构。

信托制的私募股权基金，是指信托公司将信托计划项下资金投资于未上市企业股权以及其他股权的信托业务。这实际上是通过信托模式募集资金，然后对符合投资要求的企业进行股权投资并提供经营管理服务，通过上市退出、资产重组或转让获取投资收益的集合投资制度。

有限合伙制私募股权基金，是指按照有限合伙制的形式，由一般合伙人和有限合伙人组成，一般合伙人负责基金的募集、投资等重大事项的管理和决策，有限合伙人按照合伙协议按期、足额缴纳认缴出资。与公司制相比，有限合伙制可以避免双重征税，即各合伙人只需按照各自的所得缴纳所得税，而不必缴纳企业所得税。这种税收优势使得有限合伙制成为私募股权基金所选择的最主要的组织形式。

以美国的私募股权基金为例，基金的发起人通常为基金管理公司，并由其自己或指定其他人作为基金的一般合伙人（General Partner，GP），GP 负责寻找投资机会并作出投资决定，每年要提取全部基金的 2%作为管理费，同时，如果投资收益超过了约定的收益率（Hurdle rate），超额部分还提取 20%作为回报。GP 的投资能力是决定私募股权基金投资效益的最重要因素。通常，GP 的声望越高，其能够私募的基金量也就越大。GP 在私募基金中出资比例通常较少，大部分的资金来源于有限合伙人（Limited Partner，LP），包括养老基金、金融机构、富有的个人投资者等。这种有限合伙形式的私募股权基金，寿命一般在 10 年左右。

6.3.3　私募股权基金（PE）与风险投资（VC）的关系

风险投资（Venture Capital，VC），又称创业投资，是指由投资者出资投入具有专门技术、发展迅速、具有巨大竞争潜力的创业企业中的一种权益资本。从运作方式来看，风险投资通常由专业化的投资中介向特别具有潜能的、缺少只有资金的高新技术企业投入风险资本。风险投资通常以股权投资为主，但投资的目的并不是获得企业的控制权，而是通过投资和提供增值服务帮助企业缓解资金"瓶颈"，规范企业的运行，以促进企业快速成长，最后通过公开上市、兼并收购或其他方式退出，通过获取股权的增值实现投资回报。

对于创业期的企业来说，筹资困难往往是限制其快速发展的重要"瓶颈"。因此，引入风险投资对其解决资金"瓶颈"问题往往至关重要。风险投资对于成长阶段的企业能够起到催化剂的作用，在促进企业快速发展中实现互利双赢，除了能满足企业发展所需的资金以外，还可以帮助企业改善其治理结构，为企业进一步发展壮大打下制度基础。

从运作方式上，风险投资可以认为是私募股权基金的一种，两者都主要投资于非上市公司，但是，风险投资主要投资于公司发展的早期，从种子阶段到上市前。而私募股权基金主要投资于有稳定现金流、商业模式比较成熟且已经得到市场认可的公司。事实上，很多传统的风险投资机构也在介入私募股权投资业务，而私募股权基金业也参与风险投资项目，因此，在实际业务中两者之间的区分已经越来越模糊。

从投资对象的选择上，私募股权投资与风险投资类似，主要考虑以下几个方面。

（1）管理团队。管理团队的管理能力和素质是投资项目判断时最重要的因素之一，那些真正懂得消费者需求的管理团队、有敏锐的商业意识、品牌保护意识、有独特经营方向、拥有互补能力的成员，通常会受到投资方的认可。同时，管理团队应该具有忠诚正直、活力充沛、领导素质与创新能力。

（2）行业前景。公司所处的行业前景广阔，具有较高的行业天花板，且受经济环境与周期波动影响小，企业能够在行业中拥有较大的成长空间。

（3）市场前景。产品市场前景广阔，随着产业优化升级，市场容量将随之增加。并在市场竞争中有明确的核心竞争能力。

（4）商业模式，企业拥有创新的商业模式，商业模式能够支撑企业的竞争能力。

（5）技术，企业是否拥有自主知识产权、技术的先进性与可替代性。

（6）行业中的地位和未来成长性，良好的行业地位是公司竞争力的体现，风险投资不同于"天使投资人"，其投资的对象倾向于已经度过初创期而进入成长期的企业，良好的行业地位与成长潜力对私募股权投资具有巨大的吸引力。

除此之外，企业文化、规范性和法律障碍、发展战略等因素也是私募股权投资所关注的方面。

6.3.4 私募股权投资的估值与定价

在引入私募股权投资的决策中，一个关键问题是：如何对引入的股权投资进行定价？在第2章中，我们介绍了一系列企业估值的方法，典型的方法是通过预测未来的现金流量或股利，采用相应的折现率进行折现。但是对于处于成长阶段的非上市公司来说，企业的定价更加困难，因为：①投资企业往往处于创业期或成长期，历史较短，企业未来的市场规模还无法充分估计，因此，估计企业未来的利润和现金流量更多地抵赖主观判断；②投资对象往往处于新兴行业，或具有创新的商业模式，很难找到类似的可比公司，因此其折现率也难以确定。

尽管如此，创业企业的估值必须经过合理的估值程序，通常，私募股权投资对创业企业的估值通常采用以下程序。

（1）假定公司在未来实现了其战略目标（如成功上市），并进入稳定盈利期时，预测其能够达到的赢利水平。

（2）计算公司在未来这一时点的公司价值，可以采用现值、市场与账面价值比、市盈率等方法。

（3）采用风险调整后的折现率，对未来时点的公司价值进行折现，计算公司的当前价值。风险调整的折现率取决于风险投资对公司成功的可能性、成功的时间长度的判断。按照美国投资公司的惯例，对于处于初创期的企业，年折现率一般为50%~70%，而对已经初具规模，进入成长期的企业，年折现率一般为30%~40%。

（4）最后，根据公司的当前价值计算风险投资的参股比例与每股价格。

例如，某公司为进一步的快速发展，需要补充250万元的权益资金，现公司的股东与私募股权投资人商议融资事宜。假设公司运营顺利，5年后每年净利润可以达到1 400万元，可以达到上市目标，预计公司上市后的市盈率可以达到9。这样，预计公司在上市后的价值将达到12 600万元（1 400万元×9），假定私募股权投资者在考虑公司的风险水平之后，对该公司要求的年收益率为50%。那么，可以计算公司目前的价值为1 660万元[12 600万元/(1+50%)×5]，为达到融资额250万元的目标，风险投资人应该得到公司15.1%（250万元/1 660万元×100%）的股权。

在私募股权融资的实务中，估价与出让股份的数量问题要比上述例子更加复杂，由于双方存在的信息不对称以及投资后的委托—代理问题，企业的股东与股权投资人之间对上述估价方法中的参数估计可能并不相同，如双方对融资总额、未来成功的时间、未来的赢利水平以及使用的折现率都可能有不同观点。这需要在私募股权投资引入的过程中进行积极有效的沟通，并充分考虑相应的激励与约束机制（如"对赌协议"）来降低信息不对称的影响。

6.3.5 对赌协议

在私募股权投资过程中，"对赌协议"是投资协议中的核心部分。所谓"对赌协议"，（Valuation Adjustment Mechanism，VAM），直译过来就是"估值调整协议"，是指投资方与融资方在达成协议时，双方对于未来不确定情况的一种约定：共同设定一个暂时的中间目标，如果约定的条件出现，投资方可以行使一种权力；如果约定的另一个条件出现，融资方则行使另一种权力。这便是"对赌"的过程。这是一种常见的解决未来不确定性和信息不对称等问题的办法。在财务理论上对赌协议实际上就是一种期权形式。

从对赌协议的实际运作来看，以下几个显著的特征。

（1）"对赌"中赌的大多是"业绩"，"筹码"则往往是"股权"。"对赌协议"的成立有赖于几个条件：一是企业整体价值虽然是由有形资产、品牌、技术、管理等多要素构成，但是企业的股权最能反映企业的整体价值，而且股权价值基本上依赖于企业未来的业绩；二是外部机构投资者对公司未来业绩难以准确预知与把控，他们就把未来业绩成为对赌的标的，以锁定投资风险。

（2）"对赌协议"都签订在与上市之前，上市后还能增持公司股票。对于机构投资者来说，对赌协议只是其整体"赌局"的一环，在此之前他们先要寻找合适的投资对象，并帮助目标企业完成股权重组，然后通过包括"对赌协议"在内的一系列措施以刺激企业业绩火速提升，最后还要完成以上市为目标的一系列资本市场运作。通过一系列的、连续的资本动作，提升被投资企业重估的价值，快速实现自身的投资获利。

（3）"对赌协议"的一方既是公司的管理层，也是公司大股东之一。对赌的投资方大都是有着财务背景的私募股权投资基金，而协议的另一方则是同时具备大股东和经营者双重角色，是被投资企业的实际控制人，也只有这样的"内部控制人"才有赌的资格（身份）和筹码（业绩）。

（4）机构投资者仅为财务投资，不介入企业的公司治理，也不参与企业的经营管理。在这些对赌案例中，机构投资者没有要求参加被投资企业的董事会，不参与日常的管理活动，或者说他们拥有公司高比例的股权，但是没有公司"话语权"。他们的活动与表现主要在资本运作和资本市场上。他们基本上是通过"对赌协议"和在资本市场上"用脚投票"来保障和实现自己的权益，这是一种典型的"结果导向"的公司治理安排。对于机构投资者来说，也是一种极低管理成本的治理方式，以高超的资本运作能力作支撑，并在协议中考虑到各种结果并附以限制条件，把自身的风险降到最低。对 PE 来说，如对赌输了，但由于企业业绩的提高，他们可以通过业绩提升对股价的拉动获得成倍的股票溢价，所以"对赌协议"无论何种结局，机构投资者都没有"输得很惨"的风险，都能大大降低其代理成本，控制投资风险，保证其基本收益的前提下刺激管理层股东快速提升公司业绩。这一结局是管理层股东无法比拟的，但是能够预估到的。

综合上述分析，"对赌协议"实际上是一种投资者在一定程度上锁定投资风险、确保投资收益的工具，也是投资者对经营者、投资者与投资者之间的一种激励与约束制度安排。在决策时需要慎重考虑、理性决策。在签订与接受"对赌协议"前，应将其与自身产业的长期盈利状况以及自身在产业当中的地位结合起来考虑，不但要准确地获取相关的行业数据、市场数据、竞争对手的数据，更要将战略中的生产、销售、毛利率、市场开发、产品研发等细化到具体数值，并应考虑到可能出现的风险做好预案，加以规避。总之，必须以稳健的目标和细致的规划设计"业绩"赌局，应对充满风险挑战的"对赌协议"。

6.4 并购中的财务决策

并购是企业最常见的一种资本运营形式。并购也是企业实现快速扩张，更快地实现企业的战略目标的重要途径。正如诺贝尔经济学奖获得者乔治·斯蒂格勒（George Stigler）所说："每一个美国大公司都是通过某种程度、某种方式的兼并收购而成长起来的，几乎没有一家大公司主要是靠内部扩张成长起来的。"

6.4.1 并购的含义

目前，与并购相关的概念很多，如合并、兼并、收购等。一般来说，并购可以有狭义和广义两种理解方式。

狭义的并购是指我国《公司法》中定义的企业合并，包括吸收合并和新设合并。吸收合并又称兼并（Merger），指一个公司吸收其他公司而存续，被吸收公司合并后解散。如A公司吸收合并B公司，合并后B公司注销，A公司存续。新设合并是指两个或两个以上公司合并设立一个新的公司，合并各方的法人实体地位都消失。如A公司与B公司合并，合并后成立C公司，A公司与B公司都注销。

广义的并购，不仅包括狭义的并购活动，还包括为取得控制权或重大影响的股权或资产收购行为。这里的收购（Acquisition）是指为了对目标企业实施控制或重大影响而进行的股权收购或资产购买。收购行为通常不是为了取得被收购方的全部股权或资产，而是为了实施控制或重大影响。例如，通过收购A公司60%的股权获得A公司的控股股东地位。

由于在运作中更注重广义的并购概念，兼并、合并与收购常统称为"并购"或"并购"，泛指在市场机制作用下企业为了获得其他企业的控制权而进行的产权重组活动。

6.4.2 并购的类型

企业并购的形式多种多样，按照不同的分类标准可以划分为许多不同的类型。

1. 按并购双方产品与产业的联系划分

按并购双方产品与产业的联系不同，企业并购可分为横向并购、纵向并购和混合并购。

（1）横向并购。当并购方与被并购方处于同一行业、生产或经营同一产品，并购使资本在同一市场领域或部门集中时，则称为横向并购。如奶粉罐头食品厂合并咖啡罐头食品厂，两厂的生产工艺相近，并购后可按购受企业的要求进行生产或加工。这种并购投资的目的主要是确立或巩固企业在行业内的优势地位，扩大企业规模，使企业在该行业市场领域里占有垄断地位。

（2）纵向并购。它是指对生产工艺或经营方式上有前后关联的企业进行的并购，即同一产业链中上下游企业之间的并购。如加工制造企业并购上游的原材料生产企业，或者并购下游的销售渠道。其主要目的是整合产业链条和实现产销一体化。纵向并购较少受到各国有关反垄断法律政策的限制。

（3）混合并购。它是指对处于不同产业领域、产品属于不同市场，且与其产业部门之间不存在特别的生产技术联系的企业进行并购，如钢铁企业并购石油企业，因此产生多种经营企业。采取这种方式可通过分散投资、多样化经营降低企业风险，达到资源互补、优化组合，扩大市场活动范围的目的。

2. 按并购的实现方式划分

按并购的实现方式划分，并购可分为承担债务式并购、现金购买式并购和股份交易式并购。

（1）承担债务式并购。承担债务式并购指在被并购企业资不抵债或资产债务相等的情况下，并购方以承担被并购方全部或部分债务为条件，取得被并购方的资产所有权和经营权。

（2）现金购买式并购。即以现金形式购买目标企业的资产或股权，具体包括两种情况：①并购方筹集足额的现金购买被并购方全部资产，使被并购方除现金外没有持续经营的物资基础，成为有资本结构而无生产资源的空壳，不得不从法律意义上消失；②并购方以现金通过市场、柜台或协商购买目标公司的股票或股权，一旦拥有其大部分或全部股本，目标公司就被并购了。

（3）股份交易式。也有两种情况：第一，以股权换股权，即换股并购。这是指并购公司向目标公司的股东发行自己公司的股票，以换取目标公司的大部分或全部股票，达到控制目标公司的目的。通过并购，目标公司或者成为并购公司的分公司或子公司，或者解散并入并购公司。第二，以股权换资产。并购公司向目标公司发行并购公司自己的股票，以换取目标公司的资产，并购公司在有选择的情况下承担目标公司的全部或部分责任。目标公司也要把拥有的并购公司的股票分配给自己的股东。

3. 按照收购股份的方式划分

按照对目标公司收购股份的方式，收购可以分为协议收购和要约收购。

（1）协议收购。协议收购是指收购方与目标公司的股东通过协商方式签订股份转让协议，收购方取得目标公司股份达到一定比例，并获得目标公司控制权的行为。协议收购是并购方与目标公司股东之间私下协商后，通过协议方式取得目标公司的控制权，因此其通常属于善意收购的方式。协议收购是目前我国上市公司并购的主要方式。

（2）要约收购。要约收购是指收购方对目标公司所有股东发出收购上市公司全部或者部分股份的要约，以特定价格收购股东手中持有的目标企业股份的行为。根据我国《证券法》规定："通过证券交易所的证券交易，投资者持有或者通过协议、其他安排与他人共同持有一个上市公司已发行的股份达到30%时，继续进行收购的，应当依法向该上市公司所有股东发出收购上市公司全部或者部分股份的要约。"要约收购是对公司的公开收购行为，收购方通过公开收购股份，达到一定比例就可以获得公司的控制权。因此，要约收购通常被视为一种敌意收购行为。

4. 按照是否以目标公司资产来支付收购资金划分

按照是否以目标公司资产来支付收购资金划分，可以分为杠杆收购和非杠杆收购。

（1）杠杆收购（Leveraged Buy-out，LBO），是并购方以债务融资方式进行的收购。在杠杆收购中，收购方以目标公司的资产或未来经营现金流作抵押发行债务，取得资金用以购买目标公司的股权，收购完成后，以目标公司的资产或经营现金流偿还债务。

杠杆收购的主要特点是：①在杠杆收购交易中，大部分的资金来源于债务融资。收购方通常只需提供10%~30%的资金，其余部分通过债务融资方式筹集。债务融资中一部分为商业银行提供的短期和中期贷款，通常占5%~20%；另一部分为机构投资者、银行和杠杆收购基金提供的长期债务，比例达到40%~80%。因此，杠杆收购实际上是通过高负债、高风险实现"小鱼吃大鱼"的并购效果。②并购方并不是以自身资产作担保，而是以并购后的目标公司资产或现金流作担保和还款来源。目标公司的资产是并购债务资金的担保品，因此，并购交易中，贷款人只能向目标公司求偿，目标公司资产的抵押价值是贷款方关注的主要问题。并购方除了投资有限资金以外，并不以自身资产对债务承担担保责任。

（2）非杠杆收购，是指不用目标公司的资产及所得作为并购融资的担保和还款来源的并购方式。非杠杆收购并不意味着不运用债务融资，只是债务融资的担保品并非目标公司，而是并购方以自身资产对债务融资承担担保责任。

6.4.3 并购的理论分析

对于并购活动的产生原理，理论界提出了许多不同的观点。这些观点大致可以分为两类：效率理论和代理理论。效率理论认为，并购活动产生的主要原因在于并购后整体经营效率将会提高，从而实现双赢。而代理理论认为，并购活动是为降低管理层代理问题的一种市场约束行为。

按照效率理论的观点，并购交易之所以存在，是因为并购产生的资源重组会带来相应的协同效应，包括管理协同效应、经营协同效应、财务协同效应等，进而增加资源的整体利用效率，提高经济效益。按照提高资源效率的具体来源，效率理论可以进一步分成若干理论分支，常见的效率理论包括管理协同效应理论、经营协同效应理论、财务协同效应理论、多元化理论等。管理协同效应是指不同公司之间由于存在管理效率上的差别，并购通过降低这种差异，提高整体管理水平从而获利。如果某企业有一支高效率的管理队伍，并购那些由于管理不力而效率低下的企业，利用这支管理队伍提高整体效率水平会带来经济效益，同时也会带来社会效益。所谓经营协同效应，是指由于经济上的互补性、规模经济，两个或两个以上的企业合并后可提高其生产经营活动的效率。财务协同效应是指企业并购不仅可因经营效率提高而获利，而且由于税法、会计处理惯例以及证券交易等内在规定的作用还可在财务方面给企业带来种种收益，例如，并购后可以带来财务能力提高，而且还可降低资金成本，并实现资本在并购企业与被并购企业之间低成本地有效再配置。多元化理论认为，企业通过经营相关程度较低的不同行业可以分散经营风险、稳定收入来源、提高企业价值，主要用于解释混合并购产生的动机。除此以外，对于大型企业之间的并购活动，并购所产生的控制权重新组合会对原有的产业链结构造成冲击，从而影响未来公司在整个产业链条中的地位，甚至影响最终产品市场的定价权，这种并购是公司从战略层面进行的产业链整合的一部分。

按照代理理论的观点，并购市场是解决委托人与代理人之间的代理问题所提供的一种外部解决办法。对于企业来说，由于所有权与经营权分离所产生的代理成本，通过企业内部组织机制安排、报酬安排、经理市场和股票市场可以在一定程度上减缓代理问题，降低代理成本。但当这些机制均不足以控制代理问题时，并购机制使接管的威胁始终存在。通过公开收购或代理权争夺而造成的接管，将会改选现任经理和董事会成员，从而作为最后的外部控制机制解决代理问题，降低代理成本。

除此以外，行为金融理论也从管理层非理性行为的角度提出了管理层过度自信理论，该理论认为，并购活动中，并购企业的管理者通常会由于过度自信、骄傲和自大而在评估并购机会时犯下过分乐观的错误。在对目标公司估值过程中，很多并购交易都是由于管理者的过度自负过高估计目标公司的价值，估价远高于市场价格，并购溢价程度过高引起的。从而导致并购活动仅成为目标公司股东的盛宴，而对并购公司来说并没有创造额外的价值。

6.4.4 企业并购的财务效益分析

在企业吸收合并和新设合并中，并购效益体现在并购前后公司股权价值的变化上。并购收益是指并购后新公司的价值超过并购前各公司价值之和的差额。例如，A 公司与 B 公司新设合并组成 C 公司，并购前 A 公司的价值为 V_A，B 公司的价值为 V_B，并购后形成的 C 公司的价值为 V_{AB}，则并购收益（S）为

$$S = V_{AB} - (V_A + V_B)$$

如果 $S > 0$，表示并购在财务具有协同效应。

在一般情况下，并购方将以高于被并购方价值的价格 P_B 作为交易价，以促使被并购方股东出售其股票，$P = P_B - V_B$ 称为并购溢价。并购溢价反映了获得对目标公司控制权的价值，并取决于被并购企业前景、股市走势和并购双方讨价还价的情况。

对于并购方来说，并购净收益（NS）等于并购收益减去并购溢价、并购费用的差额，也就是并购后新公司的价值减去并购完成成本、实施并购前并购方公司价值的差额。

设 F 表示并购费用，则

$$NS = S - P - F$$
$$= V_{AB} - P_B - F - V_A$$

并购财务效益分析的基本观点如图 6-1 所示。一项并购交易的财务可行性，需要满足以下两项基本条件：①并购能够产生并购收益，合并后的公司价值高于合并前公司价值之

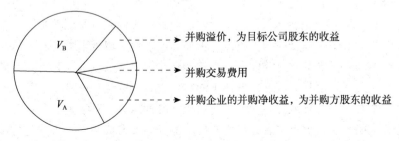

图 6-1 并购后的价值构成图

和,即并购产生的协同效应能够"把蛋糕做大";②并购交易对目标公司股东和并购公司双方,都有利可图,能够实现"双赢"。即并购双方都能在做大的蛋糕上各分一杯羹。

从目前的研究文献来看,绝大多数的实证研究表明,并购对目标公司的股东能够带来丰厚的收益,收益率通常在10%~30%。而对于并购方股东的收益,目前的研究尚没有取得一致的结论,一些研究认为收购方股东在收购事件窗口期内获得显著为正的超额收益,而另一部分研究则发现了平均为负的超额收益。有学者在综述性文献中认为,总体上收购公司股东在收购事件中获得的超额收益几乎为 0,即只获得了与风险相对称的收益水平。因此,按照理论界的观点,并购的收益大部分都被目标公司股东所获得,而并购方股东是否能从并购中获利并不确定。但是,这种观点显然并没有影响到并购活动在世界范围内的日益发展壮大。

例如,A 公司的市场价值为 4 亿元,拟收购 B 公司,B 公司的市场价值 0.8 亿元。A 公司估计,由于经营效率、合并协同效应合并后新公司价值达到 5.4 亿元。B 公司股东要求以 1.1 亿元价格成交。并购交易费用为 0.1 亿元。由此得到:

$$并购收益\ S = 5.4 - (4 + 0.8) = 0.6\ (亿元)$$
$$并购完成成本 = 1.1 + 0.1 = 1.2\ (亿元)$$
$$并购溢价\ P = 1.1 - 0.8 = 0.3\ (亿元)$$
$$并购净收益 = S - P - F = 0.6 - 0.3 - 0.1 = 0.2\ (亿元)$$
$$= V_{AB} - V_A - P_B - F = 5.4 - 4 - 1.1 - 0.1$$
$$= 0.2\ (亿元)$$

上述并购使 A 公司股东获得净收益 0.2 亿元。可以说这一并购活动对 A、B 两个公司都有利,这是并购活动能够进行的基本条件。

6.5 资产重组

从产权经济学的角度来看,资产重组的实质在于对企业规模和边界进行调整。资产重组按照重组对象的不同可以分为对企业资产的重组、对企业负债的重组、对企业股权的重组。对企业资产的重组,包括收购资产、出售资产、资产置换、资产分拆、租赁或受赠资产等形式;对企业债务的重组,包括对银行债务的重组和其他债权人的重组。对企业股权的重组通常与资产重组或负债重组同时进行,如通过发行股份置换资产或债转股方式实施的重组。

按照《上市公司重大资产重组管理办法》的规定,重大资产重组是指上市公司及其控股或者控制的公司在日常经营活动之外购买、出售资产或者通过其他方式进行资产交易达到规定的比例,导致上市公司的主营业务、资产、收入发生重大变化的资产交易行为。通常,购买、出售的资产总额(或该资产最近一个会计年度所产生的营业收入)占上市公司最近一个会计年度经审计的合并财务会计报告期末资产总额(或营业收入)的比例达到 50%以上的,或者购买、出售的资产净额占上市公司最近一个会计年度经审计的合并财务会计报告期末净资产额的比例达到 50%以上,且超过 5 000 万元人民币,构成重大资产重组。

资产重组的表现形式多样,其本质在于,通过资产交易实现公司原有商业模式的改变。

从这个角度来看，并购行为构成了资产重组的表现形式之一，尤其是在我国的上市公司中，并购与资产重组往往相伴而生，并购本身并不是目的，其最终目的是通过重组实现改善公司原有商业模式，实现协同效应，进而提升公司价值的目的。

6.5.1 向特定对象发行股份购买资产

向特定对象发行股份购买资产是我国上市公司中最常见的资产重组形式，是指通过非公开发行向特定对象（通常为公司的控股股东）发行股份，购买相应的非现金资产，包括发行对象持有的其他公司的股权。此外，购买资产也可以是发行对象的债权或其他非现金资产。

向特定对象发行股份购买资产，这种重组方式的主要特点是：①交易结构简单，重组过程仅涉及发行公司与发行对象双方；②交易需要由报证监会并购重组委审核，交易时间从董事会提出预案到交易完成，通常需要 9~12 个月的时间；③非公开发行股份会增加公司的股本，并引起公司股权结构的变化。如果向非控股股东定向增发，可能导致公司控制权的转移。如上述华联股份对华联集团的定向增发，华联集团在定向增发后成为公司大股东和实际控制人，实现了控制权的转移；④在优质资产的注入的同时，节省公司的收购资金，有利于收购完成后的进一步整合。

对于非公开发行股份购买资产的财务决策，需主要关注以下几点。

（1）发行股份的定价问题。根据《上市公司重大资产重组管理办法》的规定，非公开发行股份购买资产，上市公司发行股份的价格不得低于市场参考价的 90%。市场参考价为本次发行股份购买资产的董事会决议公告日前 20 个交易日、60 个交易日或者 120 个交易日的公司股票交易均价之一。在确定发行价格时，还要充分考虑定价窗口内股票价格的合理性，即股票价格是否体现公司现有资产的公允价值。由于公司财务报表上的是各项资产是按照历史成本与公允价值中低者计量，资产的升值并不能体现在资产负债表上。因此，在非有效的资本市场上，股票价格可能会低估公司净资产的市场价值。为此，发行股份的定价应充分考虑公司资产的升值情况以确定合理的发行价格，避免发行价格低估。

（2）购入非现金资产的定价合理性。如果购入的非现金资产定价过高，会损害公司其他股东的利益，造成大股东对其他股东的利益侵占。尤其是在实务操作中，购入的非现金资产往往属于非上市公司，发行人与社会公众股东对该资产信息掌握有限，其评估定价及盈利预期的信息主要由其持有者或大股东提供，因此，发行人与股东要充分考虑置入的非现金资产的定价合理性，防止资产价值的高估。

（3）购入资产的持续盈利能力。购入资产将对公司未来的资产结构与经营战略产生重要影响，该资产盈利能力的持续性将直接决定公司未来的成功与否。在分析这类重组交易中，应充分分析该项资产未来的市场空间和盈利能力。如果该资产带来公司主营业务发行变更，还要考虑公司的管理能力是否能够与之协调，以及公司转变业务过程中可能面临的来自原企业管理人员、员工以及债权人的阻碍。

6.5.2 资产置换

资产置换是指上市公司将其全部或部分资产与特定对象进行资产交易的一种资产重组

形式。上市公司置出部分或全部资产，同时置入交易对象部分或全部资产。一般情况下，资产置换主要发生在上市公司与其控股股东之间。即上市公司通过资产置换，置出不良资产，同时置入优质资产，实现公司资产结构的优化重组。与向特定对象发行股份购买资产不同，资产置换不会影响公司的股权结构。

资产置换按照置换资产的规模可分为整体资产置换和部分资产置换。整体资产置换往往与公司并购同时进行，是指收购方在收购的同时或收购完成后，将其部分资产与上市公司全部资产进行整体置换，并由上市公司原有大股东承担置换出上市公司全部资产的收购模式。通过整体置换，上市公司除了保留"壳"资源外，所有资产全部更换。部分资产置换是指上市公司拿出一部分资产与其他企业的部分资产进行置换。通过部分资产置换，公司可以调整业务结构，提高资产质量。

6.5.3 买壳上市与借壳上市

买壳上市，是指非上市公司通过取得上市公司的股份获取其控制权，然后以反向收购的方式注入自己的相关业务资产，实现资产上市的目的。买壳上市是非上市公司低成本、高效快捷上市的一种方式。而借壳上市是指非上市的集团公司将其全部或部分非上市资产置入其控股的上市公司中，从而实现上市。这里所谓"壳"，就是指上市公司的上市资格。

买壳上市与借壳上市之间最重要的区别在于：买壳需要首先获得一家上市公司的控制权，而借壳上市是已经拥有了某家上市公司的控制权。除此之外，买壳上市之后通常需要对原有上市公司的资产进行剥离或重组，在注壳之后原有上市公司的资产或者被全部剥离，或者成为非核心资产。而对于借壳上市，原有上市公司的资产可以继续保留而不必被剥离，例如，集团公司的整体上市即属于借壳上市，在向上市公司注入新资产的同时并不影响原有资产的运营。图 6-2 为买壳上市与借壳上市的比较。

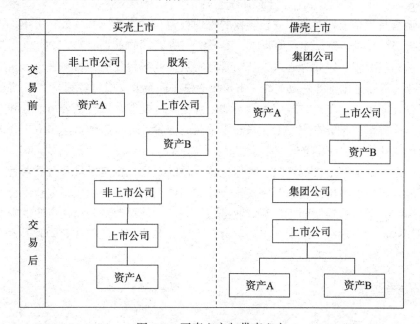

图 6-2　买壳上市与借壳上市

买壳上市的实质是收购上市公司，而后通过资产重组注入自有资产的过程。典型的买壳上市包括三个步骤：买壳、清壳和注壳。其中，清壳并不是必需的步骤。

买壳，即非上市公司通过收购上市公司的股份获得上市公司的控制权，买到上市公司的"壳"。并不是所有的上市公司都能适合成为壳公司，因此，选择合适的壳公司至关重要，通常要考虑以下几个因素：①股本规模。股东规模的大小会影响买壳的成本高低，因此，股本规模越小的公司越容易成为壳公司。②经营业绩。经营业绩越差的公司，意味着竞争力越差，公司股东越愿意出售现有的股权，从而更可能成为公司买壳的目标。③股权结构，股权结构集中的公司，往往可以通过协议收购的方式低成本地购买壳资源，而对于股权分散的公司，收购难度更高，甚至需要采用高成本的要约收购方式。因此，股权集中的公司更容易成为壳公司。

清壳，是指在购买壳公司之后，还需将上市公司的部分或全部资产通过出售等方式进行剥离。通过清壳，剥离上市公司原有的一些不良资产或与公司未来经营战略方向无关的资产。

注壳，是将新股东的资产注入上市公司，上市公司采用现金收购、资产置换或发行股份等形式，购买非上市公司的资产，对于非上市公司而言，通过上市公司的这种反向收购达到资产进入上市公司的目的。反向收购的支付方式包括以自有资金收购、定向增发股份、定向增发+公开发行收购等方式。

借壳上市与买壳上市在实务中有时很难严格区分，因为有些公司在取得上市公司的控制权以后，经过很长时间才进行注壳，这样的注壳也可以单独作为借壳上市看待。

本章小结

资本运营是指企业针对股权或控制权的管理行为，具体包括IPO发行上市、再融资、私募股权投资、并购、资产重组等形式，是高级财务管理的重要内容。IPO上市是公司进入资本市场的里程碑。以此为起点，公司管理将从产业平台发展为资本平台，从原来的只需关注产业、市场变化发展到更关注资本市场、关注社会公众投资者利益上来。同时，IPO也为公司打开了多样化融资方式的大门，如公开增发、配股、可转换公司债券和非公开发行等。私募股权基金是资本市场上一只非常重要的力量，可以起到搭建非上市公司与资本市场之间桥梁的作用。在私募股权投资中，"对赌协议"是经常使用的条款，其实质是一种投资者在一定程度上锁定投资风险、确保投资收益的工具，也是投资者对经营者、投资者与投资者之间的一种激励与约束制度安排。并购实质上是企业控制权的重新组合，这种控制权的重新组合会从战略层面延伸至产业链条的调整，从而改变公司在产业链中的地位，这也是协同效应的一部分。从财务上看，并购的协同效应应该反映在并购收益之中。

思考题：

1. 区别于企业商业经营、资本运营有哪些特征？由此财务管理在体系与方法上出现哪些变化？

2. 企业谋求 IPO 必须面临哪些新的财务问题？你对这些问题的基本主张是什么？
3. 企业再融资采取公开增发或者定向增发，对企业财务而言会产生哪些差异？
4. 你如何理解对赌协议隐含哪些财务主张？
5. 如果一个企业打算合并另一家同类企业，应该有哪些财务问题是必须考虑并决定的？
6. 借壳上市与买壳上市的区别何在？

本章案例：

中信股份中国香港整体上市

2014 年 9 月 1 日，中信泰富更名为中信股份，正式以此新名称在香港主板上开始股票交易。终于，中信集团通过中信泰富成功走完了长达四年上市之路。对于中信集团来说，上市的重要意义在于可以通过实施推进国际化战略、以上市倒逼体制机制的新型改革以破解中信集团所面临的规模利润增长客观"瓶颈"。

一、背景介绍

（一）中信集团

中信集团是 1979 年在邓小平先生的倡导和支持下，由荣毅仁先生创办的。中信集团成立以来，充分发挥了经济改革试点和对外开放窗口的重要作用，在诸多领域进行了卓有成效的探索与创新，成功开辟出一条通过吸收和运用外资、引进先进技术、设备和管理经验为中国改革开放和现代化建设服务的创新发展之路，在国内外树立了良好的信誉与形象，取得了显著的经营业绩。中信集团的诞生和成长几乎与中国 30 多年的改革开放同步，曾是中国改革开放、招商引资的重要窗口之一。

（二）中信股份

中信股份于 2011 年 12 月 27 日注册成立。截至并购前，中信集团及其全资附属公司中信企业管理共同持有中信股份所发行的总股本 100% 的权益。

中国中信集团公司将其主要与金融业、房地产及基础设施业、工程承包业、资源能源业、制造业及其他行业经营性资产（含相关附属公司的权益和股权）及其相关负债作为出资注入中信股份。中信股份向中国中信集团公司及其全资附属公司中信企业管理发行 1 280 亿股股份。中信股份各业务板块的主要经营主体如表 6-6 所示。

表 6-6 中信股份各业务板块的主要经营主体

业务种类	金融业	房地产及基础设施业	工程承包业	资源能源类	制造类	其他行业
主要经营主体	中信银行 中信证券 中信信托 信诚人寿 中信锦绣资本 中信财务	中信地产 中信和业 中信兴业投资	中信建设 中信工程设计	中信资源 中信裕联 中信金属	中信重工 中信戴卡	中信国际电讯 亚洲卫星 中信海直 中信出版 中信天津 中信旅游 国安俱乐部

二、整体上市过程

2014年年初，中信集团上市最终方案完整浮出。即中信集团旗下的中信泰富以现金和发行新股的方式收购中信股份100%已发股份。

按照中信泰富反向收购母公司的初步方案，中信泰富需要向中信股份现金支付499.2亿元，其余1 770.13亿元人民币以发行股份支付，每股售价13.48港元，需发行股份约165.79亿股。此外，为保持公众持股量不低于25%水平，中信泰富还需要再配发约46.75亿股。

（A）现金支付

转让对价中的现金对价部分为人民币499.2亿元，应由中信泰富于交割日或之前按照定价基准日中国人民银行公布的人民币兑换港元汇率中间价计算的等值港元（即按1.00港元兑换人民币0.792 07元计算约为6 310 371.67万港元）现金支付。在符合适用法律的前提下并经卖方书面同意，买方可以在交割日后一年以内支付全部或部分现金对价。

中信泰富应支付的现金对价，由中信泰富通过股权募资作为主要方式，并在需要的时候通过自有现金资源、银行贷款等途径筹集。但是现金对价总额可由中信泰富自行决定调整。如果现金对价金额调减，则产生的与原现金对价金额之间的差额，将由中信泰富按股份转让协议的规定以增加发行对价股份或其他方式支付。

2014年6月3日，并购双方对转让对价的现金对价部分由人民币499.2亿元（折合约港币63 020.6585百万元）调整为港币53 357 554 905元。

（B）股份支付

转让对价中的股价对价部分，即人民币17 701 310.00万元，应由中信泰富按照13.48港元/股（按照股份转让协议规定的调整机制调整）的对价股份单价，并按定价基准日中国人民银行公布的人民币兑港元汇率中间价计算的股份对价总金额（即按1.00港元兑人民币0.792 07元计算约为22 348 163.68万港元），于交割日或之前，向中信集团或其指定的全资附属公司以发行对价股份的方式支付。按照股份对价人民币17 701 310.00万元计算，于交割日或之前拟发行的对价股份为16 578 756 438股。

除建议发行对价股份外，为支付收购之部分或者全部现金对价，中信泰富还建议发行配售股份以筹措现金。配售股份将配发予专业及机构投资者。配售预期与对价股份发行同时完成。

收购完成后，中信集团仍为上市规则所指的中信泰富之控股股东，而中信股份公司将成为中信泰富的全资附属公司。

截至2014年8月25日，中信集团通过中信盛荣和中信盛星共持有中信股份（更名后）约194亿股，持股比例77.9%。

图6-3~图6-5是中信整体上市股权架构演变过程。

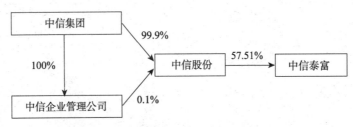

图6-3 截至评估基准日的构架

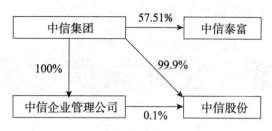

图 6-4 收购完成前的构架

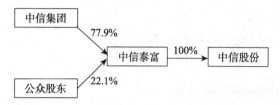

图 6-5 收购完成后的构架

图 6-6 是收购完成后中信集团完整股权结构。

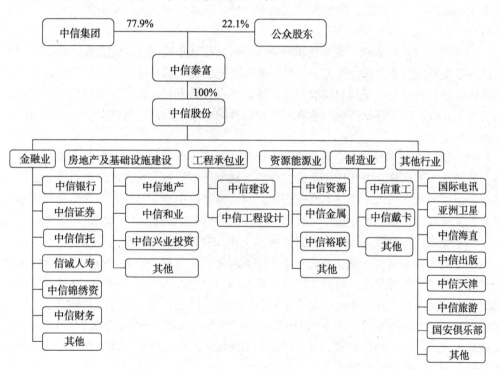

图 6-6 收购完成后中信集团完整股权结构

目前,中信集团已经借助中信泰富完成了整体在港上市,中信泰富也已更名为中信股份,中信集团由一个内地国有独资企业变成了中国香港的混合所有制企业。

讨论题:

1. 中信股份中国香港整体上市的动因有哪些?
2. 在整体上市中采用定向发行股份的支付方式具有哪些优点?

第7章 企业集团财务管理

7.1 企业集团财务管理概述

7.1.1 企业集团的财务管理特征

企业集团是由众多具有法人资格的企业以资本相互渗透而形成的多层次、多法人的企业联合体。在其组织结构中，既有位于顶端的集团母公司，又有以资本为联结纽带，依产权关系形成的全资、控股、参股等形式的子公司。从财务角度讲，企业集团的特征包括如下内容。

（1）产权关系复杂化。企业集团不同于一般直接从事商品生产的企业，也不是简单的产品协作关系或企业间的合作关系，而主要采取控股形式，以产权关系为纽带。而且不同类型的集团公司可以采取不同的持股方式，既有垂直持股方式，也有环状的相互持股（或交换股份）方式，还有环状持股与垂直式持股混合的方式。由此，致使集团公司内部的产权关系十分复杂。

（2）财务主体多元化。企业集团的一个重要特点是母公司与被控股的子公司之间在法律上彼此法人资格独立，并以资本的结合为基础而产生控制与被控制机制。企业集团中的各子公司作为独立法人，都是利润管理中心或投资管理中心，是较为彻底的分权化单位，具有独立的经营管理机构并独自负有利润责任，拥有独立筹资能力，形成"公司内的公司"，所以，企业集团本身就意味着多个财务管理主体，合并会计报表成为必然。

（3）财务决策多层次化。在企业集团中，母公司作为核心企业，与其属下各级子公司分别处于不同的管理层次，各自的财务决策权利、内容大小也各不相同，导致集团公司内部财务决策的多层次化。由此，企业集团在牢牢确立母公司主导地位的基础上，必须充分考虑不同产业、不同地区、不同管理层次的企业的不同情况，合理处理集权与分权的关系，从而最大限度地减少内部矛盾，真正调动集团各层次成员企业的积极性和创造性，保证集团发展规划和经营战略的顺利实施。

（4）投资领域多元化。企业集团凭借其财力雄厚的主观条件，普遍采用多元化投资经营战略，注重产品的系列化和产业的多元化，通过进入市场经济的多个领域，在增强其竞争发展能力的同时，提高抵御不同市场风险的能力，从而可以加速整个集团的资本扩张与资产增值速度。

（5）母公司职能两分化。在企业集团以产权关系为纽带的前提下，母公司作为整个集团发展目标的制定与实施的组织者、指挥者，其职能不再仅仅局限于其自身简单的商品经营,它更为重要的职能在于通过控股等多种方式,以股权关系为基础从事企业的资本经营和管理,推动其属下各子公司的商品经营,使整个企业集团能够作为一个有机整体有效地协调运营并迅速扩张,实现利益最大化的目标。

(6)关联交易经常化。关联交易是指在关联方之间发生的转移资源和义务的事项。通常,企业集团内部的母子公司之间、被同一母公司控制的子公司、合营企业、联营企业之间等都会或多或少地出现关联交易。倘若这些关联交易能够以市价作为交易的定价原则,则不会对交易双方产生异常的影响。但事实上,有些公司的关联交易采取的是协议定价原则,交易价格高低在一定程度上取决于集团公司的需要,使利润得以在各公司之间转移。也就是说,对关联交易的利用已经成为集团公司实现其发展战略与经营策略的必备手段。

7.1.2 企业集团财务管理应遵循的原则

1. 以集团战略为导向

企业集团之所以产生,关键在于企业集团能发挥其资源聚合优势并发挥集团效益。如何使企业集团的资源能真正地聚合在一起并发挥效益,母公司必须置战略管理于管理之首位,也就是说,财务管理必须以服务集团经营战略为宗旨来制定自身的财务战略,聚合各种财务资源并充分利用规模优势。因此,其财务管理不同于作为单一企业的财务管理,例如,体现筹资上并不只是考虑现有筹资渠道有哪些及如何利用这些渠道进行筹资,而是首先提出企业集团的资本结构如何合理安排,在这一安排下如何创造或打通筹资渠道、顺利筹资。这些做法及想法,都具有战略意图,都服务于企业集团整体经营战略。

2. 以管理架构为依托

首先需要明确产权关系与管理关系的区别。一般的理解是产权关系指公司根据所处外部环境中的法律法规,设置不同层次、不同功能的法律实体及其相关的法人治理机构,从而使得公司获得基本运行的法律许可,并拥有特定权利和义务,以保障公司股东及利益相关方的基本权益。比如,一家控股公司下设有多家子公司,以及一定数量的分公司,那么这一整体即构成了公司的产权架构。而管理架构则是指公司根据业务功能发展的需要,分别设置不同层次的管理人员及其由各管理人员组成的管理团体,针对各项业务功能行使决策、计划、执行、控制、评价的权力,依据所分配的资源创造公司追求的价值。比如,许多企业按照业务类型划分为计划、生产、销售等,这就构成了公司的管理架构。从二者的关系上来看,管理架构是实质,法律架构是形式,实质决定形式。公司经营环境与自身实力的变化,对战略定位与管理体制提出全新的要求。同样,管理架构必须根据战略的需要进行一定的变化。与此相应,公司管理者应该准确地判断管理架构变化的趋向,并在现有的法律法规体系之下,考虑公司法律架构的相应调整,确保法律形式上的更新能够满足管理的需求。

母公司对其子公司进行的管理,从管理依据上属于产权属性在管理权上的延伸,从产权关系上,母公司对子公司进行投资。尽管子公司作为独立承担民事责任能力的法人实体,具备完整的法人治理结构、独立核算、自负盈亏,它们之间不是行政上的依附关系,而仅仅是所有者与经营者、投资者与受投者之间的关系。然而,就母子公司的产权关系而言,母公司对子公司进行投资,其股东权益集中表现为母公司能够也必须对子公司行使"控制权"。这种控制权必须落实在财务战略决策、资源配置、人员委派、过程监控、信息沟通、业绩评价和内部审计等,这是法律赋予股东(集团母公司)的权力。保护股东权力是《公司法》和公司治理结构的要义。母公司对子公司的管理与控制是母公司的权力,这与"谁投资谁拥有企业谁控制企业"的资本逻辑是一致的,所以集团对子公司的多层监管制度安排不能说有悖法律意志而列入"非法"行为。退一步说,没有任何一家集团母公司会是出于保护被控股子公司"独立性"目的而进行投资控股。所以,集团母公司对子公司的控制仅仅是控制力度问题,而不是应不应该管理与控制的问题。

母公司对子公司的管理与控制力度,主要与母公司与子公司间的资本关系是否密切有关。按照这一逻辑,全资子公司和控股子公司是母公司进行权益管理的重点,因此管理的力度相对比参股公司或集团协作企业要大。

3. 以财务政策与制度建设为保障

财务管理只有上升到制度管理层面,才能使管理过程有条不紊、处惊不乱;与制度化管理相对应是人治。如果说作为单一企业组织能够做到人治的话(这其实并非管理的最佳方式),那么当随着企业集团组织规模的不断壮大,管理跨度也越来越大,信息不对称性的弊端也越来越明显,在这样一种不断进行组织再造与重整的环境中,人治的作用越来越受限制,其弊端也越来越明显。因此,企业集团内部财务政策与财务制度的建立就成为母公司财务管理是否能真正成功的关键。

7.1.3 企业集团财务管理需解决的重点问题

1. 经营战略上专业化与多元化的协调

企业经营的多元化与专业化取向历来都是管理层需要首先确定的重要问题,不同取向下的企业财务管理内容与方式都将大不一样。显然,作为企业经营管理的重要部分,集团公司的财务战略必须统一于其既定的经营战略。一般地,在集团公司组建和发展初期,专业化经营可能是最为有效、风险最低的经营策略。因为专业化经营集中了核心企业的生产或经营优势,并将其充分发挥,优势集中,有利于树立集团公司的市场地位。当集团公司的专业化战略已经取得成功,集团具有较大的市场优势,并且其特定产业或产品已步入成熟期时,再考虑多元化发展战略。由于多元化经营必将使企业面临更高的市场风险和管理风险,即使是企业规模、实力具有相对优势的集团公司也应慎重行事。从国际知名集团公司的发展轨迹来看,多元化经营的公司在创业初期也一定是专业化的,大多是在专业化经营的基础上开发关联产品走主导产品多样化的道路,并以其品牌为纽带开发系列产品。事实上,集团公司选择专业化还是多元化会受到其所属行业、管理能力、规模实力、发展目标等一系列因素的综合影响。所以,集团公司的投资战略与发展战略应考虑在专业化的基础上,以主导产业或核心业务为基础,以核心企业的发展为依托,衍生或拓展到其他产业或领域。只有这样,才能保持集团公司的稳步经营、长治久安。

2. 财务决策中的集权与分权的权衡

企业集团控制体制按管理权限的集中程度不同,主要分为两种:集权型与分权型。二者的差异实际上就是管理权限的归属,以及权力的上收或下放以及下放的程度问题。实际上,集权与分权历来是企业集团管理所面临的最大难题。之所以这样说,是因为权限问题不仅涉及企业集团的管理体制,而且涉及企业集团对成员企业的管理战略与管理认同,显然也与集团总部及其成员企业自身的经济利益与经济责任密切相关。因此,集权与分权的问题,从体制上属于控制体制设置与权利的明确问题,从管理战略上则属于集团总部对成员企业积极性的判断与专业分工和团体协作机制的塑造。

从集权与分权以及各自不同的实现形式中可以看出,两种模式各有特点,也各有利弊。集权模式的特点在于管理层次简单、管理跨度大,而且由集团最高管理层统一决策,有利于规范各成员企业以及各个层级组织的行动,最大限度地发挥企业集团的各项资源的复合优势,促使集团整体政策目标的贯彻与实现。但集权模式的缺点也非常明显:集团管理总部要想对集团的各个方面做出卓有成效的决策并实施全方位的管理,首先要求最高决策管理层必须具有极高的素质与能力,同时必须能够高效率地汇集各方面详尽的信息资料,否则便可能导致盲目臆断,以致出现重大的决策错误。同时集权模式也不利于各成员企业以及各管理阶层积极性的增强,缺乏对市场环境的应变力和灵活性。分权型管理模式则相反:管理层次多、管理跨度小、协调难度大、集团的复合优势得不到充分的发挥,这是其最为突出的不足之处;但在提高市场信息反应的灵敏性与应变性、调动各成员企业以及各层级管理者的积极创造性等方面,分权型管理模式却有着其独特的优势。实际上,在现代经济社会,无论是集权制抑或分权制都是相对的,都离不开管理决策权力划分的层次性。除去其他一些因素的影响外,集权型或分权型管理模式的选择,在很大程度上都体现着企业集团的管理政策或策略,是企业集团基于环境约束与发展战略的权变性考虑。

3. 组织协同与组织冲突的平衡

从财务效率上说,企业集团可能形成明显的协同效果。

(1)将原先由市场机制协调的单个企业间的交易,转化为企业集团内部的交易,从而相对节约交易费用。

(2)企业集团使其内部有关企业之间建立长期稳定的资金拆借关系、资金融通关系,提高资金使用效率,并且能形成融资规模,降低融资成本。

(3)经营规模、经营边界的扩大,使企业或产品的市场控制力、竞争力增强,提高了企业抵御风险的能力和经营效率。但是综观国内一系列不成功的企业集团案例,存在的一个共性的,同时也是最为致命的问题就是内部摩擦损耗、互相排斥等十分严重的组织冲突。究其原因,主要有三点:①在集团组建与结构设置上,缺乏明确的发展主线,众多在产业、资源等方面缺乏关联或互补性的企业杂合在一起,难以在集团的旗帜下进行有效的产业、管理的整合,并实现资源运用的聚合协同效应,以致各成员企业只得各自为政;②尽管成员企业间在产业或资源等方面具有相当大的关联性或互补性,但由于集团的生成完全是迫于政府行政的意志和控制乏力,各成员企业缺乏沟通与团队协作精神,以致无法从集团整体上达成统一性的决策机制与决策目标;③产业或资源等方面成员企业虽然带着自愿与协作的精神组合为集团,但由于其中缺乏一个具有凝聚力的核心企业,或尽管有核心企业,但缺乏一位或一批具有企业家精神的企业家或企业家队伍的卓越领导,加之决策与监督机制存在缺陷,致使各成员企业因对前景丧失信心而产生异议。

4. 决策的程序化与灵活性的取舍

企业集团总部所面对的决策大多属于重大决策，为保证决策的正确性，从制度上对决策过程进行程序化处理是十分必要的，因为程序化使不正确的决策结果能够通过不同的环节加以避免，这是决策的制度保证。没有科学而程序化的决策机制，决策行为可能是随意或盲目的，或者是"一言堂"式的。但是，任何决策都是面对环境变动而提出的，都具有时效性，都存在时间价值与机会成本，因此决策的灵活性与时效性也就十分重要。如何解决决策程序化与灵活性的矛盾，尤其是针对集权型管理体制的管理总部，这一矛盾更加突出。

7.2 企业集团管控模式

7.2.1 企业集团的三种组织形态

美国学者威廉姆斯根据前人的实践，在钱德勒的考证基础上，把公司内部组织形态分为三类，即 U 形（单元结构）、H 形（控股结构）、M 形（多元结构）三种基本类型。

1. U 形结构

U 形结构下，集团母公司在生产组织、财务管理方面，对子公司实行较严格的控制与被控制的关系，这是一种高度集权的组织结构存在于业务、产品比较简单、规模较小的企业。集权型财务体制主要是直线制结构。直线制结构的特点是从公司最高管理层到最低管理层按垂直系统进行管理，各级领导人都直接行使对下属公司统一的指挥与管理职能，不设立专门的职能结构，一个下属公司只接受一个上级领导者的指令。直线制要求管理者具有全面管理所属下级的专业知识和能力。直线制结构的优点是机构简单，决策迅速，命令统一，责权明确；其缺点是缺乏合理分工和横向协调关系，领导者事务易于繁杂忙乱，一切由个人决定容易产生独断专行。另外虽然职能制结构及直线职能结构都是对直线制的改进，但它们也仍属于高度集权的管理体制和组织形式。

2. H 形结构

（1）控股型企业集团。其母公司只具有纯粹出资型功能。在这种情况下，母公司即出资人，作为核心企业，其实质是从事资本运作，即以较小的资本规模控制着大量的资本及资产资源。这是一种典型的分权组织结构，母公司常常是一个多元化的控股公司，其下属子公司彼此业务互不相干，产品结构属无关产品型，在经营上有较大的独立性，公司总部并无明确的总体发展方向和战略，其资源配置主要取决于子公司在财务上的表现。这种经营方式类同于投资机构的基金管理。

控股式企业集团最初发端于英国，以控股公司形式存在的企业联合体大多呈"金字塔"形，即由控股公司对下级公司进行控股，形成多个二级控股公司或主体，同时，二级控股公司或主体又对更下一级的经营实体进行控制，从而形成第三级的控制主体。这样，由于资本控制的传递性，就自动形成了第一级控股公司对底层的经营实体的资本控制，从而发挥着资本控制资产的天然的控制力。人们习惯将第一级的控股公司称为母公司，而称其二级或更下级的子公司称为子公司。具体结构如图 7-1 所示。

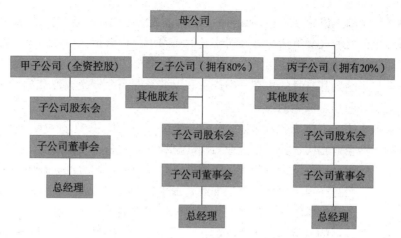

图 7-1　H 形结构——控股型企业集团

相对于母公司而言，企业集团的成员企业（子公司等）都属于一级独立的投资主体和投资中心，母公司所面临的决策包括两方面：第一，产权是"买"还是"卖"。即当控股公司纯粹作为资本经营主体时，它所面临的决策要么就是将子公司或孙公司纯粹作为资本运作对象，在其市值被低估时买进或控制它，要么在其市值被高估时卖出它，以取得资本经营利得。这是一种典型的"买"或"卖"的决策。第二，是"长期持有并经营"还是"短期炒作"。控股公司在取得对子公司的控制权后，有时并不将其当作一时或短期资本运营对象，而是致力于长期持有并持续经营，但是，鉴于控股公司的本性是资本经营而不是真正的实体资产经营或从事实业，因此，它还同样面临着一个选择，即长期持有并经营的时间该如何掌握？在未来经营过程中，控股公司能长期分享子公司的利润吗？如何比较现时出售所实现的利得净值与未来经营所分享利润的总折现值？应该说，上述两种决策都是明确的，而且从控股公司角度，它所进行的决策大都与上述相关，只不过出于战略的需要，有时对买卖决策考虑得更多，而有时又将精力偏向于实体资产经营而已，当然更多的时候是两者的统一，即"买进—经营—卖出"。

综上所述，我们可以发现控股型集团的优势主要包括以下三方面：①用较小的资本控制着较大的资源，并保持对附属子公司等的控制权。②收益高。由于资本的"权威性"，控股公司通过资本投入控制资产资源，并同时保持着对子公司及孙公司的处置权，从而通过"买进—经营—卖出"而获利。通行的做法是，在初始阶段由控股公司通过兼并与收购来取得目标公司的控制权，然后交由职业经理去从事对目标公司的经营与重整，使其获利，并提升其市场价值，在经过这一系列重整与经营之后，伺机将目标公司出售，从而取得高收益。当然这种获利方式并不是唯一的，事实上，大多数控股公司的收益还是来自下属子（孙）公司所分得的利润，而且由于剩余控制权掌握在母公司（即控股公司）手中，其股利分配决策大多也由控股公司来定夺，从而在收益的时间序列上会对母公司收益产生重大影响。③风险独立。在控股型企业集团中，控股母公司与下属被控股公司，以及各子公司等都是独立的法人，因此，其中某一经营实体（它为子公司或孙公司之一）的重大经营损失并不会影响其他独立的子公司，不会导致"一方有难"而"八方共担"，从而有利于控股公司及其他子公司的人格独立、稳定经营。当然，风险独立也是相对的，比如企业集团的下属子公司或孙公司的大额负债由母公司或其他兄弟子公司作担保，则情况就大不相同，一方面，这种联保属性大大地增强了企业集团对外融资能力；另一方面，一旦负债方出现财务危机并直接影响到其自身的生存，则这种联保关系继而会转换成连带责任关系，从而使整个企业集团都面临着极大的财务风险。

控股型企业集团的劣势也非常明显，主要表现在以下三方面：①税收减免上的有限性。与法人单一的大型企业相比，控股型企业集团的总部及附属公司均为独立的法人，它们各自纳税，其中，控股公司收益来自于下一级附属子公司税后利润分配，按照相关法律，双重纳税情形存在，而且还很难减免。不仅如此，由于各子公司法人独立，纳税分散，一方亏损不能为另一方的利润所抵减，从而与大型企业组织内的统一纳税相比，其净纳税额更高。②面临被强制分拆的风险。由于资本的强大控制力，控股型企业集团一般很大，而且从生产经营角度考虑，西方的控股型企业集团一般都是某一行业内的领军企业，从而垄断的优势也非常明显，正是由于这类企业集团的垄断地位明显，因此，为反垄断并鼓励竞争，西方各国法律均对垄断采取较为强硬的措施，如强行将企业集团分拆，进而消除垄断，如美国国会对 AT&T 的分拆案。③"金字塔"风险。控股型企业集团属于一座金字塔，当塔基企业（多为实体性经营企业）的收益较高时，处于塔尖控股公司的收益由于资本的放大作用，其收益率也会很高；但是，当塔基企业出现亏损时，由于资本的放大作用，处于塔尖的控股公司的收益率就锐减，并可能形成巨额亏损。因此，从位于总部的控股公司而言，其收益的不确定是巨大的，一般将这类收益的不确定性称为"金字塔"风险。

下面用例子来说明"金字塔"效应。现将 51% 作为控股公司的控股线，处于塔基的企业（C 公司）属于经营性企业，处于中间的控股企业 B 公司控制 C 公司，而处于塔尖的控股公司（A）则控制 B 公司（为方便问题的说明，将 B 和 A 公司的全部资产假定全部用于对外投资）。具体数据如表 7-1 所示。不难发现，控股公司（A）只用 5 万元的资本即可控制 2 000 万元的资产。表 7-2 则进一步描述了这一金字塔集团的收益与风险情况。

表 7-1　控股公司及企业集团的"金字塔"效应　　　　　　　　单位：万元

C 公司（经营企业）	
股本：200	
留存收益：800	总资产：2 000
7%的借款：1 000	
负债与权益总额：2 000	资产总额：2 000
B 公司（中间控股公司）	
股本：30	
留存收益：22	对外投资——C 公司：102
7%的借款：50	
负债与权益总额：102	资产总额：102
A 公司（塔尖控股公司）	
股本：5	
留存收益：3	对外投资——B 公司：16
7%的借款：8	
负债与权益总额：16	资产总额：16

表7-2 控股型企业集团的收益与风险：金字塔效应　　　　　　　单位：万元

	息税前收益（率）	
塔基企业C：	（1）15%	（2）5%
息税前收益	300	100
管理费用——用于支付B公司	6	6
利息支付	80	80
税前利润	214	14
所得税（50%）	107	7
可供分配的收益	107	7
实际股利支付额	100	5
中间控股公司B：		
从C收到的管理费收入	6	6
利息支付	4	4
管理费用——用于支付A公司	1	1
税前利润	1	1
所得税（50%）	0.5	0.5
分得C公司股利（51%）	51	2.55
可供分配的收益总额	51.5	3.05
实际股利支付额	51	3
塔尖控股公司A：		
从B收到的管理费收入	1	1
利息支付	0.64	0.64
税前利润	0.36	0.36
所得税（50%）	0.18	0.18
分得B公司股利（53.33%）	26.667	1.6
可供分配的收益总额	26.747	1.77
权益资本收益率（收益/权益总额）	335.6%	22.25%

注：本例假定，收益与股利并不合并纳税，从而不存在双重纳税问题；所得税率为50%。

通过分析可以发现如下内容。

第一，处于塔尖的A公司收益情况受塔基C公司的收益波动影响很大，当C公司的收益率从15%下降到5%时，A公司的收益则由35%下降到约22%，这就是金字塔准效应的放大作用。如果C公司的收益率进一步下降，则A公司的收益更将大幅度地下滑。

第二，上述收益波动放大作用的计算是就账面资本总额而言的，而且也许投资者认为22%的收益也是可以接受的，但是，一旦收益下降呈现如此态势，它对控股A公司的资本市场价值将会产生极大的影响。也就是说，投资者认为公司的前景是很不乐观的，公司的股票市值也将大大地降低，从而对企业集团未来的资本运营将产生非常不利的影响。

（2）产业型企业集团

在产业型企业集团，母公司在对子公司进行控股的同时，也进行生产经营活动，从而成为一个兼具实体经营的资本经营中心，兼具部分生产经营功能的母公司。

现实中，大多数的企业集团属于产业型企业集团。这类集团以核心企业为龙头组建，核心企业既对其子公司进行投资控股，同时又进行生产经营，它具体分为以下两种情形。

① 集权型。这种类型的企业集团组织分为三个层次，如图7-2所示。

第一层次是核心层企业，它由两部分组织，即图7-2中的A和B，其中A是企业集团管理总部，即集团公司或母公司；B是生产厂（它可以是一个，也可以是由多个生产厂的集合体），不是独立的法人。A与B合在一起为一个法人，它是一个集"资产—经营—利益"一体化的经济实体。单个独立的这一实体类似于一个大型企业。

第二层次是核心企业的控股企业，即图7-2中的C，它们可以是一个企业，也可以是多个企业，每一企业都是一个独立的法人。

第三层次则为集团核心企业或控股企业的参股企业，这些参股企业也都是独立的法人。

② 分权型。这类性质的企业集团也分为三个层次，具体组织框架如图7-3所示。

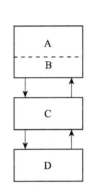

图7-2 集权型组织层次结构

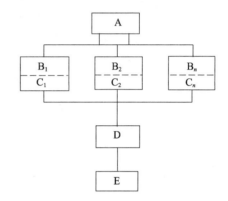

图7-3 分权型组织层次结构

第一层次是核心企业，它由三个部分组成，即图7-3中的A、B、C。其中，A是集团管理总部，即集团公司。B为一个或多个分公司，C则是分属于B的一个或多个生产厂，这三者合成为一个法人，即企业集团的核心企业。从管理职责角度，A是集团的投资及管理中心，也就是管理会计所称的投资中心概念，而分公司B则是企业集团的二级法人（内部核算单位或虚拟法人），它主要从事生产经营活动，是企业集团的经营中心或利润中心，C则为生产活动中心，可以将其定义为直属于B的成本中心或费用中心。

第二层次即为企业集团核心层的控股企业（图7-3中的D），它是一个或多个独立的法人，是集团的紧密层企业，与核心层保持资本投资关系，但更重要的是，它可能是核心层企业的原料生产厂或其他产品的购销网络或基地。

第三层次则是企业集团核心层或控股企业的参股企业（图7-3中的E），它可能是一个或多个企业，属于独立的法人单位，与核心层或紧密层企业保持一定的关系。

3. M形结构

这是U形和H形两种结构发展、演变的产物，是一种分权和集权相结合、更强调整体效益的大型公司结构。M形结构由三个相互关联的层次组成。第一个层次是由董事会和经理班子组成的，总部是公司的最高决策层。它既不同于U形结构那样直接参与子公司的日常管理，又不同于H形结构那样基本上是一个空壳。它的主要职能是战略规划和交易协调。

第二个层次是由职能和支持、服务部门组成的。其中，计划部是公司战略研究的执行部门，它应向总部提供经营战略的选择和相应配套政策的方案，指导子公司根据母公司的整体战略制订中、长期规划和年度的业务发展计划，并负责审批及实施监控、考核。M 形结构的财务是中央控制的，负责全公司的资金筹措、运作和税务安排，在此结构下子公司的财务只是一个核算单位。第三个层次是围绕公司的主导或核心业务，互相依存又互相独立的子公司、每个子公司实际上是一个 U 形结构。公司的内部资源配置和交易协调不单纯以各个子公司的财务业绩出发，更重要的是要体现公司的战略重点和整体优化。子公司本质上是一个在统一经营战略下承担某种产品或提供某种服务的生产或经营单位，而不是完整意义上的利润中心，更不是投资中心，也不是子公司自身利益的代表。M 形结构集权程度较高、突出整体优化，具有较强的战略研究、实施功能和内部交易协调能力。它是目前国际上大公司管理体制的主流形式。M 形的具体形式有事业部制、矩阵制、多维结构等。

所谓事业部制是把公司的生产经营活动按产品或地区的不同，建立经营事业部，各事业部在总公司的领导下，独立经营，独立核算，自负盈亏。事业部既是受公司控制的利润中心，又是产品责任单位或市场责任单位。这种组织结构形式最突出的特点是"集中决策、分散经营"，即公司集团决策，事业部独立经营。事业部制结构最早起源于美国的通用汽车公司。20 世纪 20 年代初，通用汽车公司合并收购了许多小公司，规模急剧扩大，产品种类和经营项目增多，而内部管理却十分混乱。当时担任通用汽车公司常务副总经理的 P.斯隆以事业部制的形式于 1924 年完成了对原有组织的改组，使通用汽车公司的整顿和发展获得了很大的成功，成为实行事业部制的典型，因而事业部制又称"斯隆模型"。

事业部的特征：①每个事业部都是一个利润中心，对总公司负有完成利润计划的责任；②在经营管理上拥有相应的自主经营权力；③总部与事业部制实行"集中决策、分散经营"的原则，总公司主要负责研究和制订公司的各种政策、总体目标和长期计划，并对各个事业部的经营、人事、财务等实行监督。各个事业部则在总公司的政策、目标、计划的指导和控制下，发挥自己的积极性和主动性；自主地根据市场情况搞好本部门的生产经营活动。这样使总公司的最高层摆脱了日常事务，能集中精力研究公司的战略性问题，各事业部之间的竞争也有利于改进整体效率。但这种形式容易出现的问题是集团总部与各事业部之间的协调难度大，而且在职能组织的设计上，集团总部与各事业部之间经常会出现机构重叠、人员浪费、管理费用加大的现象。因此，事业部制一般适用于产品品种多且差别大、市场覆盖面广、营销环境变化快的业已具有相当规模的企业集团。

7.2.2 不同组织结构下的管控模式

任何一个组织要实现其目标与使命，都离不开组织结构设计及其相配套的管理控制体系。从管理学逻辑来看，管理控制体系是组织结构与责任体系的延伸与细化。由众多法人企业构成的企业联合组织的企业集团，其组织结构应该是一个"多级分层分口"的控制系统。所谓"多级分层分口"控制系统，从纵向来看，在整个集团中存在"集团董事会"——"CEO 团队"——"各 SBU/事业部/分公司/子公司的机构设置"——"各分厂/车间等其他成员单位"的结构层次；从横向上看，在每一控制层级中，不同的部门有着不同的职责权限，对不同的工作进行归口管理和控制。而集团总部正是通过对不同层级的组织成员进行相应的权力（或资源）配置，以推行集团的整体战略。

以钱德勒提出的"战略决定结构，结构跟随战略"的观点为基础，根据总部对下级部门战略计划程序的不同影响程度，本章将集团的组织结构及相应的管理控制模式划分为三种类型：战略规划型、战略控制型和财务控制型。

1. 战略规划型

在该模式下，集团总部积极参与下属业务部门的战略开发。因为总部与业务部门联系密切，时刻掌握着它们的运营状况。所以，管理中心主要是完成长期战略目标。总部只是在运营结果出现较大背离时才正式作出反应，控制程序灵活。这种方式需要较多的总部管理人员，大量参与业务部门的战略开发、拓展和监督。该模式的组织结构如图7-4所示。

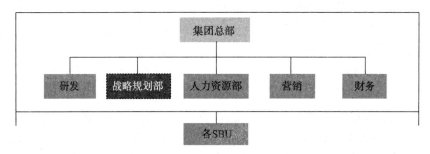

图7-4 战略规划型：总部作为战略规划中心

战略规划型的控制模式通常适用于实施相关多元化战略的企业集团。相关多元化的主要目的是实现范围经济，而围绕着企业的产品和市场形成的业务部门之间的合作是实现范围经济的必要条件。因此，总部必须制定统一的指导行动的纲领，以规范各个业务部门的经济活动，从而实现其在既定战略下的通力合作。

正如图7-4所示，为了促进通过纵向整合或因战略资产（如员工的专业技术、有形资产和运作方法等）的共享而联系起来的业务间的合作，一些组织职能（如人力资源管理、研发和营销）都集中于集团总部层面，而"战略规划部"则成了总部对下属分部进行有效控制的关键部门。借助战略规划，总部能够高度介入各业务单位的计划和决策的制定，以使数量众多的从事不同业务的各分部能够在集团的统一框架下运转。相比那些没有进行多元化的企业而言，如果总部能使集团各业务部门的资源得到充分有效的利用，从而使该部门获得成本优势或差异化优势，那么战略规划型的总部控制模式就成为相关多元化企业中竞争优势的来源。

当然，战略规划型模式的弊端也是很明显的。

第一，总部与下属业务部门以及各个业务部门之间沟通的信息量巨大，所以计划的程序繁重又耗时。

第二，由于业务部门间的合作必然会带来经理人自主权的损失，部门经理并不总是愿意投入这种组织结构所要求的合作中去。并且部门之间的合作会产生对部门经理不平等的"积极成果流"。换言之，由于部门经理的报酬与部门的业绩表现密切相关，那些通过共享企业的战略资产而获取最大市场利益的部门就会被认为是以别人的费用来增加自己的收益，从而影响了部门的工作积极性。

正是因为上述弊端，总部一方面要借助先进的信息技术以加强自身的信息处理能；另一方面还要建立客观的业绩评价标准，在充分考虑共享战略资产的情况下，既要以单个业务部门的表现，又要以其对整个集团的贡献来指定报酬激励机制，只有这样才能克服战略规划模式所带来的问题。

2. 战略控制型

该模式下，集团总部仅发布战略指导意见，下属分部独立制订战略计划，由总部进行评估，区分优先次序。计划的中心是确定短期和中长期的财务与非财务目标。总部定期核查这些目标。总部的管理人员适中。总之，总部监督战略决策的执行，而战略决策的制定和拓展则由业务部门自行完成。该模式的组织结构简图如图 7-5 所示。

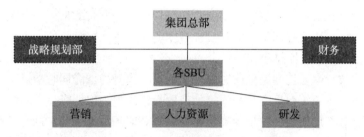

图 7-5　战略控制型——总部作为战略控制中心

战略控制型的模式通常适用于实施单一业务战略的企业集团。采用单一业务，由于各业务部门均处于统一行业，其独立性发挥的空间只是在技术、产品线和市场竞争层面，脱离集团现有战略框架的可能性不大；同时，尽管总部的权力有所下放，但与实施多元化的企业集团相比，总部对下属业务单位的监管操作并不困难。而该模式下，"战略规划部"和"财务部"理所当然地成了总部对下属分部进行有效控制的关键部门。首先，战略规划部门制定出集团总的发展方向，以便在同属一个行业的各业务单元之间合理分配资源；其次，通过对业务单元所提出的战略计划进行审核以确保其按照集团的整体发展思路运行；最后，财务部门则负责预算编制和绩效考评，进一步加强对下属分部的控制。我国不少企业集团是运用战略控制型模式。

3. 财务控制型

在该模式下，战略开发的责任和权力全部交给下属单位。总部原则上不检查战略计划，只是对下属单位是否完成了计划中预测的财务指标感兴趣，总部实际上是实行资产投资管理。该模式的组织结构简图如图 7-6 所示。

财务控制型模式一般适用于实施不相关战略的投资型的企业集团，Holding Company 就是这种模式的代表。在不相关多元化战略的安排下，集团通过高效的内部资本分配或业务的重组、收购和剥离来寻求创造价值。同时集团内的下属单位为了在有效的资源分配中实现利润，各部门都必须拥有独立的、可衡量的利润业绩，并对自身的表现负责。集团内部存在的资本市场使组织在安排上强调不同单位的竞争甚于合作。如图 7-6 所示，为了强调部门间的竞争，集团总部与各部门之间保持一定的距离，而且不介入部门事务——除非出于审计和管理业绩很差的部门经理的需要。

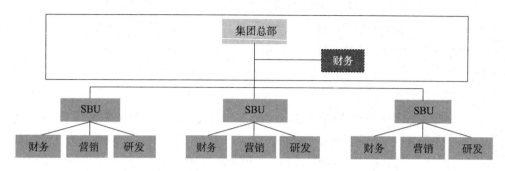

图 7-6　财务控制型——总部作为财务控制中心

财务控制型模式成功的关键即在"财务控制"上，因此财务部门理所当然地成为总部对下属分部进行控制的关键部门。由于投资型企业集团往往以大量的资本运作为平台，所以必须通过财务手段合理安排企业的资金流向，严格把控集团可能面临的财务风险。例如，新疆德隆就是在推行财务控制型模式时出现了问题。当时的德隆同时涉足实业和金融，其本可以通过合理安排长短期投资从容不迫的获取投资回报，但德隆在实施多元化方案时一味地追求做大，甚至用集团股权抵押和担保贷款等获取的短期资金来进行长期投资，并且忽略了被投资项目现金流量获取的时间问题，因此，当国家出台限制钢铁等德隆所涉及的核心行业的发展政策时，德隆不可避免地陷入了资金链断裂的困境。

上述集团的三种组织结构及其控制模式都各自与特定的集团战略相关。表 7-3 总结了它们的主要特点。在三种模式中，最集权化的控制模式是战略规划型，而最少集权化、最少组织成本则是财务控制型。

表 7-3　企业集团三种不同组织结构及相应控制模式

组织结构及控制模式	战略规划型 （相关多元化战略）	战略控制型（单一业务战略）	财务控制型 （无关多元化战略）
业务的集权化	集中于总部	部分集权化	分权于各部门
整合机制的运用	广泛应用	较少应用	不存在
总部任务	高度介入业务单位的计划和决策的制定，方向明确	业务单位制订计划，总部检查、评估和监督	强调由下属分部制定大部分决策
总部对下属分部进行有效控制的关键部门	战略规划部	战略规划部、财务部等	财务部
集团价值创造的重心所在	为了长远经济发展，创立新的分部	下属分部的长期战略目标	运营改善和财务控制
下属分部的任务	经营计划要征得总部的同意（符合战略目标）	有责任制定决策、计划和建议	独立经济实体
对下属分部进行业绩评价的标准	强调主观标准（如战略的执行情况等）	主观标准与客观标准（如财务数据等）相结合	强调客观标准
各分部所获报酬的依据	与集团整体表现相关	既与自身相关又与集团整体相关	仅与自身表现相关

7.3 集团管理扁平化、自组织与共享服务中心

7.3.1 集团组织管理扁平化

1. 集团企业管理扁平化的概念与特征

传统的集团组织结构表现为科层级结构,由一个集团总部、子公司、孙公司组成;子公司既有全资、控股、合营、联营和参股等多种类分支机构 SBU,每个层级都有相应的决策层、经营管理层,呈现极为复杂的金字塔状的结构。集团总部及其决策层管理层位于金字塔顶,他们的指令通过一级一级的管理层,最终传达至最基层的执行者;基层的市场与业务信息通过一层一层的筛选传递,最后到达最高决策者。集团内部层级太多、机构分散,会大大降低企业效率和增加运营成本。由于层级过多,集团需要增加管理机构与人员,以确保对下属部门与企业的有效控制,从而造成了集团管理部门的庞大与臃肿。层级的增加,导致集团决策链条延长,既造成决策效率下降,企业难以对市场变化及时做出反应,同时也增加了企业运营的成本,这种科层与金字塔结构必须改变。

企业内部管理扁平化是企业在面对现代竞争发展态势,为解决当前层级结构、组织形式冗余而实施的管理模式。所谓扁平化组织结构,就是减少管理层级结构,精简压缩职能部门和人员,以使企业快速地将决策延至企业业务最前线,从而提高企业效率而建立的富有弹性的新型管理模式。其特征是:①纵向管理层级简化;②以企业核心流程为中心构建组织;③需求驱动,资源与权力向基层倾斜,实现目标管理;④辅助以现代网络通信手段。表 7-4 将扁平化组织与科层制组织进行了对比。

表 7-4 扁平化组织与科层制组织对比

比 较 项 目	扁平化组织	科层制组织
层次幅度	层次少,幅度宽	层次多,幅度窄
权力结构	权力分散、下放、多样化	权力较集中,等级明显
沟通方式与难易度	沟通距离短,沟通直接化,手段多样化	沟通距离长,等级结构间有明确规定
通信方式	现代网络通信手段为主	传统通信方式为主
持久性	可适应不同变化	适用一定规模、稳定不变的企业
适用环境	高速发展、快速变化	较稳定
企业驱动力	顾客需求驱动	管理层驱动

2. 集团组织管理扁平化的条件

企业扁平化管理有利于缩短指挥链,提高企业适应市场变化的能力,节约管理成本,并有利于人才成长。但企业集团在选择进行内部扁平化管理时需关注企业所处环境和自身状态、条件,选择适合自身的模式,以充分发挥扁平化管理的优势。

美国著名管理学家德鲁克指出,"由于现代企业组织由知识化专家组成,因此企业应该是由平等的人、同事们形成的组织。知识没有高低之分,每一个人的业绩都是由他对组织的贡献而不是由其地位高低来决定的。因此现代企业不应该是由老板和下属组成的,必须是由平等的团队组成的。"企业管理扁平化的本质是精益知识团队的建立,通过动态知识团

队的构建和自我管理，实现对企业内部和市场信息的统一认知，进而创造企业价值，并拓展企业的价值创造空间。因此扁平化组织需要企业内部根据扁平化管理的内核，作出系统的调整：①形成系统的管理理念和与学习型员工相匹配的企业文化；②重视人力资源，团队成员专家化，作为知识团队的坚实力量；③分权集权良好融合，团队目标明确化；④构建支持协调系统，计算机网络技术得以全面运用。

由此也可以看出，并非所有集团企业都适合进行扁平化管理，它不仅受社会因素影响，更与企业成长阶段和自身条件息息相关。可以发现，随着企业进入规范化阶段，规模不断扩大，管理层次不断增加，官僚化程度也有所增加。随着企业进入精细化、精益化发展阶段，面对快速变化的市场环境，企业集团需要借助组织管理扁平化恢复其活力。

3. 集团管理扁平化的基本路径

实践上看，实现集团管理扁平化，首先就是要压缩集团内部的股权层级，压缩管理链条，换言之内部股权结构的扁平化成为组织管理扁平化的基础。据报道，现在我国央企管理层级最多的有九级。央企法人单位目前是 41 000 多家，法人层级个别企业达到了两位数，甚至有的央企能实现"19 代同堂"。央企下属子公司，不仅按业务划分，还对应区域行政机构划分行政层级，导致企业层次多、机构臃肿。2016 年 5 月 17 日的国务院常务会议已经为央企压缩管理层级明确了任务量和时间表，力争在 3 年内使多数央企管理层级由目前的 5~9 层减至 3~4 层以下、法人单位减少 20%左右。国务院国资委表示，央企深化改革瘦身健体，要力争在三年之内使央企布局结构明显优化，主业核心竞争力明显增强，运行效率显著提升。

另外，恰当安排集团内部产权结构与管理架构的关系，一般的理解是产权结构指公司根据所处外部环境中的法律法规，设置不同层次、不同功能的法律实体及其相关的法人治理机构，从而使公司获得基本运行的法律许可，并拥有特定的权利和义务，以保障公司股东及利益相关者的基本权益。而管理架构则是指公司根据业务功能发展的需要，分别设置不同层次的管理人员及其由各管理人员组成的管理团体，针对各项业务功能行使决策、计划、执行、控制、评价的权力，依据所分配的资源创造公司追求的价值。从二者的关系上来看，管理架构是实质，法律架构是形式，实质决定形式。就母子公司的管理关系而言，母公司对子公司进行投资，其股东权益集中表现为母公司能够也必须对子公司行使控制权。可以说这种权力必须在法律上和管理上同时得到保障。这种控制权必须落实在财务战略决策、资源配置、人员委派、过程监控、信息沟通、业绩评价和内部审计等，这是法律赋予股东（集团母公司）的权力。母公司对子公司的管理与控制是母公司的权力，这与"谁投资谁拥有企业谁控制企业"的资本逻辑是一致。总之，管理扁平化可以在通过一定的制度安排在保障产权结构多元化的前提下，实现管理系统一体化与组织管理的扁平化。

7.3.2 企业内部"自组织"结构与集团财务管理系统

从理论说，"自组织"就是在企业整体战略目标和制度框架下，内部每个基层组织甚至员工个人能够自主地接收与处理各种信息，管理上自主决策、业务上有序运转、目标上自我达成的独立单元。这种有机体的组织架构与管控机制无疑是对传统科层组织和集权体制的彻底变革，使"一个企业"变成了"众多小组织"。"自组织"管理核心将权利下移，企业集团的发展与经营着力于一线经理与员工的独立运作与积极性，而非局限于财务资本的投入。"自组织"机制让集团内部每个业务单元在市场中都成为经营主体自主决策，并直接参与市场竞争。

什么样的企业集团可以也应该推进"自组织"模式？"自组织"应该同时具备的条件是：①集团内部被分权的 SBU 或机构自身应该拥有从研发、供应到生产、销售的完整业务。换言之，"自组织"模式不太适合于内部单位间的业务联系非常密切、缺乏独立业务基础和完整价值链体系的企业；②企业集团内部各 SBU 有相对独立的产品与客户，如实施差异化与多元化的生产与流通企业、服务类企业和部分金融企业都具备推行"自组织"模式的条件；③集团内部各 SBU 单元还需要拥有一支能够独立决策、经营能力较强的经理人团队。

在"自组织"模式下，企业集团总部的职责应该重新定位。管理结构的扁平化和对"自组织"的授权分权，使传统科层体系下企业总部的功能和责任必然发生变化，但绝非弱化或虚化总部功能。具体而言，在"自组织"模式下，集团总部的职责体现为：①战略规划。集中统管和抉择企业的经营范围、经营地域、战略整体进程和业务模式等；②集中统一物流配送和信息系统。近年来发展起来的网上现货交易、实物交割以及配套的金融和物流服务创新模式要求企业有一个功能强大的物流和信息系统，才能确保各"自组织"的供产销一体化和上下游信息的互联互通；③会计核算信息枢纽。总部不仅要统一各"自组织"的会计明细科目口径，还要设定会计信息处理与报告、分析的流程；④财务资源配置与管控中心。总部要集中配置企业的财务融资、授信、资本投资、并购、战略性财务资源等；⑤管理咨询服务中心。总部要集中人力资源，针对各 SBU 业务与管理问题进行提醒、咨询建议与管理辅导，以持续提高下属企业的组织学习能力，建立"在管控中渗透咨询服务，在咨询服务中夯实管控"的机制。

架构基于"自组织"的集团财务管理体系，主要策略包括：①总部对"自组织"授权方式的变革。其实，集团总部对"自组织"的授权是相对的，给予"自组织"充分的权力不是对其放任自流。总部要根据经营的需要不断细分内部经营主体，并下放各项经营权力，包括产品定位、客户开发、具体业务模式、定价、成本费用开支等方面的权力。通过授权保证与促进各单元健全供应商评价管理体系，加快市场反应，激发营销活力，持续推进整个供应链的运作效率。各 SBU 不仅要在内部构建以风险监控、资源协同为中心的内部管理体系，还要构建以财务管控和营运管理优化为中心的全面成本管理体系，梳理成本管理流程，夯实从研发、设计到分销和客户关系管理的系统成本优势。②导入"交互式"的计划预算系统。计划预算系统是企业集团内部管理控制不可或缺的核心机制。"自组织"模式下的交互式计划预算系统呈现出以下特点：预算程序和信息要得到企业总部及其高管的重视；预算编制过程则要求企业内部各层级管理人员频繁、有序地关注；预算编制周期不是固定不变的，一般以一个月或者一个季度为周期；预算编制方法以滚动预算为主；预算数据由总部和下属及相关平行部门进行面对面交流和讨论之后产生。在计划预算数据的形成、适时监控分析、修正调整等方面，为了适应"自组织"数量扩充、组织下沉、管理扁平的需要，企业总部除制定统一的预算制度框架与数据分析模板外，还要引导各业务单元具体地、个性化地实施这些制度，尤其是根据具体的业务模式做好精细化的业务预算。③架构以前瞻性的、非财务指标为主体的业绩评价系统。对于"自组织"模式下的企业来说,业绩评价与激励制度要引导下级组织建立一支能够独立决策、经营能力较强的经理人团队,而不是局限于财务上的"急功近利"或者只专注财务运营、财务绩效上的考评指标。另外,从业务经营上来说,企业每个阶段有不同的业务重点,如有些企业谋求"平台共享+垂直协同"的经营组合,支撑线上电子商务、线下实体连锁融合发展和全品类拓展。这些业务模式的调整是战略与组织变革的安排,在内部业绩评价与激励制度方面就必须体现这些变革方针。需要对各 SBU 的加大考核幅度,或者深度量化"各关键环节"中的重点因素,设立了个性化的业务经营类考评指标。④构建与"自组织"模式相匹配的风险管理控制系统。与"自组织"模式相匹配的风险管理控制系统必须呈现出以下特征:信息化的而不是人工手段的;事前的而不是事后的;全面渗透在业务模式和经营过程当中;立体的和多层次的,即在企业文化、企业治理、管理系统、决策流程、业务模式、财务结构等诸多方面与每个环节实施风险管理和控制;具有权威性,即企业内部拥有独立的、有权"紧急叫停"的风险管理职能部门与机制。

7.3.3 共享服务中心

1. 共享服务中心的内涵和特征

共享服务中心(Shared Services Center,SSC)作为企业集团整合财务运作、再造管理流程的一种创新的制度安排,是指企业集团将非核心业务集中到一个新的半自主业务单元,这个业务单元就像在外部市场竞争的企业一样计费服务,设有专门的管理结构,目的是提高效率、创造价值、节约成本以及提高对母公司内部客户服务的质量。

从 SSC 的定义和实际操作分析,它的基本特征包括如下方面:①存在于内部,主要为企业内部业务单元提供跨组织、跨地区的专业支持服务;②依据市场机制独立运营、服务收费,业务成熟后可与外部供应商竞争来让内部顾客选择;③内部业务单元不再分别设立后台支持机构,它们统一"共享"SSC 的服务。需要强调的是 SSC 相对独立而且可以与外部服务商竞争,尽管也有合理的利润追求,但是从集团角度来看,SSC 的首要目的还是服务整体、提升企业经营效率而非着重自我赢利,这与建立一般的子公司或利润中心有所区别。

2. 共享服务中心的分类

SSC 按照不同的分类标准可以划分为不同的模式。例如,依据服务对象的不同,可划分为只对集团内部客户服务的内向型 SSC 和同时面对内外市场的外向型 SSC;依据服务内容的不同,可分为提供日常操作的基础职能型 SSC(如财务账款处理、集中结算服务等)和提供高层次财务管理服务的战略支持型 SSC(如报表分析、理财规划等);依据组织形式的不同,可分为实体型 SSC、虚拟型 SSC 和混合型 SSC;依据发展成熟度可分为简单集中的初级型 SSC、客户导向的市场型 SSC 和追求利润的独立型 SSC 等。

3. SSC 与"外包 BPO"比较的优势

公司的组织运行包括很多后台支持业务,财务管理历来归为此类。具体模式产生动因不同、组织架构互异导致了各自相对的优劣,适用于企业发展的不同阶段,也可能并存、分别针对不同业务(比较如表 7-5 所示)。我国企业尤其是大型企业集团现在较普遍的问题是：规模扩大、业务类型和管理层级增加，采用传统的分散或简单集中所引起资源浪费、组织惰性等"大企业病"也被逐渐放大，严重毁损着企业的核心价值，所以人们更多将目光转向更高效的 BPO、SSC。

表 7-5　财务管理组织上几种模式的比较

比较项 模式	产生动因	经营理念	收费流向	优　　点	缺点（风险）
集团内各单位独立运作	既成事实加速应变	部门导向	母公司	灵活反应、个性化服务	组织臃肿、资源浪费、多重标准、内部失控
简单集中于集团总部	降低成本集权	上级指令	母公司	强化控制力、规模效益、统一业务流程\标准	组织僵化、反应迟缓、效率低下、无创新动力
BPO	聚焦核心业务	客户导向	外部供应商	短期迅速降低成本\容易启动、利用外部资源技术\服务专业化、适用性强	成本波动大、逆向选择风险、泄密及业务失控、产生依赖性
SSC	聚焦核心业务、提高集团管控水准	客户导向	SSC（依据客户满意度）	持续降低成本、保证业务控制、服务专业化、统一业务标准、吸收最佳实践、创造额外利润	较高的启动成本、较长的盈亏平衡期、内部利益协调及企业文化变迁困难、有适用规模限制

相对来说，SSC 的选择具有特殊意义，这是适应财务管理向专业化、决策支持功能转型的需要。通常企业财务作为后台职能希望对其通过整合可以达到最少人力、物力的投入带来最高回报，以目前趋势来说就是希望财务部门的工作不仅仅是低附加值的记账核算，更重要的是转到更高价值的决策支持上来；而且现在我国大中型企业普遍面临"大企业病"也要求可以有一个财务集权控制而又不损失效率的模式。所以仅简单合并重复性的日常工作是不够的，只有建立起具有竞争力的业务流程，更为专业、高效、透明地提供服务才能满足战略与组织的需要。

在国外，把财务处理交给外部供应商的管理外包 BPO 与内部自建的 SSC 几乎同时成为流行的选择，二者存在诸多共同之处。例如，两者都模糊了组织边界，都需要在内部先集中财务，都强调"服务共享"为顾客分担非核心业务，但两者也存在机制上明显的差异。

财务外包是彻底的市场模式，企业把业务连同相关资产、人员转移给外部服务供应商，由外部供应商在规定时间内按协议提供标准化服务。对企业最大的诱惑是它可以使企业部分固定成本变为可变成本，例如，不必提供固定办公场所、利用外包商技术减少继续投资等，以此降低经营风险、迅速减少支出；另外，通过引入外部市场力量也防止了服务供应方因垄断而产生的组织惰性。但财务外包也存在诸多潜在风险。

然而 SSC 则是将财务职能内部市场化整合。它一方面，吸收了 BPO 模式聚焦核心业务、服务专业化的优点；另一方面，也创造出独有的价值，尤其部分弥补了 BPO 的不足：①SSC 带来的成本节约、效率提高具有可持续性。通过将财务职能在 SSC 中提升为核心经营、为原来的成本中心设计利益机制并逐步使之扩大为专业化的事业部与效率最高的外包商展开竞争，可以提高财务人员积极性、刺激财务部门不断创新、主动采用最佳财务处理规范、挖掘新的成本控制点和更有效的管理工具；②衔接核心业务、促进财务管理与业务运行集成。SSC 比外包商拥有身份优势：作为内部价值链上的伙伴，它与业务单元可以明确责任、风险共担；并且可以接近企业战略、业务计划、行动目标和几乎所有内部信息，利于将财务流程和业务流程相得益彰；③保持对共享业务的基本控制，并通过合理平台架构加速企业标准化进程。SSC 本质上仍是企业的利润中心，隶属于集团整体战略规划之中，母公司可以及时了解情况，通过对其业绩激励来把握方向、减少波动，所以业务控制风险低于 BPO；而且通过 SSC 建立起标准化的服务平台，统一规范不同业务单元所采用的流程，可以减少标准执行偏差及各业务单元可能的"暗箱操作"；④当 SSC 逐步成熟面向外部客户时，相当于为企业培养了新的利润增长点，额外的投资回报甚至可以用来投入核心业务，直接提升企业价值。综上比较，建立 SSC 是更多的是一种长远与稳妥战略考虑。

4. 企业集团导入 SSC 的关键成功因素

针对 SSC 可能的风险，不同企业集团有不同应对方法，那些成功建立 SSC 的企业选择的路径也不全相同，SSC 其实是很灵活的框架，诞生之初它只适合业务多元、实力雄厚而又组织臃肿需要"瘦身"的大型企业，共享的也基本上只是如记账、应付工资等非核心、大批量的操作业务。但是发展到现在很多中型企业通过将 SSC 变型最终找到适合自己的模型，而可共享的业务也扩展到资金管理、财务分析、改进建议等战略支持领域。所以有关财务型 SSC 的适应性，只有一个大概原则，凡具备以下条件可以考虑建立：集团内部共性财务机构重复建设且运行成本与效率失衡；母公司拥有"统一安排"的控制权；有实力支持到盈亏平衡，集团内部有一定信息化基础。

至于可拿出来共享的财务业务，一般是先划出宽泛的潜力共享范围，再结合战略、业务单元实际分阶段选择。现在主要的模型都将财务清晰定位为企业价值创造与保护，财务工作需要满足为股东创造价值、为决策者管理者提供多方位支持（包括战略方法、业务执行、监督）、进行有效控制和风险管理、为供应商及客户等价值链各方提供高效服务。所以与这些相关的财务服务，只要是具备标准化、大批量或专业要求高的特点都可以划入"财务共享潜力区域"。

另外，共享服务将内部关系市场化，由此带来一系列转变：由"经营上级"到"经营客户"，由"完成任务"到"追求效率"，由"铁饭碗"变成与第三方竞争……不可避免地可能会裁员、分权、改变业绩考评方式等，各种显性、隐性的抵制都会带来巨大阻力、降低效率。这种风险不太可能完全避免，但通过控制实施速度、逐渐渗透。几乎所有成功运行 SSC 的企业都是如此。这里的速度有两层含义，一是指范围扩展：从某一地区、某个领域试起，试点成熟后再推广；这样一方面积累经验；另一方面也有示范作用。二是指模式发展：最初 SSC 应该是最基础的，起步阶段可能更多表现出集中化特点。暂时由母公司指令推行而不引入外包商竞争（初创期未必有竞争力），至于服务收费可以先采取按成本以管理费用分摊的方式，之后根据情况变化调整模型直到最终市场化运作。

7.4 集团内部资本市场

7.4.1 内部资本市场的定义和功能

从理论上，在一个集团公司内部肯定存在一个进行现金流互补的内部资本市场。这个市场是相对于外部资本市场而言，强调拥有控制权的集团总部在内部根据需要把一个子公司（业务单元、战略经营单位 SBU）的现金或类现金资产通过内部市场恰当的方式进行集团内部资金调集、配置，以提高集团资金整体运行效率，并调控资金风险。内部资本市场运作的方式主要有：①集团内部的借贷；②集团内部属于资本配置、资金有偿调剂等服务往来；③集团内资产、股权计价流动；④集团内部担保；⑤集团内部委托存贷款与投资；⑥集团内部票据贴现融资；⑦集团内部的资产租赁；⑧代垫款项；⑨以内部转移价格进行集团内部之间的产品交易与有偿服务。

集团内部资本市场的形成与运行既有其必然性，更有其必要性：①通过集团内部企业之间的资金余缺形成内部资本市场，可缓解外部融资的种种约束，降低融资交易成本；②利用资金调配与集中、利率、贷款期限、贴现率等银行的经济杠杆，界定彼此的责任、约束各成员单位，实现资金的有效流向；③由于运营周期性特点导致各分（子）公司之间存在现金流转的差异，它们在现金供应与需求上也就会存在时间差、空间差异，这种差异是内部资本市场进行现金流互补的前提，实现集约化的集团财务管理。

随着企业集团内部组织形式的不断演化和外部资本市场金融工具的日益丰富，尤其是外部商业银行的服务功能的日益强化，集团企业的内部资本市场的内涵与外在形式也日趋丰富、功能也不断扩展。它能够为集团母公司与子公司之间、子公司与子公司之间以及集团内公司与其他关联公司之间提供资金融通、资金配置、资金管理等多重服务。

资金集中配置主要涉及集团公司通过收支两条线、内部结算中心、现金池或财务公司等具体方式。

7.4.2　内部资金结算中心与财务公司

企业集团作为一个命运共同体，各成员企业相互之间有着密切的伙伴关系，在资金使用上互助互济，体现了互惠互利的精神。更重要的是集团的各成员企业间在资金使用、周转需求上往往存在一个"时间差"，从而为集团资金融通使用提供了物资基础。企业集团根据其生产经营、对外投资和调整资金结构的需要，在一定程度上，把集团内各成员企业可资利用的资金汇总起来，在集团内融通使用是有必要的。按资金来源的不同，企业集团资金融通的方式主要有：①外部资金融通。集团借助各成员企业的银行信贷资金及集团本身的银行信贷资金在集团内进行资金融通使用的方式，如集团上贷下拨、统贷统还；集团横向划拨使用；各成员企业自行向银行贷款、实施谁贷谁还等。②内部资金融通。集团凭借自己的资金力量和各成员企业的自有资金在集团内部进行的资金横向融通使用。如利用集团筹集的资金，在集团内统一规划，审时度势地对各成员企业提供资金额度；集团内各成员企业利用自有资金在集团内相互间借贷融通，以调剂成员企业之间对资金的余缺关系；集团内部各成员企业之间信用性资金的融通等。③产融结合化。如组建集团财务公司；以金融财团为背景，发展集团经济；加强银企联系，建立银企财团；由银行等金融机构直接向企业集团投资入股。

1. 内部资金结算中心

（1）内部资金结算中心的组织结构及各部门职能

资金结算中心内组织机构的职能：结算部主要负责成员单位账户的管理、收支结算、利息计算、内部账务管理、银行结算、银行对账、现金管理、财务报表的编制、企业内部代发工资、计算机设备及计算中心软件管理等。信贷部主要负责向银行或其他金融机构融资和各企业贷款的审定、外汇的调剂等；资金计划部主要掌握集团各企业的资金流向及资金需求，为集团做好资金安排等。如图7-7为内部资金结算中心组织结构。

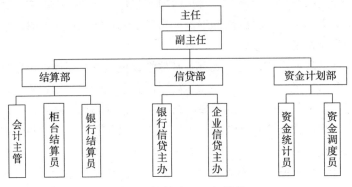

图7-7　结算中心组织结构

（2）资金结算中心的职责

资金结算中心作为集团的内部银行，必须做到账务日清月结，保证资金头寸调配和各账户余额的及时准确。因此，它的主要职责是：①遵循国家及人民银行发布的有关金融法规和对财务结算中心的要求，制定相应的规章制度和内部管理制度；②统一管理集团总部及各企业银行账户；③统一为集团各企业办理日常结算业务；④通过对外融资筹集集团和各公司经营所需的资金；⑤接受企业贷款申请，通过对外融资和调剂企业存款发放贷款；⑥统一管理、规划、调剂集团资金，加强结算、信贷、资金调剂的规范化管理，防止资金的流失、沉淀、闲置、提高资金的利用效率，确保财务结算中心业务的顺利运行；⑦负责结算中心资产的管理工作，确保国有资产增值；⑧协助企业制订资金使用计划，帮助企业理财。

（3）电子化财务结算中心的职责

电子化财务结算中心可以实现的资金集中管理方案。包括随时查询本地和异地下属公司的账务信息；逐笔审核各地下属公司的对外付款；实现总部对各地下属公司超权限业务的审批；随时随地实现资金的监控；远程全权管理账户方案；逐笔经办和审核各地下属公司的对外付款；远程全权管理账户，异地免设财务人员；"收支两条线"管理方案，分/子公司、办事处货款回笼和费用指出账户相分离，方便资金快速集中；帮助企业实现成本、利润、费用财务管理体制的建立；"零余额"资金管理方案。资金头寸集中于集团公司账户，实现资金的统一管理；子公司账户受集团公司控制，子公司对账户无支付权；对外运作完全以子公司名义进行，保持业务和账务处理的完整性和独立性，规避税务和法律风险；集团资金结算代理方案。集团公司共享子公司头寸，统一管理和调度资金；集团公司和子公司对外运作完全独立。子公司支付在其头寸额度内自主决定，但受集团公司结算中心账户余额的制约；资金头寸自动归集方案。子公司资金即时、逐笔自动上划集团公司；子公司头寸留底定期上划集团公司。

2. 财务公司

（1）财务公司的概念

在我国，财务公司是由一些重点大型企业集团申请，主要由集团成员投资入股，经由中国人民银行批准设立的，为该集团成员企业提供企业发展配套金融服务的金融机构。其名称规范为××（集团）财务有限责任公司。财务公司是为企业集团的内部成员提供金融服务的非银行金融机构，主要经办成员单位的技术改造、新产品开发及产品销售提供金融服务，以中长期金融业务为主的非银行金融机构。财务公司是企业集团的成员，金融业务上受中国人民银行的管理和监督。财务公司必须经过中国人民银行批准，才能在企业集团内部设立。财务公司实行自主经营、独立核算、自负盈亏，并照章纳税，具有法人资格。

中国的财务公司行政上隶属于大型企业集团公司，受该集团公司的直接领导，业务上受中央银行管理、协调、监督和稽核，是独立核算、自负盈亏、自主经营、照章纳税的企业法人。财务公司与我国银行、证券、信托、保险等金融机构比较，其主要特征在于：①在服务范围上，前者局限于某一企业集团内部，而后者是面向社会；②前者业务种类更为综合但服务范围不如后者广泛，前者的产业服务专业性突出，后者的金融专业性更强。

财务公司与结算中心比较，其主要特征在于：前者是金融机构，可办理独立核算的集团内部成员间的金融业务；后者不是金融机构，不能办理金融业务，只能起到加强企业内部各部门之间的经济核算作用。

在2000年6月30日中国人民银行正式发布了《企业集团财务公司管理办法》，对中国的财务公司做了正式定义："财务公司是指依据《公司法》和《企业集团财务公司管理办法》设立的，为企业集团成员单位技术改造、新产品开发及产品销售提供金融服务，以中长期金融业务为主的非银行金融机构。"

（2）财务公司的准入条件

要申请设立财务公司，申请人必须是具备下列条件的企业集团：①符合国家产业政策；②申请前一年集团控股或按规定并表核算的成员单位总资产不低于70亿元人民币或等值的自由兑换货币，所有者权益不低于30亿元人民币或等值的自由兑换货币，且净资产率不低于35%；③集团控股或按规定并表核算的成员单位在申请前连续3年每年总营业收入不低于60亿元人民币、利润总额不少于2亿元人民币或等值的自由兑换货币；④母公司成立3年以上并具有集团内部财务管理和资金管理经验，近3年未发生重大违法违规行为；⑤财务公司的最低注册资本金为3亿元人民币或等值的自由兑换货币。财务公司的注册资本为实收货币资本。财务公司依法注册登记后，不得以任何形式抽减资本金。财务公司的资本金应主要从成员单位（包括中外合资的成员单位）中募集，成员单位以外的股份不得高于40%。其资金来源限于按国家规定可用于投资的自有资金，其股本结构、股东资格还应符合《中华人民共和国公司法》和中国人民银行关于向金融机构投资入股的规定。

（3）财务公司的业务范围

财务公司在企业集团内部融通资金，并可与银行或其他金融机构建立业务往来关系，还可以委托某些专业银行代理金融业务。其经营的业务范围主要有：①吸收成员单位3个月以上定期存款；②发行财务公司债券；③同业拆借；④对成员单位办理贷款及融资租赁；⑤办理集团成员单位产品的消费信贷、买方信贷及融资租赁；⑥办理成员单位商业汇票的承兑及贴现；⑦办理成员单位的委托贷款及委托投资；⑧有价证券、金融机构股权及成员单位股权投资；⑨承销成员单位的企业债券；⑩对成员单位办理财务顾问、信用鉴证及其他咨询代理业务；⑪对成员单位提供担保；⑫境外外汇借款；⑬经中国人民银行批准的其他业务。

（4）财务公司的业务功能

① 内部结算功能。财务公司从集团整体利益角度开展统一的内部结算，可以方便地对内部交易进行核算及抵消，降低了资金占用额度；可以统一集团内部的现金流、充分调拨内部头寸；可以更合理地调整整个集团的融资规模，最大限度地降低借款并通过统一筹资来降低集团融资成本；可以加强内部管理和控制，防止集团成员企业多头开户、乱投资、资金管理失控。

② 筹资融资功能。作为集团的法定融资中介，财务公司应真正起到集团融资中心的作用，利用集团内部的短期及长期资金聚集来培育集团内部的资本市场；利用资金拆借、向国外银行借款、融资租赁、发行金融债券等金融手段和金融工具，扩大集团外部的融资渠道，从而满足集团多层次的资金需求。

③ 投资管理功能。集团的暂时性闲置资金，除了归集后以财务公司贷款形式在集团内部实现余缺调剂外，还需要财务公司运用投资功能进行资源配置，投资于各种金融品种或股权；以达到分散财务风险、增强资金流动性和收益性的目的。财务公司在投资管理方面的另外一个重要作用是它可以配合集团战略性扩张，来收购或持有一些公司的股权。

④ 中介顾问功能。财务公司要对金融市场的变化和趋势快速反应，为集团及成员企业提供以下中介顾问服务：为集团提供相关决策所需信息及专业咨询意见；根据情况不同，充分考虑客户利益，为筹融资的双方相继选择合适、合理的金融品种；起到风险顾问的作用，采用多种手段对企业面临的风险进行预警、评估、监控和化解。

7.4.3 现金池与大司库制度

1. 现金池

（1）现金池概念

现金池，也称为现金总库，是基于内部资本市场而产生的企业集团资金管理模式，最初由跨国集团的财务公司和国际银行联手开发，用以统一调配集团资金，最大限度地降低集团持有的净头寸。国内外不同银行根据国家法规限制和业务范围的不同，对于现金池的定义也有所不同。有的银行对现金池的定义是：现金池是用于企业间资金管理的自动调拨工具，其主要功能是实现资金的集中控制。现金池结构包含一个主账户和一个或几个子账户。现金池资金的自动调拨通常在日终发生，调拨的金额取决于各子账户的日终金额和目标金额，即日终时各子账户余额为所设定的"目标余额"，而所有的剩余资金将全部集中在主账户。我国商业银行推出的现金池管理则是以没有贸易背景的资金转移调度、利息需要对冲、账户余额仍然可以分开和集中的形式来实现资金的集中运作，即最大限度的灵活应用委托贷款。现金池业务主要包括的事项有：①成员单位账户余额上划；②成员企业日间透支；③主动拨付与收款；④成员企业之间委托借贷；⑤成员企业向集团总部的上存、下借分别计息。

（2）现金池的主要类型

① 根据是否发生不同实体之间的资金物理转移，分为实体现金池和名义现金池。

实体现金池即账户零余额集合，指将若干子公司的现金以现金集中或现金清零的形式管理，子公司通过零余额子账户来完成业务分离。

名义现金池，则指用各银行账户中的不同现金头寸产生的综合盈余来抵补综合赤字。其运作机制是：每个参与现金池的公司保留归于现金池的货币所在账户，然后银行综合所有参与账户，综合结出一个净额以反映现金头寸，并没有实际资金转移。名义现金池还可按币种和涉及范围的不同分为四种类型，分别为单一币种国内现金池、单一币种跨境现金池、多币种国内现金池、多币种跨境现金池。

名义现金池由于没有涉及不同实体之间资金转移，在一定程度上简化了银行和企业的操作手续，节省了大量的财务成本，更进一步提高了企业资金管理的效率，因此在国外先进的金融市场上，名义现金池是一种被广泛运用的现金池模式。但是目前，在国内现行法律框架和利率税收制度的管制下，名义现金池原则上是不可行的。

② 根据是否主要借助于银行来区分，可分为以银行为中介的现金池与以企业集团财务公司为中介的现金池。

以银行为中介的现金池，是采用多对多的委托贷款方式，即每个法人公司都可能是委托贷款的提供者和委托贷款的需求者，现金池中的委托存款余额不小于委托贷款。

以企业集团财务公司为中介的现金池，服务仍由银行提供，但银行仅作为以现金池软件和支付中介的身份出现。两者的根本区别在于银行是否作为委托贷款中介存在，两种模式对于银行和财务公司的运用程度和机制也有所区别。

（3）现金池的积极作用及运作需注意的问题

相对于结算中心或财务公司，企业集团引入现金池至少有两大好处：一是更加紧密享受银行提供强大的资金结算、账户报告、电子银行和投融资服务等日益丰富的专业化服务；二是通过委托贷款，尤其实行"一对多""多对一"和"多对多"委托贷款形式，能够较为顺利规避集团所属企业（子公司）是独立于集团母公司的法人，集团总部对子公司的资金不能"收支两条线"等所谓法律上的障碍。在现金池框架内，集团公司和其子公司是委托借款人和借款人，子公司在池里透支是贷款，要付息，相反在池里存款是放款，要收取利息。所以现金池使集团与商业银行形成了紧密的战略联盟关系，具有独到的管理功效，即使实现结算中心或财务公司来进行资金管理的集团也应该再导入现金池模式，使集团资金管理制度和流程更具效率。当然，也有企业集团将资金结算中心、财务公司和现金池三者结合、相互渗透的资金运作案例。

现金池使银企形成战略协作关系，是"双赢"的制度安排。现金池的成功首先取决于银行能够给予的授信额度、银行的服务态度、服务质量和服务成本。国内一些银行在满足集团资金结算方面有针对性推出了个性化的解决方案。这些银行通过为集团企业提供专业化服务，使集团拥有了自己的"银行"，加之银行能够为不同企业需求量身定制，为集团客户提供随时随地的、个性化的进行资金结算和现金管理服务。

合作银行服务的条款与项目应该包括：银行能够在约定的时间里，按照集团指令或授权自动实现集团各所属企业账户间资金的及时划转，包括子公司向总公司转账和总公司向子公司转账；在每天约定的时间将各所属企业的账户余额全部自动"消零"或集中划转到集团公司账户；对所属企业账户实行自动限额管理，当下属企业账户余额超过限额时，超过部分在规定时间自动划到总公司指定账户，反之，对于账户余额低于限额时，不足部分在规定时间内从总公司指定账户自动划拨不足。除此以外，还要考察银行是否能提供快速的应收应付账款管理、集中授信、多样化的融资和投资服务。

另外，在集团所属企业各自为政的时候，企业单独与银行打交道，各自的存贷款利息之差会增加集团总体的财务费用；而在现金池业务中，尽管减少了集团整体的存贷利差，却又增加了集团与银行业务往来的手续费。尽管两相比较，企业还是能够获益的，但已经大打折扣。因此银行的结算收费高低问题是另一个重要的抉择标准，银行要着力减低客户结算往来的手续费，否则巨额的手续费会让一批企业集团对现金池业务望而却步。

2. 大司库制度

（1）司库与大司库制度概述

司库原意是指收集贮藏财富的地方或建筑物，后指存放和支付汇集资金的地方，如金库和国库。而在企业财务管理领域，司库则是企业集团内或金融机构内部负责资金管理职能的称号，实现合理配置企业金融资产，辨识和规避风险的目标。

英国 ACT 协会（Association of Corporate Treasurers）认为司库包含以下五方面职责，分别是公司理财、资本市场与融资、现金与流动性管理、风险管理和司库运行与控制。司库原本本是一个特别财务概念，但在大型企业集团内这一概念得到了引用和深化，司库的职能已发生很大的变化，成为资金管理中的核心内容，越来越被"大司库"概念所取代。

大司库制度作为集团资金管理的高级形式，最终目的是通过集团内资源的整合和风险管控，实现生产经营、投融资决策、业务协同、风险管理的一体化应用，以更高水准为集团的战略与经营发展服务。大司库更加侧重与成员单位的经营协同、与集团公司的战略协同、与金融产品的创新协同。大司库制度逐步发展成为大型集团企业以及跨国企业资金管理的所追求的管理模式。正如有人说大司库就是："根据集团公司发展战略对其拥有或控制的金融资源统筹管理的行为。"其特点是通过集团内部现金池或财务公司作为唯一的结算平台实现结算集中，通过总分账户联动实现结算集中、现金集中、信息集中；以集团总部、股份公司和所属金融企业为主体，实施融资一级管理；以所属金融企业为平台，统筹管理金融投资业务；以风险细化分类为依据，实施司库风险专业化管理。大司库的管理原则是为企业提供增值服务，集中管理融资、现金、财务运营和银行交易，通过总部集中管理金融资产和负债，控制和优化集团资本结构。

（2）大司库的工作职责

大司库制度应该通过集团内资金业务全相关方的集成化、一体化运作，实现结算集中、信息集中和资金集中，建成全球（全国）统一资金池，实施多渠道融资、多元化投资和风险全面管控，优化产融结合模式，统筹金融资源配置，确保境内外资金运转安全、规范和高效。具体职责如下所述。

① 落实强势总部：大司库首先要强化和发挥集团的管理职能，形成能指挥得动手脚的"大脑"。在司库管理的规划和建设过程中，必须通过采用"集中"的应用模式，实现对集团内资金业务的集中监控、现金流的统一规划和调配、关键业务审批、预算控制、业务的

事中控制和预警,在保持管理平台统一的基础上,发挥集团资金与业务的"垂直管控",形成强大的集团管理总部。

② 集中资金业务:大司库制度的核心职责就是强化集团资金业务的集中管理,使之形成集团资金管理的结算中心、监控中心、投融资中心、理财中心、数据中心和决策分析中心。

③ 协同全方位方业务与整个供应链:大司库作为集团资金管理的高级形式,系统建设从注重核心应用到发展全过程、全流程、全职能的应用,通过与供应商、经销商、客户、银行等联合打造全相关方业务系统的协同应用。同时,通过资金业务系统与财务核算、全面预算、合同管理、供应链、应收应付系统的"横向协同",实现业务流程的共享和管理效率的提升。优化企业流动资产和流动负债管理,加强对应收应付账款、票据和存货的管理,以提升流动性,特别是在战略与政策、标准化与流程等方面强化管理,以满足营运资金需求,同时又能节约资金成本、提高资金使用效率。

④ 决策支持与信息管理。有效的司库管理运行体系,既要有明确的司库战略、政策、制度和流程,又要有相应的授权与决策机制、实施平台、技术工具和信息系统。同时,利用司库系统的大数据管理,可以多维度分析、预测与企业金融财务资源相关的各类信息,为集团高层决策提供依据。

⑤ 管理集团全部风险:司库制度要在平台集中、数据集中、流程集中的基础上,通过预算控制、授信、交易控制、业务前端的协同、指标预警、到期提示、多级审批等手段,负责对企业所面临的各类相关风险进行统一集中和专业化管理。如市场风险,包括利率、汇率等货币风险、商品价格风险、股权投资贬值风险等;如信用风险,包括交易对手直接风险、结算风险、产业链金融风险等;如流动性风险,包括市场流动性风险、融资渠道风险等;如操作风险,包括执行录入错误、交易欺诈及系统故障错误等。对于这些风险,大司库需要进行专业化的识别、度量、分析并采取相应缓释措施。

(3) 大司库的制度设计与流程建设

大司库的职责履行首先需要相关的制度设计,集团总部必须设计一整套与司库体系配套的管理制度与实施细则,营造全面、统一的司库管理制度环境。在此制度下,集团各部门与分公司、子公司都能按照统一的制度体系对资金业务、金融资产进行预测、预算、反映、控制、审批与分析,并通过激励、考核机制确保集团战略、业务经营与财务金融的有效运作。

另外,大司库还需要集团总部通过大数据、互联网等实施流程建设,要设计与优化具体流程,并要考虑如何把各种流程嵌入并固定到集团内部的信息系统,强化集团所有单位都按照统一的流程运作。将总部各部门、各分子公司原有的资金管理的流程进行从上到下、从横向到纵向的整合,以司库管理业务为线条,实现业务与财务核算端对端的衔接。

本章小结

企业集团是指若干独立法人组成的多功能企业联合体,一般分为控股型企业集团和产业型企业集团两种。企业集团的优势在于产业资本和资源的聚合效应以及组织协同效应,但与此同时也带来了诸如专业化与多元化的协调、分权与集权的权衡等诸多问题。

本章首先描述了集团母子公司财务管理的构架原则，我们强调母公司对其成员企业的管理关系以产权关系为基础，以战略管理为导向，以财务控制为核心，以财务制度建设和制度安排为依托。其次，基于战略的视角具体分析了不同组织结构下集团管理控制模式的运行机理，介绍了 SBU 的机构设置和财权安排；最后，针对集团管理控制的新发展，本章特别分析集团管理扁平化的背景与具体路径，强调集团内部组织管理扁平化的基础是内部股权结构的扁平化；随着市场竞争格局变化、信息流程的变革，集团内部应该在业务经营上越来越分权的"自组织"体系；集团管理应该尽量推进具有管理规模效益的共享服务中心 SCC 模式，尤其是财务共享服务中心，推进集团内部管理体系专业化与半市场化。本章最后一节主要介绍了企业集团内部资本市场的内涵和功能，并重点介绍了企业集团实现资金集中管理的主要方式：资金结算中心与财务公司、现金池与大司库制度。特别强调大司库制度应该通过集团内资金业务的一体化运作，实现结算集中、信息集中和资金集中，建成统一资金池，实施多渠道融资、多元化投资和风险全面管控，优化产融结合模式，统筹金融资源配置和风险管控，确保全集团资金运转安全、规范和高效。

思考题：

1. 集团公司企业形式存在的特殊意义与潜在管控风险是什么？
2. 集团管理控制分别采取战略规划型、战略控制型和财务控制型的制度背景与要点是什么？
3. 集团构建强势总部与发展自组织的逻辑关系是什么？
4. 共享服务中心的具体形式与制度设计要点有哪些？
5. 新的金融监管环境下，企业集团财务公司如何更好地服务于各 SBU 的资金配置？
6. 集团内部现金池与大司库的制度差异有哪些？为什么说大司库制度是中国大型集团财务管控系统的发展主要趋势？

本章案例：

中国石油大司库项目启动

时隔两年多，在中国石油大厦，本刊记者再次采访了中国石油天然气集团公司（以下简称中国石油或集团）财务资产部副总会计师、大司库项目工作组组长吕连浮。彼时，中国石油的大司库项目刚刚启动，初步完成建设蓝图与规划，就像一棵刚刚萌芽的树苗；今日，理想照进现实，大司库项目已经在集团的 55 家未上市企业上线运行，并将在全集团全面推广。

观念的突破

从资金集中管理到司库管理，再到大司库管理，整个项目过程是一个认识、再认识的过程，一个观念不断创新的自我突破过程。从 2000 年开始，中国石油开始大力推行资金的集中管理。经过多年的发展，集团已经建立起"一个全面，三个集中"的财务管理体制，并取得了规范资金收支、提高资金使用效率、降低资金成本、拓宽融资渠道的效果。但随着资产规模的不断扩大和国际业务的快速发展，以及国内外金融市场的不断变化，集团对资本结构、总体财务风险、资金流动性管理、融资管理、汇率利率风险管理等提出了更高的要求。这些都超出了集中管理的范畴，凸显了资金集中管理的局限性。

2009 年 5 月，集团领导批准建设司库体系，将财务管理由传统的被动管理转变为主动管理、战略管理、超前管理。2009 年，吕连浮从负责集团项目融资转向着手司库理论研究。"开始我自己也有一些抵触情绪，集团资金集中管理的体系运用起来得心应手，在同行中已经走在前列。引入司库体系，这是不是一种概念炒作，是否具有现实的必要性与可行性？这也是项目组成员首先要解决的观念问题。"如何在"一个全面，三个集中"的现有财务管理体系的基础上，进一步提升资金管理水平？项目组成员首先在理论上进行了深入研究，比如企业的资金管理到底应该以什么为抓手、资金管理应该管理哪些事情、资金管理与债务管理有什么区别，等等。

通过集思广益，项目组成员对司库这一蓝图的认识清晰起来，理想的羽翼也逐渐丰满起来。司库体系建设不仅是对资金集中管理的全面总结提升，而且是通过对资金流和信息流的整合提升集团管控能力的重要途径，更是集团落实国资委要求央企"打造世界一流财务管理"的具体举措。项目组对司库理论的研究得到集团领导的充分认可，集团领导高度赞扬司库项目所具有的重要意义，并提出要建设"大司库"，指出"资金是企业集团生存和发展的基石，大司库是中国石油的生命线"。所谓"大司库"，就是按照"服务主业、安全至上、效率优先"的原则，通过结算集中、现金池统一、多渠道融资、多元化投资、司库风险全面管理、信息系统集成等手段，统筹管理金融资源，统一管理金融业务，有效控制金融风险，保障生产经营需要。

体系的设计

2009 年，集团人事部专门下文成立大司库体系建设项目组，由集团财务管理高层统领，下设专家组、工作组和项目组。其中，项目组分为制度设计、流程建设和信息建设三个工作组。"制度设计、流程建设与信息系统齐头并进，制度具体化为流程，流程固化到系统，系统映射流程，流程体现制度，这是我们推进大司库建设的主要思路。"吕连浮表示。

制度设计，是设计与司库体系配套的管理制度与实施细则，营造全面、统一的司库管理制度环境。在此制度下，集团各部门与分公司、子公司都能按照统一的制度体系对资金等金融资产进行预测、预算、反映、控制、审批与分析，并通过激励、考核机制确保集团金融资产保值增值。大司库体系的顶层设计，指的是建立以《司库管理办法》为统领的司库制度体系，下设五大类，包括《结算管理办法》《融资管理办法》《操作风险管理办法》《客户管理办法》等 19 个具体管理办法，改变了以往多个具体资金管理办法并行、层次不清、没有总体管理办法的被动局面。

流程建设，一方面要设计与优化具体流程；另一方面要考虑如何把各种流程嵌入并固定到信息系统，强化集团所有单位都按照统一的流程运作。项目组将总部各部门、各分子公司原有的 400 多个资金管理的流程进行从上到下、从横向到纵向的整合，简化为目前的 100 多个流程，以司库管理业务为线条，实现业务与会计核算端对端的衔接。

系统集成，指的是将大司库信息系统与多种资金管理系统集成，实现其与内外部系统数据的对接。大司库信息系统与 ERP、会计核算系统、预算系统、投资计划系统、合同管理系统以及网上报销等系统集成对接,实现信息共享;同时,大司库系统内部各子系统、各模块无缝衔接,形成有机、统一的整体,直接服务于集团大司库管理。对这些模块的开发,中国石油坚持"实用、简洁、安全、高效"的原则,采用以集团为主导,根据不同模块的功能,由信息管理部门采用招标等方式引入最好的外围软件和系统集成公司来完成。大司库信息系统包括 5 个子系统、50 个功能板块、1 299 个功能点。在一定的意义上讲,司库体系的制度设计相当于构建司库管理的"交通规则";流程优化相当于为集团司库管理铺平"道路";系统集成将"道路""交通规则"、金融资源信息进行整合,形成支持司库管理的信息共享平台。通过制度设计、流程优化和系统集成构建完整的司库体系,可以消除企业金融资源的内部壁垒,完成对可能存在的金融"孤岛"的治理,使企业金融信息的交流顺畅,实现企业集团金融资源的合理配置和价值增值。

　　项目组坚持"走出去、引进来",与 BP、壳牌、道达尔等国际石油公司,GE、惠普(微博)、戴尔(微博)等跨国公司,中国石化、国家电网、华为等国内一流公司的司库进行了深入交流,在汲取各家精华的基础上不断优化方案,在管理对象、管理组织、管理内容、管理制度、管理模式和信息技术六个方面有了很大的提升。

　　在中国石油大司库的体系设计中,很多管理理念都与道达尔不谋而合,但也有几个明显的不同与创新:首先,道达尔设有司库组织,直接管理集团所有与金融相关的业务,而中国石油没有专门司库组织,运用现有的管理职能架构,通过所属金融企业具体管理金融业务;其次,客户信用管理与综合授信管理是中国石油大司库首创的特色模块,是基于国内信用违约较多、应收账款风险较大的现实情况而开发的,该系统明确了各级审查部门在信用管理中的职能,将事后管理延伸为事前与事中管理。

实践的检验

　　大司库体系中包括流动性、债务融资、金融市场投资、司库风险管理等 50 个功能模块。各模块的设计都需要各分公司、子公司提出功能需求,需要在测试运行中进行优化调整。这无疑给分公司、子公司的财务人员增加了很重的工作量。他们一方面要保证按照原有的制度与操作履行财务职责;另一方面要给试运行的大司库系统录入数据、监测运行以及提出调整意见。"几十个模块,我们都挨个这样测试下来。我也跟项目组成员强调,即使我们在标点符号等细微方面有错,集团几万个财务人员都会为此付出代价。各分公司、子公司的支持也成为项目组成员的压力与动力,我们要始终保持一丝不苟、严谨缜密的态度。"吕连浮说。

　　在分公司、子公司推广时,它们对比较熟悉的结算等实用模块很乐意接受,但对于之前没有接触过的其他模块却有些犹豫。项目组坚持灵活实用的原则,分公司、子公司可以根据业务范围选定有实际需求的模块,比如没有涉外资金的子公司,就可以不包括汇率风险模块。而尝试使用了大司库体系外汇模块的子公司,则能很明显地感受到其优势所在。这源于汇率风险模块是用数据模型将风险进行量化,能提供汇率走势的判断与预期、对汇率走向可能有重大影响的因素与事件以及可备选的一些操作方案,相当于为基层操作人员提供了一个高端智囊。

　　决策支持子系统通过业务专题、管理指标、管理报表、分析报告、决策地图功能直观展现 4 个类业务内容、64 个司库管理指标和 31 个业务专题,可以为集团资金管理人员和各级领导提供管理依据和决策支持。然而,分公司、子公司最初并不是很乐于接受这样的新鲜事物，项目组则尽量说服在分公司、子公司体验这一体系的实际效用之后，再做出选择。"大司库指标体系不是专门给领导设的驾驶舱，不是专门给总部设计的报表综合分析工具，它能为子公司的各项决策提供支撑，也是信息查询的重要渠道。"吕连浮说。

在吕连浮的思维中，始终存在着管理分权与集权的矛盾的关系。如何在大司库高度集中的情况下，保持分公司、子公司的活力与积极性，需要加入人性化的管理方式。某子公司总会计师笑言，"上了大司库以后，我们干什么总部都能看得到了！"吕连浮则回应，"如果分公司、子公司不做违规的事情，总部肯定不会去看你们。但如果出现违规的情况，系统会有预警的提示，这时总部会结合子公司的实际业务情况，加入人工分析进行综合判断，而不是武断的机械式管理。"

（案例资料来源：刘丽娟. 中国外汇，2012年7月6日.）

案例问题：该案例对中国企业集团实施财务资金集中管理应该有哪些启示？

第8章 挂牌新三板的企业财务问题

8.1 我国新三板市场概述

8.1.1 我国新三板的基本情况

所谓新三板，全称是全国中小企业股份转让系统，是经国务院批准设立的全国性证券交易场所，其运营管理机构是全国中小企业股份转让系统有限责任公司。公司于2012年9月20日在国家工商总局注册，2013年1月16日正式揭牌运营。

全国中小企业股份转让系统产生于我国中小微企业融资难、融资贵的背景下。新三板的最主要功能是为中小微企业提供多元化的融资渠道。中小微企业在推动经济增长、促进就业、增加税收、推动技术创新等方面都具有重要作用，但却只占用约20%的金融资源。融资难、融资贵一直是困扰中小微企业发展的重大难题。究其原因，一方面，我国的金融体系是以商业银行为代表的间接融资，而商业银行通常出于风险规避的原因，不愿意把资金贷给透明度不高、风险较大的中小微企业，所以中小微企业很难获得银行的授信。另一方面，直接融资的渠道，无论是主板、中小板、创业板还是银行间市场，财务门槛都很高，将大量的中小微企业排斥在外。因此，设立服务于中小微企业的全国性证券交易场所具有重要战略意义。

相对于沪深证券交易所，新三板具有以下特点（如表8-1所示）。

表8-1 新三板与主板的差异

	全国中小企业股份转让系统	沪深交易所
公司特征	创新创业型中小微企业为主	成熟期成长期企业为主
风险包容度	较高	较低
投资者门槛	机构：500万元 个人：300万元	无
投资者构成	机构投资者为主、符合适当性的个人投资者	机构、个人并重
公司准入门槛	无财务指标，较低的挂牌条件	较高的财务指标
交易制度	协议转让、做市转让、竞价转让灵活选择	竞价转让
融资制度	定向发行股票、公司债、可转债或中小企业私募债等	允许公开发行

2013年以前，新三板的公司主要包括原来的退市企业及原STAQ、NET系统挂牌公司、原中关村科技园区非上市股份有限公司代办股份报价转让系统挂牌的公司。2013年之后，全国中小企业股份转让系统有限责任公司正式运营后开始快速扩容。2012年年底挂牌公司

仅为98家,而截至2016年7月末,挂牌公司已经达到7 917家。新三板的快速扩容为全国的非上市股份公司提供了跟广阔的股票公开转让和发行融资的市场平台。

从长远的发展来看,未来我国资本市场的架构应分为主板市场、中小企业板、创业板、三板市场、地方性的产权交易市场等多个层次。目前,新三板是由中国证监会统一监管的市场,是我国除沪、深证券交易所之外唯一合法的证券交易所,是全国性的交易市场。它的市场定位是为非上市公众公司提供股权交易平台,从而形成一个高效、便捷的高新技术企业投融资平台。从战略发展的角度来看,全国股转系统是为创新型、创业型、成长型中小微企业发展服务的,为广大的中小微企业提供了更加广阔的发展平台。在全国股份转让系统挂牌的公司,达到股票上市条件的,可以直接向证券交易所申请上市交易。

8.1.2 中小企业挂牌新三板的好处

对挂牌企业来说,挂牌新三板可以得到如下好处。

1. 规范治理

规范的公司治理是中小企业获取金融服务的基础前提,也是实现可持续发展、确保基业长青的根本保障。主办券商、律师事务所、会计师事务所等专业中介机构将帮助公司建立起以"三会"为基础的现代企业法人治理结构,梳理规范业务流程和内部控制制度,大大提升企业经营决策的有效性和风险防控能力。挂牌后,主办券商还将对公司进行持续督导,保障公司持续性规范治理。

2. 股票转让

挂牌公司的股票可以在全国股份转让系统公开转让,为公司股东、离职高管以及创投、风投和PE等机构提供退出渠道,同时也为看好公司发展的外部投资者提供进入的渠道。

3. 价值发现

挂牌后,二级市场将充分挖掘公司股权价值,有效提升公司股权的估值水平,充分体现公司的成长性。实践中,企业挂牌后,创投公司和PE给出的公司的估值水平较挂牌前有明显提升。

4. 直接融资

全国股份转让系统"小额、快速、按需"融资模式符合中小企业需求特征。挂牌公司可以实施股票发行融资,随着市场功能的逐渐完善和相关细则的出台,未来挂牌公司还可通过公司债券、优先股等多种工具进行融资。

5. 信用增进

挂牌公司作为公众公司纳入证监会统一监管,履行了充分、及时、完整的信息披露义务,信用增进效应十分明显。在获取直接融资的同时,也可通过信用评级以及市场化定价进行股权抵押获取商业银行贷款。

8.1.3 企业挂牌新三板的基本条件

境内符合条件的股份公司均可通过主办券商申请在全国股份转让系统挂牌,公开转让股份，进行股权融资、债权融资、资产重组等。申请挂牌的公司应当业务明确、产权清晰、依法规范经营、公司治理健全，可以尚未盈利，但须履行信息披露义务，所披露的信息应当真实、准确、完整。

按照《全国中小企业股份转让系统业务规则(试行)》规定，股份有限公司申请挂牌在全国股份转让系统挂牌，不受股东所有制的限制，不限于高新技术企业，应当符合如下条件（如表8-2所示）。

表 8-2　新三板挂牌上市的基本条件

条件	内容
1. 依法设立且存续满两年	• 公司设立的主体、程序合法、合规 • 公司股东的出资合法、合规，出资方式及比例应符合《公司法》相关规定 • 存续两个完整的会计年度。有限公司整体变更设立股份公司，可以连续计算业绩
2. 业务明确且具有持续经营能力	• 公司能够明确、具体地阐述其经营的业务、产品或服务、用途及其商业模式等信息 • 公司业务如需主管部门审批，应取得相应的资质、许可或特许经营权等 • 公司业务须遵守法律、行政法规和规章的规定，符合国家产业政策以及环保、质量、安全等要求 • 公司基于报告期内的生产经营状况，在可预见的将来，有能力按既定目标持续经营下去
3. 公司治理机制健全且合法合规经营	• 公司按规定建立股东大会、董事会、监事会和高级管理层组成的公司治理架构，制定相应的公司治理制度，并能证明有效运行，保护股东权益 • 公司及其控股股东、实际控制人、董事、监事、高级管理人员须依法开展经营活动，经营行为合法、合规，最近24个月不存在重大违法违规行为 • 公司报告期内不存在股东包括控股股东、实际控制人及其关联方占用公司资金、资产或其他资源的情形。如有，应在申请挂牌前予以归还或规范 • 公司应设有独立财务部门进行独立财务会计核算，相关会计政策能如实反映企业财务状况、经营成果和现金流量
4. 股权明晰，股票发行和转让行为合法合规	• 公司股权结构清晰，权属分明，真实确定，合法合规，股东特别是控股股东、实际控制人及其关联股东或实际支配的股东持有公司的股份不存在权属争议或潜在纠纷 • 公司的股东不存在法律法规规定的不适宜担任股东的情形；申请挂牌前存在国有股权转让、外商投资企业股权转让的，应符合规定 • 公司股票发行和转让行为合法合规，最近36个月不存在违规发行股票行为
5. 主办券商推荐且持续督导	• 公司须经主办券商推荐，双方签署《推荐挂牌并持续督导协议》 • 主办券商应完成尽职调查和内核程序，对公司是否符合挂牌条件发表独立意见，并出具推荐报告

相对于主板公司而言，新三板上市门槛较低，符合服务于中小微企业的战略定位。结合较高的投资者准入门槛和严格的信息披露制度，市场的投资风险能够有效控制。对于有融资需求的中小微企业来说，通过较低的挂牌成本实现股票挂牌交易，为公司进入资本市场提供新的发展平台。从目前挂牌企业的实际情况来看，挂牌新三板最快只需4个月的时间，一般情况下需要6~8个月，具体视公司的财务状况、历次股权变更情况而定。

8.2　挂牌新三板企业的股票转让与融资

8.2.1　挂牌新三板企业的股票转让

公司的股票在新三板挂牌以后，股票就可以在投资者之间进行转让交易。股票可以采取做市转让方式、协议转让方式或竞价转让方式之一进行转让。现阶段,挂牌公司股票实际上可以选择的只有做市转让方式和协议转让方式。待市场积累和技术成熟以后,将会引入竞价转让方式。挂牌公司提出申请并经全国中小企业股份转让系统有限责任公司同意,可以变更股票转让方式。

全国股份转让系统对股票转让不设涨跌幅限制。目前股票转让申报时间为 9:15–11:30 和 13:00–15:00,买卖挂牌公司股票的申报数量为 1 000 股或其整数倍,单笔申报数量最高不得超过 100 万股。投资者买入的挂牌公司股票,买入当日不得卖出。做市商做市当日买入的股票当日可以卖出,做市商间买入的挂牌公司股票,买入当日不得卖出。

1. 做市转让

做市转让制度,也叫作市商制度,是一种以做市商为中介的证券交易制度(如图 8-1 所示)。做市商向市场提供买卖双向报价,维持市场流动性,满足公众投资者的投资需求。所谓"做市商",指在证券市场上,由具备一定实力和信誉的证券经营法人作为特许交易商,不断地向公众投资者报出某些特定证券的买卖价格(即双向报价),并在该价位上接受公众投资者的买卖要求,以其自有资金和证券与投资者进行证券交易。做市商通过这种不断买卖来维持市场的流动性,满足公众投资者的投资需求。

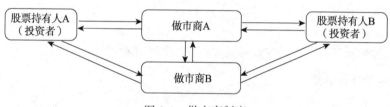

图 8-1　做市商制度

从 2014 年 8 月 25 日开始,新三板做市转让方式正式实施。股票挂牌时拟采取做市转让方式的,应当具备以下条件:①有 2 家以上做市商同意为申请挂牌公司股票提供做市报价服务,且其中一家做市商为推荐该股票挂牌的主办券商或该主办券商的母(子)公司;②做市商合计取得不低于申请挂牌公司总股本 5%或 100 万股(以孰低为准),且每家做市商不低于 10 万股的做市库存股票;③全国股份转让系统公司规定的其他条件。

新三板做市商主要通过买卖价差实现盈利,即低价买入投资者的证券,再卖给市场上的买家。如果库存控制不合理,且在单边市的情况下,新三板做市商也有可能出现亏损。所以,该制度对新三板做市商提出了更高的要求:首先是公司的研发能力,在决定为哪家挂牌公司做市之前须对公司进行客观全面的调研评估;其次是在开始做市后需要随着市场的反应而及时准确地调整价格,并且要控制好股票库存。

新三板做市制度不仅促进市场流动性,更重要的是其价格发现的功能。新三板做市商双向报价,在买卖报价过程中不断发现股票的合理价格,因此能够有力地减少沪深股市常见的庄家炒作投机等现象,从而帮助维护市场的稳定。

2. 协议转让

协议转让是买卖两方就转让条件进行洽商、达成完全一致即可成交,随意性比较大、流动性比较差。截至 2016 年 7 月,大约 82%的新三板公司都采用协议转让方式。对于投资者而言，协议转让需要在证券交易系统里进行操作。协议转让的成交类型分为三种。

① 定价委托方式。即投资者根据自己的买卖意愿，报出确定的委托价格和委托数量，其他投资者如果愿意与该委托进行交易，则可以通过点击该定价委托的方式选择与之成交。

② 互报成交确认方式。投资者如果事先在场外约定好成交价格和数量，就可以通过各自券商报出成交确认委托的成交方式。全国股转系统会对同一只股票买卖价格、数量、约定号相同，买卖方向相反，且对手方信息匹配正确的互报成交确认申报进行撮合。

③ 盘后自动匹配成交。每个转让日15:00，全国股份转让系统按照时间优先原则，将证券代码相同、申报价格相同、买卖方向相反的未成交定价申报进行匹配成交。

8.2.2 挂牌新三板企业的融资

挂牌公司在全国股份转让系统可以进行股权融资和债权融资。全国股份转让系统为适应中小微企业的小额、便捷、灵活、多元融资特点，进行了一系列制度设计，包括：①发行要求。挂牌公司可以在挂牌同时发行，也可以在挂牌后发行。对股票发行不设财务指标，没有强制时间间隔，也不限融资规模。②限售安排。新增股份不强制限售。③信息披露。不强制披露募投项目的可行性分析、盈利预测等信息。④发行定价。实行市场化定价，可以与特定对象协商谈判，也可以进行路演、询价。⑤审查方式。事后备案，形式审查，十分便捷。

目前，挂牌新三板的企业主要融资方式包括如下几种。

1. 定向发行普通股

目前新三板企业主要的融资方式是发行普通股票。新三板定向发行股票主要有以下几个特点。

（1）挂牌的同时可以进行定向发行。允许挂牌企业在挂牌时进行定向股权融资，凸显了新三板的融资功能，缩小了与主板、创业板融资功能的差距；同时，由于增加了挂牌时的股份供给，可以解决未来做市商库存股份来源问题。另外，挂牌的同时可以进行定向发行，并不是一个强制要求，拟挂牌企业可以根据自身对资金的需求来决定是否进行股权融资，避免了股份大比例稀释的情况出现。

与企业仅挂牌不同时定向发行相比，同时增发的企业需在公开转让说明书中披露以下内容：首先是在公开转让说明书第一节基本情况中披露拟发行股数、发行对象或范围、发行价格或区间、预计募集资金金额。同时，按照全国股份转让系统公司有定向发行信息披露要求，在公开转让说明书"公司财务"后增加"定向发行"章节，披露相关信息。其次在公开转让说明书中增加一节"定向发行"，主办券商应如实披露本次发行股票的数量、价格、对象以及发行前后企业相关情况的对比。

（2）企业符合豁免条件则可进行定向发行，无须审核。公众公司向特定对象发行股票后股东累计不超过200人的，或者公众公司在12个月内发行股票累计融资额低于公司净资产的20%的，豁免向中国证监会申请核准。挂牌公司股票发行有核准制和备案制两种管理方式，具体适用哪种管理方式，取决于挂牌公司股东人数是否超过200人。股东人数超过200人的挂牌公司发行股票，或者发行股票后股东人数累计超过200人的，在发行前应向中国证监会申请核准。发行后股东人数累计不超过 200 人的，仅在发行后向全国股份转让系统公司备案。

发行对象包括公司股东；公司董事、监事、高级管理人员、核心员工；符合投资者适当性管理规定的其他投资者。公司在确定发行对象时，除原股东外的新增股东合计不得超过 35 名。核心员工的认定，应当由公司董事会提名，并向全体员工公示和征求意见，由监事会发表明确意见后，经股东大会审议批准。

（3）储架发行。储架发行是指一次核准，多次发行的再融资制度。该制度主要适用于定向增资需要经中国证监会核准的情形，可以减少行政审批次数，提高融资效率，赋予挂牌公司更大的自主发行融资权利。

《非上市公众公司监督管理办法》第 41 条规定公司申请定向发行股票，可申请一次核准，分期发行。自中国证监会予以核准之日起，公司应当在 3 个月内首期发行，剩余数量应当在 12 个月内发行完毕。超过核准文件限定的有效期未发行的，须重新经中国证监会核准后方可发行。首期发行数量应当不少于总发行数量的 50%，剩余各期发行的数量由公司自行确定，每期发行后 5 个工作日内将发行情况报中国证监会备案。

发行对象用非现金资产认购发行股票的，还应当说明交易对手是否为关联方、标的资产审计情况或资产评估情况、董事会关于资产定价合理性的讨论与分析等。非现金资产应当经过具有证券、期货相关业务资格的会计师事务所、资产评估机构审计或评估。

（4）市场化定价，不设发行底价。发行价格可以参考公司所处行业、成长性、每股净资产、市盈率等因素，并与投资者沟通后确定。

2. 优先股

优先股是指其股份持有人优先于普通股股东分配公司利润和剩余财产，但参与公司决策管理等权利受到限制，在正常情况下不参与公司治理的特殊类型股票。

优先股股东并非完全不参与公司经营决策，而是仅对特定事项享有表决权，包括：①修改公司章程中与优先股相关的内容；②一次或累计减少公司注册资本超过 10%；③公司合并、分立、解散或变更公司形式；④发行优先股；⑤公司章程规定的其他情形。此外，公司累计 3 个会计年度或连续 2 个会计年度未按约定支付优先股股息的，股东大会批准当年不按约定分配利润的方案次日起，优先股股东有权出席股东大会与普通股股东共同表决，每股优先股股份享有公司章程规定的一定比例表决权。

对发行人而言，优先股相比普通股的主要优点是不分散控制权，红利稀释较少。此外，会计处理也比较灵活。缺点是优先股股息不能税前扣除，可能会增加财务负担。

对于投资者而言，优先股能够满足长期稳定收益的投资需求，但收益较低，在极端情况下，也有违约的风险。

通常情况下，以下四类公司适合发行优先股融资：一是银行类金融机构，可以发行优先股补充一级资本，满足资本充足率的监管要求；二是资金需求量较大、现金流稳定的公司，发行优先股可以补充低成本的长期资金，降低资产负债率，改善公司的财务结构；三是创业期、成长初期的公司，股票估值较低，通过发行优先股，可在不稀释控制权的情况下融资；四是进行并购重组的公司，发行优先股可以作为收购资产或换股的支付工具。

需要特别说明的是，挂牌公司发行优先股的合格投资者范围，与发行普通股存在以下差异：①发行人的董事、高管及其配偶可以认购本公司发行的普通股，但不能认购本公司非公开发行的优先股；②公司普通股股东、核心员工不符合500万元以上证券资产标准的，可以作为合格投资者参与认购普通股，但不能作为合格投资者参与认购优先股。

8.3 挂牌新三板企业的并购与资产重组

新三板挂牌公司的一项重要功能就是可以利用公开市场对公司进行定价，通过资本市场提升公司的交易价值，并帮助公司找到更好的发展机会。企业在并购交易中的角色可以分为并购方和被并购方两类。前者主要受《非上市公众公司重大资产重组管理办法》的规范，后者则主要受到《非上市公众公司收购管理办法》的规范。

近年来，随着新三板挂牌规模的增长，挂牌企业的并购交易数量也在迅速上升。2014年之前，挂牌公司的并购案例寥寥，2015年之后，新三板并购重组迎来春天，并购数量和交易额大幅上升。主要形式与特征包括如下内容。

8.3.1 挂牌公司被并购

挂牌新三板之后，成为其他公司尤其是上市公司的并购标的，已成为近年来并购市场的一大特点。上市公司并购挂牌企业呈逐年递增的趋势，一方面上市公司可以根据自身发展需求寻找不同层次、产业及规模的标的；另一方面通过新三板的信息披露资料可以了解标的企业的经营状况、财务指标、行业地位等重要信息，降低了收集信息的成本。另外，新三板企业估值整体偏低，对上市公司具有一定的吸引力。这凸显了新三板成为上市公司重要并购标的池的意义。

与主板市场相比，全国股份转让系统的收购制度主要有以下几个特点。

（1）不设行政许可，以信息披露为核心。全国股份转让系统实行了较为严格的投资者适当性制度，投资者具有较强的风险识别与承受能力。因此新三板对公司收购不设行政许可，充分发挥市场约束机制，强化全国股份转让系统的自律监管职责，给市场和投资者更大的决策范围。

（2）简化披露内容。除要约收购或者收购活动导致第一大股东或实际控制人发生变更的，其他收购只需要披露权益变动报告书，简要披露收购人的基本情况、持股数量和比例、持股性质、权益取得方式等信息，且不区分简式权益变动报告书和详式权益变动报告书。收购报告书和要约收购报告书也大幅减少披露内容，重点强化客观性事实披露，弱化主观性分析信息，较上市公司的相关要求减少超过一半。

（3）加强责任主体的自我约束和市场自律监管。对于相关责任主体作出公开承诺的，要求同时披露未能履行承诺时的约束措施。

8.3.2 挂牌公司发起的并购

挂牌公司发起的并购是以挂牌公司为并购主体，其他公司（主要为非上市公司）为并购标的的并购交易。以2016年第二季度为例，挂牌公司发起的并购占新三板全部并购的

76.7%，这些挂牌公司并购的标的都是非公众公司，这反映出新三板企业在产业链布局和资产注入等方面的积极思考和行动。

新三板企业发起并购的主要动机包括：①利用并购资产，实现市场规模扩张，发挥资源的协同效应；②通过并购同一实际控制人的企业，解决历史遗留的同业竞争问题；③通过并购上市公司实现借壳上市。

挂牌公司发起的并购属于重大资产重组行为，全国股份转让系统的重大资产重组制度具有以下特点。

（1）减少事前的行政干预。对于非上市公众公司的重大资产重组行为，不设事前行政许可，以信息披露为抓手。只有发行股份购买资产构成重大资产重组的情况方才涉及核准或备案要求。具体来说，公司发行股份购买资产构成重大资产重组，发行后股东人数累计超过 200 人的需要中国证监会核准，发行后股东人数累计不超过 200 人的需要向全国股份转让系统公司备案。

（2）突出公司自治。对于一些涉及重组的具体事项，给予公司一定的自主权和选择空间。比如不限制支付手段定价、不强制要求对重组资产进行评估、不强制要求对重组做出盈利预测、不强制要求公司对重组拟购买资产的业绩进行承诺，但如果做出承诺的，应当披露相关承诺及未能履行承诺时的约束措施等。

（3）简化要求，降低公司重组成本。比如，简化非上市公众公司重大资产重组程序，不设重组委；实现独立财务顾问与主办券商结合，降低公司重组中聘请中介的支出；精练信息披露内容，减少公司披露主观描述性的信息等。

（4）强化中介机构的作用。主办券商持续督导是全国股份转让系统的市场特色之一，在公司重大资产重组减少行政干预的情况下，中介机构的作用更加突出。为此，新三板市场对独立财务顾问的职能、权利与义务做了明确规定，并原则规定了主办券商与独立财务顾问的"捆绑"，体现出突出主办券商制度、强化中介机构作用的立法思路。

（5）加强投资者保护。尽管全国股份转让系统有较高的投资者准入标准，但在整套重大资产重组制度中，对投资者权益的保护依然是立法重点之一。例如，《非上市公众公司重大资产重组管理办法》中就明确规定，股东人数超过 200 人的挂牌公司进行重大资产重组的，应当对出席会议的持股比例在 10%以下的股东表决情况实施单独计票；同时，退市公司进行重大资产重组的，其股东大会应当提供网络投票等方式，便利中小股东参会。

本章小结

全国中小企业股份转让系统产生于我国中小微企业融资难、融资贵的背景下。新三板的最主要功能是为中小微企业提供多元化的融资渠道。全国股转系统是为创新型、创业型、成长型中小微企业发展服务的，为广大的中小微企业提供了更加广阔的发展平台。

境内符合条件的股份公司均可通过主办券商申请在全国股份转让系统挂牌，公开转让股份，进行股权融资、债权融资、资产重组等。公司的股票在新三板挂牌以后，股票就可以在投资者之间进行转让交易。股票可以采取做市转让方式或者协议转让方式进行转让。

目前新三板企业主要的融资方式是发行普通股票。随着新三板挂牌规模的增长，挂牌企业的并购交易数量也在迅速上升。

思考题：

1. 区别于企业上市，你认为新三板市场对于中国中小企业的发展有哪些特殊意义？
2. 哪些中小企业适合于到新三板市场挂牌？
3. 挂牌新三板企业有哪些融资方式？对此，应该注意哪些问题？
4. 挂牌新三板企业有哪些新的投资方式？如何进行相关投资决策？

本章案例：

"凯乐科技"收购"长信畅中"：上市公司收购新三板企业案例

1. 凯乐科技与长信畅中简介

湖北凯乐科技股份有限公司（以下简称凯乐科技），主要从事通信光纤、光缆、通信硅管及移动智能通信产品的研发、生产与销售，投资布局"互联网+医疗""互联网+网络安全""互联网+房地产"等领域。随着公司光纤产能释放，市场份额不断扩大，公司通信光纤、光缆、通信硅管在中国移动、电信、联通三大运营商排名不断提高。公司智能手机、智能穿戴研发设计产品远销拉丁美洲、非洲、东南亚、日本及朝鲜市场。凯乐科技于 2000 年 7 月在上海证券交易所上市，代码：600260。

长信畅中系七名自然人于 1997 年 7 月出资成立，主营业务为劳动与社会保障、医疗卫生、智能交通领域的信息系统软件开发、销售及相关系统集成以及安防视频系统集成。长信畅中于 2014 年 7 月 23 日在全国中小企业股份转让系统挂牌，股份代码：830872。

表 8-3 并购前长信畅中的财务数据　　　　　　　　　　　　　　单位：元

财务指标	2014 年 12 月 31 日
资产总额	65 043 731.85
净资产	21 465 472.90
财务指标	2015 年 1—6 月
营业收入	21 155 902.67
净利润	4 907 074.22

2. 并购协议的主要内容

凯乐科技原来是长信畅中的第二大股东，持股比例 13.74%。2015 年 5 月 25 日凯乐科技与长信畅中签署了《附生效条件的非公开发行股份认购协议》，凯乐科技以 7.10 元/股认购股份数为 29 295 774 股。原协议签署后，因市场环境发生较大变化，长信畅中对股票发行方案中发行价格等进行了相应调整。因此 9 月 17 日，凯乐科技重新与长信畅中签署了《附生效条件的非公开发行股份认购协议》，凯乐科技拟认购长信畅中非公开发行股份不超过

2 929.577 4万股（含2 929.577 4万股），长信畅中此次募集资金主要用于拓展公司业务、增加研发投入以及补充公司流动资金。本次拟认购股份价格为人民币4.78元/股，认购完成后，凯乐科技成为长信畅中的控股股东，占其发行完成之后总股本62 610 774股的比例约为53.66%。

2016年4月，长信畅中向凯乐科技和自然人吴艺梅定向发行股份共30 295 774股，募资资金14 481.38万元。

在此次股份认购协议中，长信畅中的原实际控制人陈练兵与凯乐科技签订了业绩补偿协议。按照该协议，陈练兵对公司2016年度、2017年度及2018年度的净利润承诺分别不低于4 000万元、8 000万元、10 000万元，若长信畅中在补偿期内每一年度当期期末累计实际净利润低于当期期末累计承诺净利润，陈练兵同意以支付现金或股份方式向凯乐科技进行补偿，若长信畅中在补偿期内实现的累计实际净利润高于累计承诺净利润的，则超额净利润的50%应作为奖励，在补偿期满后向长信畅中管理层予以支付。

本次发行的股票认购者凯乐科技自愿限售36个月，吴艺梅自愿限售12个月。

3. 并购后的情况

此次收购导致长信畅中控制权发生变化，凯乐科技将成为长信畅中的控股股东，凯乐科技实际控制人塑管厂将成为长信畅中的实际控制人。本次收购完成前后，长信畅中股本结构变化的具体情况如表8-4所示。

表8-4 长信畅中增资前后股本结构变化

股东名称	增资前		增资股数（股）	增资后	
	持股数量（股）	持股比例（%）		持股数量（股）	持股比例（%）
凯乐科技	4 303 000.00	13.74	29 295 774.00	33 598 774.00	53.66
陈练兵	9 442 039.00	30.15	—	9 442 039.00	15.08
赵辉	3 628 764.00	11.59	—	3 628 764.00	5.80
吴艺梅	—	—	1 000 000.00	1 000 000.00	1.60
蔡干	—	—	1 000 000.00	1 000 000.00	1.60
其他	13 941 197.00	44.52	—	13 941 197.00	22.27
合计	31 315 000.00	100.00	31 295 774.00	62 610 774.00	100.00

思考问题：

（一）该笔收购交易分别对凯乐科技和长信畅中有何影响？

（二）假如在这起并购中"长信畅中"也是一家A股上市公司，那么并购过程会有哪些不同？

参 考 文 献

[1] 安德鲁·布莱克，菲利普·赖特，约翰·戴维斯. 2005. 追寻股东价值. 徐海乐，等译. 北京：经济管理出版社.

[2] Bryan Bergeron. 2003. 共享服务精要. 北京：机械工业出版社.

[3] 陈琦伟. 2002. 投资银行学. 大连：东北财经大学出版社.

[4] 陈志军，董青. 母子公司文化控制与子公司效能研究. 南开管理评论, 2011(3).

[5] David P. Stowell 戴维.斯托厄尔. 2013. 投资银行、对冲基金与私募股权投资. 北京：机械工业出版社.

[6] 何小锋，韩广智. 新编投资银行学教程. 北京：北京师范大学出版社，2007.

[7] 加布里埃尔·哈瓦维尼，克劳里·维埃里. 2003. 高级经理财务管理——创造价值的过程. 北京：机械工业出版社.

[8] 杰罗尔德·L. 齐默尔曼. 2001. 决策与控制会计. 大连：东北财经大学出版社.

[9] 理查德·巴克尔. 2005. 价值决定——估价模型与财务信息披露. 北京：经济管理出版社.

[10] 李连发，李波. 2008. 私募股权投资基金. 北京：中国发展出版社.

[11] 刘志远. 1997. 企业资源配置. 大连：东北财经大学出版社.

[12] 陆正飞，朱凯. 2000. 高级财务管理. 杭州：浙江人民出版社.

[13] 罗伯特.安东尼等. 2004. 管理控制系统. 北京：机械工业出版社.

[14] 罗杰·英林，谢丽·杰瑞尔. 2002. 公司价值. 北京：企业管理出版社.

[15] 迈克尔·A. 希特，R. 杜安·爱尔兰，罗伯特·E. 霍斯基林. 2002. 战略管理——竞至与全球化. 北京：机械工业出版社.

[16] 钱德勒. 2002. 战略与结构——美国工业企业历史的篇章. 昆明：云南人民出版社.

[17] 乔治.斯坦纳. 2001. 战略规划. 北京：华夏出版社.

[18] 施光耀，刘国芳. 2008. 市值管理论. 北京：北京大学出版社.

[19] 斯蒂芬·佩因曼. 2002. 财务报表分析与证券定价. 北京：中国财政经济出版社.

[20] 斯蒂芬 A. 罗斯等. 2000. 公司理财. 北京：机械工业出版社.

[21] 斯科特·贝斯利，尤金·F. 布里格姆. 2003. 财务管理精要. 北京：机械工业出版社.

[22] 汤谷良. 2007. VBM 框架下财务管理理论体系重构. 北京：中国财政经济出版社.

[23] 汤谷良. 2006. 高级财务管理. 北京：中信出版社.

[24] 汤姆·科普兰等. 2002. 价值评估——公司价值的衡量与管理. 北京：电子工业出版社.

[25] 童艳，刘煜辉. 2010. 中国 IPO 定价效率与发行定价机制研究. 北京：中国金融出版社.

[26] 托马斯·E. 科普兰，J. 弗莱德·威斯顿. 2003. 财务理论与公司政策. 大连：东北财经大学出版社.

[27] 王璞. 2003. 母子公司管理. 北京：中信出版社.

[28] 詹姆斯·A. 奈特. 2002. 基于价值的经营. 昆明：云南人民出版社.

[29] 周首华，陆正飞，汤谷良. 2000. 现代财务理论前沿专题. 大连：东北财经大学出版社.

[30] 周炜. 2008. 解读私募股权基金. 北京：机械工业出版社.

[31] 邹菁. 2009. 私募股权基金的募集与运作：法律实务与案例. 北京：法律出版社.

[32] 戴天婧，张茹，汤谷良. 财务战略驱动企业盈利模式——美国苹果公司轻资产模式案例研究. 会计研究，2012(11).

[33] 樊利钧，周文. 基于资源和能力观的内部市场边界确定. 中国工业经济，2007(3).

[34] 高晨，汤谷良. 交互预算：应对战略不确定性、契合管理控制的新机制——基于天津一汽丰田公司的案例研究. 会计研究，2010(9).

[35] 曹凤岐，董秀良. 我国 IPO 定价合理性的实证分析. 财经研究，2006(6).

[36] 邓璐，王化成. 我国企业集团的内部市场. 财务与会计，2009(12).

[37] 付阳，汤谷良. 基于战略的集团组织结构设计和财务机构安排. 财会通讯，2005(5).

[38] 韩阅川. 自由现金流估值法在中国股市应用的有效性研究. 证券日报，2008年12月14日.

[39] 贾祖国. 用市值考核寻求股东价值最大化. 中国证券报，2005年12月3日.

[40] 刘洪，何火军. 基于人工神经网络方法的上市公司经营失败预警研究. 会计研究，2004(2).

[41] 罗彪，郑姗姗. 国外管理控制理论研究脉络梳理与模型评介. 外国经济与管理 2011(4).

[42] 秦晓. 组织控制、市场控制——公司治理结构的模式选择和制度安排. 管理世界，2003(4).

[43] 施光耀，刘国芳，梁彦军. 中国上市公司市值管理评价研究. 管理学报，2008(1).

[44] 孙洁，李辉. 基于多专家灰色综合评价的企业财务危机预警方法. 统计与决策，2008(16).

[45] 汤谷良，高晨. 资本运营财务理论构架. 财会通讯，1999(11).

[46] 汤谷良，林长泉. 打造 VBM 框架下的价值型财务管理模式. 会计研究，2003(12).

[47] 汤谷良，刘辉. 机构投资者"对赌协议"的治理效应与财务启示. 财务与会计，2006(10).

[48] 汤谷良. "安然破产"挑战公司财务经营理念. 会计研究，2002(2).

[49] 汤谷良等. 多元化企业集团管理控制体系的整合观——基于华润集团 6S 的案例分析. 会计研究，2009(2).

[50] 汤谷良. 理性审视央企市值管理. 现代国企研究，2013(6).

[51] 汤谷良等. 大数据背景下企业财务管理的挑战与变革. 财务研究，2015(1).

[52] 汤谷良，高原. 企业轻资产盈利模式的财务挑战与实践路径. 财务研究，2016(6).

[53] 王今，韩文秀，侯岚. 西方企业财务危机预测方法评析. 中国软科学，2002(6)：109-112.

[54] 汪洋. 公司治理，马利克的另一种看法. 财经界（管理学家），2009(8).

[55] 王斌，高晨. 组织设计、管理控制系统与财权制度安排. 会计研究，2003(3).

[56] 王斌. 论资本预算管理体系的构建. 会计研究，2002.

[57] 吴红光，李凌. 国美、苏宁：类金融生存. 新财富，2005(9).

[58] 武常岐，钱婷. 集团控制与国有企业治理. 经济研究，2011(6).

[59] 伍中信. 现代公司财务治理理论的形成与发展. 会计研究，2005(10).

[60] 姚颐等. 我国企业集团财务控制现状的问卷调查与分析. 会计研究，2007(8).

[61] 杨棉之. 多元化公司内部资本市场配置效率——国外相关研究述评与启示. 会计研究，2007(11).

[62] 杨棉之. 内部资本市场、公司绩效与控制权私有收益——以华通天香集团为例分析. 会计研究，2006(12).

[63] 杨棉之，孙健，卢闯. 企业集团内部资本市场的存在性与效率性. 会计研究，2010(4).

[64] 袁琳，张宏亮. 董事会治理与财务公司风险管理——基于10家集团公司结构式调查的多案例分析. 会计研究，2011(5).

[65] 赵贞，汤谷良. 资本重构：央企导入混合所有制与全面深化改革的切入点. 财务与会计，2014(5).

[66] 左和平，龚志文. 内部资本市场：治理结构、机制与有效性. 会计研究，2011(3).

[67] 祝继高等. 上市公司为什么要退市？中国工业经济，2014(1).

[68] 祝继高等. 产权性质、政府干预与企业困境应对. 会计研究，2015(5).

[69] Jeremy Siegel. 2009. 金融危机的原因到底是什么. 2009 年 9 月 11 日访问. http://www.knowledgeatwharton.com.cn/index.cfm?fa=Article&articleid=1978&languageid=5.

[70] Andrew W. Lo. 2009. Why animal spirits can cause markets to break down, Financial Times, July 21.

[71] Altman E. 1968. Financial Ratios, Discriminant Analysis and the Pre-diction of Corporate Bankruptcy. Journal of Finance, 23 (4).

[72] Altman EI. 1997. Financial ratios, discriminant analysis and the prediction of corporate bankruptcy risk of corporations. Journal of Banking and Finance, 29-54.

[73] Altman. E. I. 1983. Corporate financial distress: A complete guide to predicting, avoiding, and dealing with bankruptcy. New York: John Wiley & Sons.

[74] Blair, Margaret. 1995. Ownership and Control- Rethinking Corporate Governance for the Twenty First Century. Washington D. C.: The Brookings Institution.

[75] Bruner, R. F. 2002. Does M&A Pay? A Survey of Evidence for the Decision-Maker. Journal of Applied Finance, 12: 48-68.

[76] Christopher D. Ittner, David F. Larcker. 2001. "Assessing empirical research in managerial accounting: a value –based management perspective". Journal of Accounting and Economics.

[77] CIMA. 2004. Maximizing Shareholder Value: Achieving clarity in decision-making. Technical Report.

[78] Dner.1993. "The Organization of Decentralized Information Processing". Econometrica, 61.

[79] Goold. M. and A. Campell. 1987. "Strategies and Style". Oxford, Basil Blackwell.

[80] IASB. 2008. Reclassification of Financial Assets: Amendments to IAS39 and IFRS37. http://www.iasb.org.uk.

[81] IMF. 2008. Global Financial Stability Report. http://www.imf.org.

[82] James Brickley, Clifford Smith, and Jerold Zimmerman. 1997. "Business Ethics and Organizational Architecture". Simon Business School Working Paper, No. FR 00-14.

[83] James. A. Ohlson. Financial Ratios and the Probabilistic Prediction Of Bankruptcy. Journal of Accounting Research, Vol. 18 NO.1 Spring, 1980.

[84] Jensen. 1993. The modern industrial revolution, exit, and the failure of internal control systems. Journal of Finance, Vol.48: 831-880.

[85] Jorion, Philippe. 2005. The Perceived Dangers of Following the Herd. Financial Times, September 30.

[86] La Porta, R., Lopez-de-Silanes, F., Shleifer, A. and Vishny, R. 1998. Law and Finance. Journal of Political Economy, 106, 113-155.

[87] Michael Jensen and Meckling. 1992. Specific and General Knowledge, and Organizational Structure, Foundations of Organizational Strategy. Harvard University Press, 1998.

[88] Monks, Robert, A. G., and Nell Minow. 1995. "Corporate Governance". Blackwell Publishing. Oxford.

[89] Moscovici S, Zavalloni M. 1969. The group as a polarizer of attitudes. Journal of Personality and Social Psychology, 12: 125-135.

[90] Myers, D. G, Lamm, H. 1976. The group polarization phenomenon. Psychological Bulletin, 83(4): 602-627.

[91] Oliver Hart and John Moore. 1999. "On the design of hierarchies: coordination versus specialization". Harvard Institute of Economics Research Paper, No. 1880.

[92] Pankaj Ghemawat. 1993. The Risk of Not Investing in a Recession. Sloan Management Review., 34, No. 2: 51-58.

[93] Rock, Kevin. 1986. "Why New Issues are Underpriced". Journal of Financial Economics, 15: 187-212.

[94] Tam, K.Y. 1991."Neural Network Models and the Prediction of Bank Bankruptcy. The International Journal of Management Science, 19: 429-445.

教师服务

感谢您选用清华大学出版社的教材！为了更好地服务教学，我们为授课教师提供本书的教学辅助资源，以及本学科重点教材信息。请您扫码获取。

≫ 教辅获取

本书教辅资源，授课教师扫码获取

≫ 样书赠送

财政与金融类重点教材，教师扫码获取样书

 清华大学出版社

E-mail: tupfuwu@163.com
电话：010-83470332 / 83470142
地址：北京市海淀区双清路学研大厦 B 座 509

网址：http://www.tup.com.cn/
传真：8610-83470107
邮编：100084